Internet-Lexikon

Von

Detlef Jürgen Brauner
Robert Raible-Besten
Martin M. Weigert

R. Oldenbourg Verlag München Wien

Die Deutsche Bibliothek - CIP-Einheitsaufnahme

Brauner, Detlef Jürgen:
Internet-Lexikon / von Detlef Jürgen Brauner ; Robert Raible-Besten ;
Martin M. Weigert. - München ; Wien : Oldenbourg, 1997
ISBN 3-486-24170-2

Rosenheimer Straße 145, D-81671 München
Telefon: (089) 45051-0, Internet: http://www.oldenbourg.de

Gedruckt auf säure- und chlorfreiem Papier
Gesamtherstellung: R. Oldenbourg Graphische Betriebe GmbH, München

ISBN 3-486-24170-2

INHALTSVERZEICHNIS

EINFÜHRUNG

DAS INTERNET

Verbindet man mehrere Computer so, daß sie untereinander beliebig Daten austauschen können, erhält man ein Computernetzwerk. Verbindet man nun mehrere solcher Netzwerke miteinander so, daß jeder Computer in jedem Netzwerk mit jedem anderen Computer in allen angeschlossenen Netzwerken Daten austauschen kann, erhält man ein sogenanntes *internetwork* oder kurz *internet* – und das größte aller *internets* ist das weltumspannende Internet.

Das hier so einfach beschriebene Internet hat inzwischen eine knapp dreißigjährige Entwicklungsgeschichte hinter sich und verbindet 1997 über vierhunderttausend Netze mit über zehn Millionen Rechnern. Bezieht man die über sogenannte Online-Dienste mit dem Internet wenigstens hin und wieder verbundenen Teilnehmer mit in die Zahl der Internet-Benutzer ein, so können bislang mehr als fünzig Millionen Menschen weltweit miteinander über das Internet kommunizieren, aus dem Internet Informationen aller Art abrufen oder über das Internet Informationen verbreiten.

Die ersten Anfänge des Internets gehen auf ein 1965 begonnenes Forschungsprojekt zurück, das die Vernetzung von Computern zum Thema hatte und vom Verteidigungsministerium der USA unterstützt wurde. Die ARPA *(Advanced Research Projects Agency)*, eine Abteilung des Verteidigungsministeriums, war nicht nur an der Vernetzung von Computern überhaupt interessiert, sondern wollte vor allem möglichst ausfallsichere Netzstrukturen und -Techniken entwikkelt haben – der Verlust eines einzelnen Rechners oder einer Fernverbindung innerhalb eines militärisch genutzten Netzwerks mit weit auseinanderliegenden Computern sollte keinesfalls dazu führen können, das gesamte Netz lahmzulegen. 1969 wurden im Rahmen des ARPANET-Projekts die ersten vier Rechner miteinander verbunden, und 1982 wurde nicht nur der Begriff eines *internet* allgemein eingeführt, sondern auch der bis heute im Internet verwendete Datenübertragungsstandard (TCP/IP).

Da das Internet kein einzelnes, von einer einzigen Institution eingerichtetes oder betriebenes Netz ist, sondern ein freiwilliger Verbund aus den unterschiedlichsten und über die ganze Welt verteilten Netzen, entsprechen auch die Weiterentwicklung, Einrichtung, Verwaltung und Finanzierung des Internet diesem Verbund-Gedanken. Jedermann kann Vorschläge hinsichtlich neuer Standards einreichen, solche Vorschläge werden diskutiert und gegebenenfalls auf freiwilliger Basis angenommen. Alle Standards sind öffentlich, sie können sogenannten RFC-Dokumenten entnommen und zur Entwicklung eigener Hard- oder Software-Lösungen verwendet werden. Die Übernahme eines Standards bzw. die Implementierung einer neuen Hard- oder Softwarelösung erfolgt ebenfalls nach freier Entscheidung der einzelnen Netzbetreiber oder Teilnehmer – die grundlegenden Bedingungen für eine Teilnahme am Internet (TCP/IP-Unterstützung und eine individuelle IP-Adresse) müssen erfüllt sein, alle weiteren Entscheidungen bleiben freigestellt. Als Anlaufstellen für die Einreichung von Vorschlägen oder für die Internet-

Anmeldung neuer Teilnehmer bzw. Netze fungieren regionale Interessengemeinschaften oder die Dachorganisation aller Internet-Interessengemeinschaften, die *Internet Society* (ISOC), sowie deren jeweilige Unterabteilungen (etwa die IETF, die *Internet Engineering Task Force*). Die Finanzierung von Internet-Einrichtungen erfolgt durch die einzelnen Netze – jedes mit dem Internet verbundene Netz trägt die Netz-intern für das Internet entstehenden Kosten selbst. Da solche Netze häufig Verbindungen zwischen Universitäten oder sonstigen öffentlichen Einrichtungen sind, wird ein nicht unwesentlicher Teil der Internet-Kosten öffentlich finanziert.

Die Aufbau- und Arbeitsprinzipien des Internets sind bis heute im Kern gleichgeblieben: kleinere Netzwerke werden zu größeren Netzen verbunden, die wiederum zu einem globalen Netzverbund zusammengeschlossen werden. Die Voraussetzung für die Kommunikation der in all diesen hierarchisch verbundenen Netzen zusammengefaßten Computer bilden, neben der Verkabelung und sonstigen "physikalischen" Bestandteilen eines Netzwerks, ein einheitliches Adressierungs-Schema und ein einheitliches Übertragungsprotokoll. Über das Adressierungs-Schema wird jedem Computer eine einmalige und eindeutige Adresse (die sogenannte IP-Adresse) zugewiesen, so daß er gezielt angesprochen werden kann. Das Übertragungsprotokoll ist ein Standard, der die Codierung und Formatierung von Daten und die Art der Übertragung regelt – im Internet sind hierfür das *Internet Protokoll* (IP) und das *Transmission Control Protokoll* zuständig.

Die Kommunikation im Internet erfolgt über sogenannte Datagramme, die vom Absender ins Netz eingegeben und dort so lange von Station zu Station weitergereicht werden, bis sie beim Empfänger ankommen. Datagramme sind Datenpakete, also kurze Blöcke von Daten, die mit einer Absender- und Empfängeradresse und diversen Steuerinformationen versehen werden. Eine Station im Netz, die ein solches Datenpaket erhält, kann anhand der Empfängerangabe die Weiterleitung des Datenpakets veranlassen oder anhand der Absenderadresse eine Rückmeldung an den Absender senden. Die Stationen oder „Netzknoten“ sind untereinander vollständig gleichberechtigt und in der Regel mit mehreren anderen Knoten verbunden; die Entscheidung über die weitere Route eines eintreffenden Datenpaketes wird vor Ort vom jeweiligen Knoten getroffen – steht eine direkte Verbindung in Richtung des Empfängers nicht zur Verfügung, kann der Knoten die Pakete auch über eine sonstige Verbindung weiterleiten. Dieser automatische Umleitungsmechanismus stellt sicher, daß das Internet auch dann funktioniert, wenn einzelne lokale Ausfälle auftreten. Die Empfängerstation setzt die Daten aus den einzelnen Paketen schließlich wieder in der richtigen Reihenfolge zusammen, so daß der Empfänger die Daten auch wieder in der ursprünglichen Form vorliegen hat.

Die Übertragung von Daten oder sonstige Möglichkeiten der Internet-Nutzung (etwa die Fernsteuerung eines Rechners) werden im Internet über sogenannte Dienste geregelt. Ein solcher Internet-Dienst besteht in der Regel aus mindestens zwei Komponenten: einem Client und einem Server, worunter jeweils sowohl Programme als auch Rechner verstanden werden können. Der Client sendet Daten (Nachrichten, Anfragen, Kommandos usw.) an den Server, der sie dann entsprechend beantwortet und die weiteren Abläufe veranlaßt (Datenbanken abfragt, Daten an den Client oder einen anderen Empfänger weiterleitet usw.). Zu den bekanntesten Diensten im Internet zählen der E-Mail-Dienst, über den elektronische Nachrichten weitergeleitet bzw. empfangen werden können, und der File-Transfer-Dienst (FTP), der das Kopieren von Dateien von einem Rechner zum andern ermöglicht. Eine ganz besondere Bedeutung nicht nur für die Benutzer, sondern auch für die Entwicklung des Internets, hat indes jener Internet-Dienst, der unter dem Namen *World Wide Web* so bekannt wurde, daß heute häufig gleich das ganze Internet mit ihm gleichgesetzt wird.

Das Internet umfaßte ursprünglich nur militärisch und akademisch genutzte Rechner und Netzwerke, und erst allmählich wurden auch vereinzelt Hobby-Netzwerke, Firmennetze oder kommerziell betriebene Netze integriert – den eigentlichen Impuls für eine geradezu explosionsartige Ausbreitung erhielt das Netz erst durch die Entwicklung des *World Wide Web*. Der meist mit „WWW“, „W3“ oder „Web“ abgekürzte Internet-Dienst wurde am Europäischen Kernforschungszentrum (CERN) entwickelt und bietet seit 1992 den bislang wohl einfachsten und zugleich unterhaltsamsten Zugang zu allen möglichen Informationsquellen im Internet: er gestattet es, einfach per Mausklick von Information zu Information zu „surfen“, wobei sämtliche multimedialen Fähigkeiten moderner Computersysteme genutzt werden können – die im Web angebotenen Informationen bestehen nicht (nur) aus dröge dastehenden Texten, sondern sind untereinander querverbunden und setzen sich auch aus Grafiken, Videos, Musik oder virtuellen dreidimensionalen Objekten zusammen.

DER INTERNET-ZUGANG

Das Internet kann überaus vielfältig genutzt werden – in dem ursprünglich nur als Verbindung von Universitäten, Forschungseinrichtungen und militärischen Stützpunkten entwickelten Kommunikationsnetz rücken zunehmend private und geschäftliche Nutzungsmöglichkeiten in den Vordergrund.

Für private Nutzer stellt sich das Internet u. a. als weltweites Kommunikationsmedium, virtuelles Freizeit-, Banken- oder Einkaufszentrum, globale Bibliothek, elektronischer Treffpunkt, kostenlose Quelle für Software, Bilder, Videos oder Musik oder einfach nur als Gelegenheit zur Freizeitgestaltung nach Surfer-Art dar. Viele der Leistungen im Internet (E-Mail, Internet-Telefon, News-Ticker, Shareware-Bezug usw.) sind schneller, einfacher handzuhaben und vielfach auch deutlich preiswerter als vergleichbare Leistungen, die auf herkömmliche Weise angeboten werden.

Für Unternehmen kann die Präsenz im Internet u. a. Ergänzungen zu herkömmlichen Vertriebswegen, Gelegenheiten zur Kostensenkung, Möglichkeiten zur Erweiterung des Absatz- oder Beschaffungsmarktes, Unabhängigkeit von Standortnachteilen und Verbesserung der Kunden- oder Lieferantenbeziehungen schaffen. Die geschäftliche Nutzung des Internets als einer Plattform für die Kommunikation und Darstellung nach außen wird ergänzt durch etliche Möglichkeiten, auch unternehmensinterne Abläufe via Internet zu vereinfachen, auszuweiten oder hinsichtlich der Kosten zu verbessern (Außendienst-Login, unternehmensinterne Kommunikation via E-Mail oder Video-Konferenz, Fernsteuerung von Produktionsprozessen usw.).

Der Aufwand für die Ausrüstung, die man für einen privaten Zugang zum Internet benötigt, hält sich in überschaubaren Grenzen: mit Computer, Modem und Telefon kann man die Verbindung zu einem Internet-Host und damit zum Internet herstellen. Generell läßt sich ein Zugang über nahezu jede Ausstattung (etwa Uralt-PC, 2400 Baud-Modem und Analog-Telefonanschluß) verwirklichen – sofern man alle Möglichkeiten des Internet (insbesonders die Multimedia-Angebote) nutzen möchte, sollte die Ausrüstung allerdings dem jeweils aktuellen Stand der Technik halbwegs entsprechen (1997 wäre ein PC mit Pentium-Prozessortechnik und OS/2 oder Windows-Betriebssystem, ein Modem ab V.32-Technik aufwärts oder eine ISDN-Karte und entsprechender Telefonanschluß ein solcher „Stand der Technik").

Für Studenten oder Universitätsangehörige steht meist das Rechenzentrum der Universität als kostenlos zu nutzendes Tor zum Internet zur Verfügung; bei der für die Zuweisung eines Internet-Accounts erforderlichen Anmeldung kann man sich gleich über weitere Details (Zugangsdaten, Software etc.) informieren. Auch Firmen mit eigenen Internet-Anschluß bieten ihren Mitarbeitern bisweilen die Möglichkeit, über den Firmenrechner einen kostengünstigen privaten Telefon-Zugang zum Internet zu schaffen – die zuständige EDV-Abteilung erteilt ggf. entsprechende Auskünfte bzw. führt die Anmeldung durch.

Stehen beide Möglichkeiten nicht zur Verfügung, muß einer der großen Online-Dienste oder ein regionaler Internet-Provider als Tor zum Internet dienen. Bei der Auswahl des passenden Providers sind sinnvollerweise mehrere Punkte abzuklären, u. a.:

- Telefonkosten – ist eine Einwahl zum Ortstarif möglich? Gegebenenfalls: Kann auch auf Reisen (Inland/Ausland) günstig eingewählt werden?
- Providergebühren – welche Grundgebühren, zeitabhängigen oder mengenabhängigen Gebühren werden erhoben, welcher Tarif entspricht der zu erwartenden Nutzung am ehesten?
- Übertragungsgeschwindigkeit – welche Einwahlmöglichkeit (analog/ISDN) und welche Übertragungsgeschwindigkeit stehen zur Verfügung, wie weit entspricht das Angebot der eigenen Ausrüstung (Modem-Geschwindigkeit)?
- Zugangsart – wird ein voller Internet-Zugang geboten, oder nur eingeschränkte Leistung (E-Mail, HTTP)? Ist ein Proxy-Server im Angebot, oder ist der Internet-Zugang überhaupt nur über Proxy möglich?
- Homepage – ist das Einrichten einer privaten Homepage möglich?
- Zugangssoftware – welche Software ist erforderlich, wird sie vom Provider kostenlos zur Verfügung gestellt, läßt sie sich ggf. erweitern bzw. austauschen?
- Mehrwert – handelt es sich um einen reinen Internet-Zugang, oder werden spezielle Internet-Dienstleistungen geboten, bzw. sind die vom Online-Dienst angebotenen Leistungen erforderlich/sinnvoll/gewünscht? Welche zusätzlichen Kosten sind für diese zusätzlichen Leistungen zu erwarten?
- Unterstützung – welche Hilfestellungen, Hotlines etc. werden angeboten?
- Kündigung – innerhalb welcher Frist ist eine Kündigung möglich?

Um zukünftigen Privat-Kunden eine Entscheidung zu erleichtern, bieten viele Provider kostenlose, zeitlich limitierte Schnupper-Zugänge an. Wurde noch kein Modem angeschafft oder ist noch nicht einmal ein Computer vorhanden, läßt sich auch in Internet-Cafés oder über die in vielen Kaufhäusern aufgestellten Internet-PCs ein erster Eindruck über die Möglichkeiten des Internet gewinnen. Schließlich kann auch ein Blick in einschlägige Fachzeitschriften die Entscheidung erleichtern: Preis-/Leistungs-Vergleiche und regelmäßig durchgeführte Tests hinsichtlich der Zugangsqualität und Übertragungsgeschwindigkeit lichten den Dschungel aus Tarifen, Leistungen und Zusatzleistungen, in dem sich nicht nur Neulinge zu verlieren drohen.

Eine geschäftliche Nutzung des Internets sollte zweckmäßigerweise mit sonstigen unternehmerischen Strategien und betrieblichen Abläufen koordiniert sein. Die bei der Planung eines Internet-Zugangs bzw. einer Internet-Präsenz auftauchenden Fragestellungen sind daher in der Regel etwas komplex und sollten im Zweifel von Fachleuten sowohl richtig gestellt als auch umfassend geklärt werden. Generell lassen sich zwei Einsatzgebiete bzw. Präsenz-Stufen unterscheiden: das Internet soll nur die Basis für Produkt- oder Imagewerbung und eventuell Nachrichtenübermittlung liefern, oder es soll für weitere Leistungen (Bestellung, Vertrieb, Regelung innerbetrieblicher Abläufe usw.) genutzt werden.

Bereits für die bloße Internet-Präsenz von Unternehmen reichen eine eigene WebPage und der Anschluß an einen E-Mail-Service nur bedingt aus, eine echte Internet-Adresse wirkt schon wesentlich professioneller und kommt daher auch dem Anspruch auf eine positive Image-Wirkung der Präsentation besser entgegen. Man erhält eine solche eigene Adresse (etwa: www.MeineFirma.de) auch ohne größeren Aufwand einfach durch die Anmietung eines sogenannten „virtuellen Servers" bei einem Provider, der gegebenenfalls auch gerne Dienstleistungen wie die Gestaltung von WebPages und die Entgegennahme und Weiterleitung von E-Mails oder Bestellungen übernimmt. Derartige Dienstleistungen werden meist im Rahmen kostengünstiger Standard-Business-Accounts angeboten, wobei der Zugang zum „eigenen" Server wie bei einem Privat-Zugang über eine einfache Ausstattung und die Telefonleitung erfolgt. Weiterreichende Leistungen erfordern hingegen meist individuelle Absprachen mit einem Provider und größere Vorbereitungen, gegebenenfalls ist auch der Direkt-Anschluß des Firmenrechners an das Internet erforderlich.

DAS LEXIKON

Das Internet stellt sich dem Anfänger zunächst immer als eine ganz eigenartige virtuelle und reale Welt für sich dar, in der spezielle Sitten und Bräuche herrschen und eine Sprache gesprochen wird, die offenbar nur Einheimischen (falls überhaupt) verständlich ist. Da das Internet lange Zeit eine vorwiegend amerikanische Einrichtung war und die Globalisierung des Nets dazu geführt hat, daß selbst normale Unterhaltungen zwischen beliebigen Internet-Teilnehmern häufig in Englisch geführt werden, erscheint es völlig natürlich, daß auch nahezu alle Fachbegriffe zum Thema Internet Fachbegriffe in englischer Sprache sind. Von der allgemein im EDV-Bereich grassierenden Abkürzungsmanie und Akronymbegeisterung ist auch das Internet nicht verschont geblieben – oft hat man es daher gar nicht mit vielleicht gerade noch halbwegs verständlichen Fachbegriffen, sondern bloß noch mit völlig kryptisch erscheinenden Abkürzungen zu tun.

Da das Internet jedoch in Wirklichkeit gar keine in sich geschlossene Welt ist, sondern ganz im Gegenteil noch Welten in sich einschließt und zugleich eine Brücke zwischen vielen Außenwelten bildet, ist beim Umgang mit dem Internet auch noch Wissen aus Bereichen gefordert, die ihrerseits eigene Fachsprachen entwickelt haben – Standard-Begriffe aus der EDV oder der Informatik, fernmeldetechnisches Fachvokabular, Hacker-Jargon oder Chat-Slang gilt es daher ebenso zu meistern wie die Terminologie internationaler Standardisierungsgremien oder das vuBehiAFBInv der Deutschen Telekom.

Das vorliegende Lexikon bietet dem Anfänger ebenso wie dem Internet-Methusalem die Übersetzung und Erklärung der wichtigsten Begriffe aus dem Internet und aus den mit dem Internet in Verbindung stehenden Bereichen. Rund 4400 Stichworte wurden übersetzt, expandiert und erklärt, und wo es sinnvoll erschien, wurde auch gleich die passende Web-Adresse angegeben. Dennoch kann ein Lexikon, das sich mit so vielen und so dynamischen Bereichen befaßt, niemals ganz vollständig sein – Ergänzungsvorschläge sind daher jederzeit willkommen.

Detlef Jürgen Brauner
Robert Raible-Besten
Martin M. Weigert

BENUTZERHINWEISE

Alle Stichworte sind in alphabetischer Reihenfolge geordnet. Umlaute sind in Selbstlaut mit angehängtem e aufgelöst. Einfache und zusammengesetzte Begriffe sind nach der bloßen Buchstabenfolge eingeordnet, wobei verschiedene Schreibweisen (als ein Wort geschrieben, mit Bindestrich oder mit Leerstelle) gleichrangig behandelt werden.

In Stichworten enthaltene Begriffe, die im Lexikon abgehandelt werden, sind durch einen Verweispfeil „→" hervorgehoben. Er erscheint jeweils nur einmal innerhalb eines Stichwortes bzw. Stichwortaufsatzes.

Begriffe aus der englischen Sprache sind *kursiv* hervorgehoben.

A

A
- Ampère, Maß für Stromstärke;
- *amplifier*, Verstärker;
- Angström, alte Maßbezeichnung für die Licht-Wellenlänge;
- *area*, Bereich.

A:
Laufwerk A, Diskettenlaufwerk.

A3/A4/A5
gebräuchliche Papierformate nach DIN:
A3: 297 mm x 420 mm;
A4: 210 mm x 297 mm;
A5: 148 mm x 210 mm.

AA
- *absolute address*, → absolute Adresse (im Unterschied zu einer relativen Adresse);
- *auto answer*, automatische Antwort (→ Antwortmodus);
- Arbeitsamt;
- Auswärtiges Amt.

aaa
against all risks, gegen jede Gefahr.

AAAI
American Association for Artificial Intelligence.

AAAS
American Association for the Advancement of Science.

AAE
automatic answering equipment, Anrufbeantworter, in Deutschland ist die Abkürzung → TAE gebräuchlich.

aamof
as a matter of fact, Tatsache ist ...

AARN
Australian Academic Research Network.

AAT
average access time, durchschnittliche → Zugriffszeit.

AAUI
Apple Attachment Unit Interface, eine → Ethernet-Schnittstelle für Apple-Computer.

AAVD
automatic alternate voice/data, automatische Umschaltung zwischen Stimm- und Datenübertragung; → AVD.

ABA
American Bankers Association.

Abbild
meist dt. für *image* oder *map*; eine Datei, die zu bestimmten Zwecken (etwa Sicherung, schnellerer Datenzugriff) als Duplikat einer Originaldatei angelegt wurde.

abbr oder **abbrev**
abbreviation, Abkürzung.

Abbruchbedingung
Bedingung, die den Abbruch eines Programms oder Programmteils (etwa Schleife) oder einer Datenübertragung festlegt.

ABBS
Apple Bulletin Board System.

ABC
- *Atanasoff-Berry Computer*, erster Röhren-Rechner;
- *Automated Book Catalog*, automatisierter Buchkatalog in Büchereien.

A.B.C. oder **ABC**
American Broadcasting Company.

ABCS
Advanced Business Computer Systems.

ABD
automatic baudrate detection, automatische Erkennung der → Baudrate bei der Datenübertragung, spezielle Funktion eines Modems bzw. eines Datenübertragungsprogramms.

abecedarian
abecelich geordnet, alphabetisch sortiert.

ABEND
- *abnormal end (of task)*, unnormaler bzw. unvorhergesehener Abbruch eines Programms oder einer Datenübertragung;
- auch als Verb (*to abend*) für das absichtliche Herbeiführen eines solchen Abbruchs verwendet.

Abfragesprache
→ Datenbank-Abfragesprache.

abgehender Ruf
→ *call request.*

ABL
Automatic Btx Language, Programmiersprache zur Automatisierung von Btx-Abläufen.

Ablaufdiagramm
symbolische Darstellung des Ablaufs eines Programmes.

ABM
asynchronous balanced mode, Betriebsart im Rahmen des → HDLC-Protokolls.

Abmeldung
log off, Prozedur zur korrekten Beendigung eines Programms oder einer Datenübertragung.

abort
Abbruch eines Programmes oder einer Datenübertragung (anstelle einer korrekten Beendigung).

abort of dialing
→ AOD, Abbruch des Wählvorgangs (bei Modems).

ABS
- *absent subscriber*, Teilnehmer nicht anwesend;
- *absolute*, absolut;
- *Apple Business Systems.*

Abschlußwiderstand
in Netzwerken zur Vermeidung von Signalreflexionen erforderlicher Abschluß eines Kabel-Endes. Vgl. → NT.

absent
abwesend, fehlend.

absent minded
zerstreut, geistesabwesend, nicht bei der Sache.

absent subscriber
→ ABS, Teilnehmer nicht anwesend.

Absolute Adresse bzw. **Adressierung**
präzise und vollständige Angabe der Stelle, an der sich die gewünschten Daten (im Hauptspeicher, oder auch in einer Dateistruktur bzw. in einem Netzwerk) befinden, im Unterschied zur → relativen Adressierung, bei der erst ab einer aktuellen (bzw. erinnerten) Startposition aus adressiert wird.

abstract
Kurzbeschreibung, Zusammenfassung (eines größeren Textes).

abstract syntax
- Standard zur Beschreibung von Datenstrukturen unabhängig von Hard- oder Softwaregegebenheiten;
- auch verwendet als Bezeichnung für die Struktur von gegebenen Daten, die einem solchen Standard entsprechen.

Abstract Syntax Notation One
→ ASN.1

Absturz
- irregulärer Programm- bzw. Rechnerzustand, der nur durch Neustart des Rechners überwunden werden kann und nicht selten mit Datenverlusten verbunden ist;
- bisweilen auch Bezeichnung für Unterbrechung einer Datenübertragungsstrekke (abgestürzte Leitung).

ABT
- *abort*, Abbruch, Ende;
- *abort timer*, Zeitschaltung für Abbruch;
- *answer-back tone*, Antwortsignal.

A/B-Terminaladapter
→ ISDN-Terminaladapter.

A/B-Wandler
→ Analog/Digital-Wandler, →ISDN-Terminaladapter.

abwärtskompatibel
→ kompatibel.

AC
- *access control,* Zugriffskontrolle;
- *access cycle,* Zugriffszyklus;
- *adaptive control,* anpassungsfähige Steuerung;
- *alternating current,* (häufig auch als → A.C. abgekürzt) Wechselstrom;
- *Alternative Carrier,* Telekom-Ausdruck für die „Mitbewerber" auf dem Telekommunikationsmarkt;
- *analog computer,* Analogrechner;
- *automatic computer,* automatische Rechenanlage.

A.C.
alternating current, Wechselstrom.

ACAU
automatic calling and answering unit, computergesteuerte Fernsprechvermittlungseinheit.

ACC
- *accumulator,* Akkumulator, zentrales Rechenregister (bei Prozessoren);
- *audio communications controller,* Tonübertragungs-Controller;
- *area communication controller,* Datenvermittlungsrechner, der innerhalb eines bestimmten Gebietes die Kommunikation zwischen einzelnen Teilnehmern oder auch zwischen ganzen Netzen bewerkstelligt.

accelerator card
auch *accelerator board,* oder eingedeutscht Akzeleratorkarte; Steckkarte mit speziellem Prozessor zur Beschleunigung bestimmter Abläufe, meist Grafikkarte, die auf spezielle Anwendungen (etwa → Windows) optimiert wurde und daher den Bildaufbau beschleunigt vornimmt.

acceptable use policy
→ AUP.

access
(selten abgekürzt ACS)
- der Zugang zu einem Rechner bzw. einem Netz, speziell im Sinn: der Aufbau einer DFÜ-Verbindung;
- allgemein der Zugriff (auf einen Speicherbereich, ein Speichermedium, einen speziellen Rechner oder Dienst);
- Produktname eines relationalen Datenbankprogramms.

access code
Zugriffscode, Paßwort.

access control
Zugriffskontrolle, Zugriffssteuerung.

access control list
→ ACL.

access cycle
Zugriffszyklus.

access duration
Zugriffsdauer.

access key
Zugriffscode, Paßwort.

access method
Zugriffsmethode, Zugriffsverfahren.

access mode
Zugriffsart, Zugriffsverfahren.

access path
Zugriffspfad.

access privileges
Zugriffsberechtigung (auf Daten oder Dienste).

access protocol
Zugriffsprotokoll, Sammelbegriff für in Netzwerken verwendete → Protokolle.

access provider
Internet access provider, → IAP.

access right
Zugriffsrecht, das Auskunftsrecht Betroffener bezüglich personenbezogener Daten (in Deutschland durch das → Bundesdatenschutzgesetz festgelegt), nicht zu verwechseln mit der → Zugriffsberechtigung (*access privileges*).

access supervision
Zugriffskontrolle nach dem → Bundesdatenschutzgesetz.

accesstime
→ Zugriffszeit.

account
- Konto; Guthaben; Rechnung;
- Benutzer-Konto, der Zugang bzw. die Zugangsberechtigung zu einem Computer, Netzwerk oder einem speziellen Dienst, üblicherweise bestehend aus dem Benutzernamen (→ User-ID) und einem → Paßwort (wird bei der → Login-Prozedur abgefragt);
- Bezeichnung für den Zugangstyp oder die Zugriffsberechtigungs-Stufe beim Zugang zu einem Host oder Online-Dienst (etwa *private account, business account* oder *shell account*).

accounting
- Abrechnung; Buchung;
- in Netzwerken auch geschützter Bereich eines Nutzers (oder mehrerer Nutzer gemeinsam), auf den andere Benutzer keinen Zugriff haben.

accounting informations
Buchungsunterlagen, alle für die Abrechnung eines Kontos (bei Online-Diensten: eines Benutzer-Kontos) erforderlichen Angaben (etwa Verbindungszeit, Nutzung bestimmter Dienste usw.).

AC/DC(-converter)
alternating current/direct current, Wechselstrom/Gleichstrom (-Transformator).

ACE
- *Advanced Computing Environment*, („Fortschrittliche Rechnerumgebung") Zusammenschluß verschiedener Hardware-Hersteller (SCO);
- *American Council on Education*;
- *automatic calling equipment*, automatische Wähleinrichtung.

ACH
Association for Computers and the Humanities.

ACIA
asynchronous communications interface adapter, Schaltung bzw. Hardwarebaustein für die Umwandlung von parallelen in serielle Daten und umgekehrt, die das Betreiben serieller Geräte über eine → Parallelschnittstelle ermöglicht.

ACIS
- *Academic Information Systems*;
- *American Committee for Interoperable Systems*.

ACK
- *acknowledgement*, Bestätigung, Rückmeldung;
- in der Datenübertragung beim → *handshake* verwendetes Steuerzeichen (auch als *positive acknowledgement* bezeichnet, ASCII 6) zur Bestätigung des korrekten Empfangs eines Datenpakets (für fehlerhaften Empfang wird → NAK gesendet) oder als Antwort auf → ENQ;
- häufig auch entsprechend beim → Chatten oder in → E-Mails als Frage (etwa: alles klar? verstanden? bist Du da?) oder Antwort (u. a.: alles paletti! ist angekommen! bin frei/verfügbar! positiv!) eingesetzt.

acknowledgement
→ ACK.

ACL
- *access control list*, Zugriffskontroll-Liste, eine Aufzählung der verfügbaren Dienste innerhalb eines Netzes und der Rechner, die zur Ausführung bzw. zum Zugriff auf die entsprechenden Dienste berechtigt sind;
- *Association of Computational Linguistics*, Vereinigung der Computer-Linguisten;
- *Automatic Cartridge Loader*, Automatischer Cassetten-Lader.

ACM
Association for Computing Machinery, Informatiker-Verband in den USA.

ACN
area code number, Vorwahl, → ONK.

ACONSOLE
Netware-Befehl für den Modem-Einsatz.

ACP
American College of Physicians.

ACQNET
Acquisitions Librarians Electronic Network.

ACR
abandon call and retry, Anruf unterbrechen und erneut versuchen.

ACS
→ *access.*

ACSNET
Academic Computing Services Network.

active routing
eingedeutscht aktives Routing, die Weiterleitung von Datenpaketen in einem Netz, bei welcher der optimale Pfad aktuell anhand der im *header* der Datenpakete vorhandenen Ziel-Informationen bestimmt wird. Der optimale Pfad muß nicht der geographisch kürzeste oder der direkte Weg zum Ziel sein, sondern kann auch nach anderen Kriterien wie Sicherheit oder Kostengünstigkeit gewählt werden. Die Route kann sich auch von Moment zu Moment ändern: → *dynamic adaptive routing* gestattet es beispielsweise, die Übertragungswege der aktuellen Netzsituation anzupassen. Beim → *passive routing* wird statt dessen ein im *header* explizit vorgegebener Pfad (→ *bang path*) zur Weiterleitung der Datenpakete verwendet.

Active-X
von Microsoft entwickelter Standard für die Einbindung multimedialer und interaktiver Fähigkeiten in HTML-Dokumente mit Hilfe sog. → Active-X-Controls. Active-X ist zu → OLE kompatibel (bzw. eine Weiterentwicklung der OLE-Technik), über Active-X-Controls kann daher über sämtliche Ressourcen eines Rechners verfügt werden. Da eben dieser Zugriff u. U. mit erheblichen Schäden (etwa: Einschleusung von Programmen, die die Festplatte neu formatieren) verbunden sein könnte, schlägt Microsoft vor, nur Controls zu verwenden, die ein Zertifizierungsverfahren (→ Authenticode) passiert haben. Für die Entwicklung von Active-X-Anwendungen steht ein Active-X Development Kit (ADK) von Microsoft zur Verfügung. http://microsoft.de/produkte/internet/activex.htm

Active-X-Controls
mit einer Programmiersprache wie → Java, → C++ oder → Visual Basic erzeugte Programme, die (vergleichbar zu Java-Applets) in WWW-Browsern ablaufen können und zu → OLE kompatibel sind. Der Internet Explorer setzt Active-X-Controls direkt um, bei Netscape Navigator müssen Plug-Ins wie ScriptX (http://www.ncompasslabs.com) eingesetzt werden. Die Controls sind in sich geschlossene Programm-Objekte, das Ansprechen von Controls bzw. die Kommunikation von Controls untereinander muß über Script-Befehle (etwa in → JavaScript oder → VB Script) programmiert werden. Viele Active-X-Controls sind frei erhältlich. http://www.microsoft.com/activex/gallery

Active-X Development Kit
kurz ADK, → Active-X.

ACU
automatic calling unit, automatische Wählvorrichtung.

AD
- → *Administrative Domain;*
- Länderkennung für *Andorra.*

A/D
analog/digital, analog to digital.

Adapterkarte
→ Steckkarte.

Adaptive Delta Modulation
kurz ADM, Modulationstechnik, die zur Digitalisierung von Audio-Daten eingesetzt wird.

Adaptive Delta Pulse Code Modulation
kurz ADPCM, Modulations- und Kompressionstechnik für die digitale Übertragung von Audio-Daten (Sprachübertragung).

Adaptivfilter
adaptiver → Entzerrer.

ADC
- *Analog to Digital Converter,* Analog/Digital-Wandler;
- *Adaptive Data Compression,* ein → Protokoll der Firma → Hayes.

ADCCP
Advanced Data Communications Control Procedure, ein von der → ANSI entwickeltes → Protokoll, identisch mit dem → HDLC (ISO-Protokoll).

A/D-converter
→ Analog/Digital-Wandler.

ADD
Addition.

add-in-program
ein Zusatzprogramm, das in bestehende Software eingebunden werden kann (meist Treiber oder Filter).

add-on kit
Nachrüst-Bausatz.

add-on memory
nachgerüsteter bzw. nachrüstbarer Erweiterungsspeicher.

ADDR
address, → Adresse.

address
→ Adresse.

address book
Adreßbuch; Verzeichnis von → E-Mail-Adressen.

address mapping table
kurz AMT, ein Verzeichnis, das physische und logische Adressen miteinander in Beziehung setzt, vgl. → *logical.*

address mask
auch *network mask* genannte Adress-Maske, eine Bit-Maske, die beim → *routing* dazu dient, aus der IP-Adresse (→ *IP address*) die Subnetz-Adresse (→ *subnet address*) herauszufiltern.

address resolution
Umwandlung einer → logischen Adresse in eine → physische Adresse; im Internet die Konversion der IP-Adresse (→ *IP address*) eines Datenpakets in die MAC-Adresse (→ *MAC address*), die anhand des → *Address Resolution Protocol* durchgeführt wird.

Address Resolution Protocol
kurz ARP, Internet-→ Protokoll (definiert in RFC 826) für die Konvertierung einer Internet-Adresse (→ *IP address*) in die entsprechende Hardware-Adresse (→ *MAC address*) des Empfängers. Die IP-Adressen werden dabei dynamisch in die Adressen des Empfänger-→ LAN (48-Bit Ethernet-Adressen) aufgelöst.

address spoofing
Adressenschwindel, Angeben einer falsche Absenderadresse in einer E-Mail. Vgl. → *spoofing.*

ADK
Active-X Development Kit, → Active-X.

ADM
- → Adaptive Delta Modulation;
- → *admission* Zugang.

ADMD
Administration Management Domain, der nationale bzw. regionale Betreiber eines öffentlichen → X.400-Dienstes, also beispielsweise in Deutschland die Telekom AG (DBP). Vgl. → X.400-Adresse.

admin
administration; administrator, Verwaltung oder Verwalter (etwa eines Rechners, eines Netzes, einer Mailbox); auch → *sysop,* → *postmaster.*

administration
→ *admin.*

Administration Management Domain
→ ADMD.

administrative domain
kurz AD, wörtl. Verwaltungs-Bereich, ein von einer einzelnen Instanz (einem → *admin*) betriebenes Netz bzw. Sub-Netz.

administrator
→ admin.

administrivia
Informationen, die die Verwaltung (etwa eines → *bbs*, oder einer → *newsgroup*) betreffen.

admission
Zugang (zu einem Host), Zugangsrecht.

admission supervision
Zugangskontrolle.

ADPCM
→ Adaptive Delta Pulse Code Modulation.

ADR
- *address*, Adresse;
- *address register*, → Adress-Register.

ADRD
Automatic Data Rate Detection, automatische Erkennung der Datenübertragungsrate.

Adressbus
jener Teil eines → Bus-Systems, der zur Adressierung von Speicherbereichen dient.

Adresse
eindeutige logische (→ *logical address*) oder physische Kennzeichnung eines Speicherbereichs, einer Datei, eines Computers oder eines Benutzers. Im Internet verwendet man u. a.
- → *E-Mail address*, die E-Mail-Adresse eines Benutzers;
- → URL, die Adressierung einer bestimmten Webseite im WWW;
- → *IP address*, die Adresse, die einem Datenpaket mit auf den Weg gegeben wird;
- die symbolische → DNS-Adresse, die für einen größeren Komfort beim Adressieren sorgt (und erst in eine IP-Adresse übersetzt werden muß);
- die → *MAC address*, die Hardware-Adresse eines bestimmten Gerätes (Rechners, Druckers) im Netz;
- die → *socket address*, die einen speziellen Kommunikationsprozess oder einen Dienst erst vollständig adressiert.

Adreßmaske
→ *address mask.*

Adress-Register
address register, ein Prozessor- oder Systemregister, in dem die Adresse einer Speicherstelle zwischengespeichert wird.

ADRS
address, → Adresse.

ADU
Automatic Dialing Unit, automatische Wählvorrichtung.

Advanced Interactive Executive
AIX.

Advanced Program-to-Program Communications
→ APPC.

Advanced Research Projects Agency
→ ARPA.

Advanced Research Projects Agency Network
→ ARPANet.

advThanxance
Thanks in advance, Danke im Voraus.

ADX
Automatic Data Exchange, automatische Datenvermittlung.

A/D-Wandler
→ Analog/Digital-Wandler.

AE
Länderkennung für *United Arab Emirates.*

AEA
American Electronics Association, Berufsverband.

AF
Länderkennung für *Afghanistan.*

afaic
as far as I'm concerned, soweit es mich betrifft.

afaik
as far as I know, soweit ich weiß, so viel mir bekannt ist.

AfeN
Analoges Fernsprechnetz, das Analog-Telefonnetz der Deutschen Telekom.

afj
April Fool's Joke, Aprilscherz.

afk
away from keyboard, nicht an den Tasten, sinngemäß: ich bin (oder: er ist) gerade mal kurz weg.

AFS
Andrew File System, Netzwerk-→ Protokoll für den Direktzugriff auf Dateien, die auf einem anderen Rechner liegen. (Die *remote*-Dateien erscheinen wie lokale Dateien, sie können direkt bearbeitet werden.)

AFSK
Audio Frequency Shift Keying, (wörtl.: Hörfrequenz-Umschalt-Verschlüsselung) ein Verfahren zur Übertragung digitalisierter Daten mittels zweier unterschiedlicher Tonfrequenzen (in Analognetzen).

AFTP
→ *anonymous FTP.*

AG
Länderkennung für *Antigua and Barbuda.*

agent
ein Programm, das zwischen → *Clients* und → *Servern* Vermittlungsfunktionen übernimmt, also beispielsweise Abfragen in passende Formate überträgt oder an Hardware-Einrichtungen weiterleitet. Vgl. → MUA, → SNMP.

AI
- *artificial intelligence,* → Künstliche Intelligenz;
- Länderkennung für *Anguilla.*

AIDO
Automatic Identification of Outward Dialed Calls, automatische Erkennung externer Anrufe.

AIF
Audio Interchange Format, Dateiformat für den Austausch von Audiodaten.

aiw
as it were, mit anderen Worten.

AIX
Advanced Interactive Executive, eine Unix-Version der Firma IBM.

aka
also known as, auch bekannt als ..., → alias ... (häufig auch zur Bekanntgabe einer weiteren Adresse eines Users verwendet).

Akronym
eine Abkürzung, die aus den jeweils ersten Buchstaben mehrerer Worte gebildet wird. In der EDV und der DFÜ findet man besonders häufig → TLAs oder → ETLAs. Akronyme werden üblicherweise mit Großbuchstaben geschrieben, beim Chatten ist jedoch auch die Schreibweise mit Kleinbuchstaben vertreten, da mit Versalien Geschriebenes in einem Chat gemeinhin als „SCHREIEN“ gilt.

aktives Routing
→ *active routing.*

Akustikkoppler
ein → Modem, das nicht mit der Telefonleitung verbunden wird, sondern mit

dem Telefonhörer. Heute nur noch selten verwendet.

Akzeleratorkarte
→ *accelerator card.*

AL
- Amtsleitung (*subscriber line*);
- Länderkennung für *Albania.*

Aladin
→ Suchdienst. http://www.aladin.de

Alexie
Buchstabenblindheit, eine durch zentralnervöse Störungen hervorgerufene Leseunfähigkeit. Auch stundenlanges Starren auf den Bildschirm kann zu (vorübergehenden) Alexie-Symptomen führen.

alias
Kurzname bzw. Kurzadresse, die beim → *aliasing* anstelle des richtigen Namens bzw. der vollständigen Adresse angegeben werden kann.

aliasing
- Alias-Funktion in E-Mail-Programmen, die es dem Anwender ermöglicht, anstelle der kompletten E-Mail-Adresse nur einen Alias-Namen anzugeben (der dann vom Programm in die korrekte Adresse übersetzt wird);
- Alias-Funktion auf Rechnern, die → virtuelle Server betreiben, vgl. IP-Aliasing;
- durch zu geringe Auflösung auftretender Treppenstufeneffekt bei der Rasterdarstellung schräger Linien.

alive
- lebend;
- sinngemäß auch für das Vorhandensein eines Rechners oder die Möglichkeit einer DFÜ-Verbindung angewandt (etwa bei → PING);
- Antwort beim Chatten: bin noch da.

ALIWEB
ARCHIE-like Index for the Web, ein Internet-Dienst, der Webseiten ähnlich indiziert, wie das → ARCHIE mit ftp-Dateien macht.

All4One
→ Suchdienst (Metasucher für → Alta Vista, → Lycos, → Webcrawler und → Yahoo!). http://www.all4one.com

all ears
ganz Ohr (*I'm all ears* ich hör' doch voll zu!).

all elbows
per Ellbogen, völlig rücksichtslos; außer für entsprechende Chat-Teilnehmer wird dieser Ausdruck bisweilen auch zur Bezeichnung „rücksichtsloser Programme" eingesetzt, also für Software, die zur Erledigung der eigenen Aufgaben alle anderen Programme anhält oder den kompletten Speicher allein beansprucht.

All-in-One
→ Suchdienst. http://www.albany.net/allinone

alphabetisch
alle Buchstaben und nationale Sonderzeichen umfassend.

alphanumerisch
alle Buchstaben, Zahlen und nationalen Sonderzeichen umfassend.

alpha particels
Alphateilchen, kosmische Strahlung, Pseudo-Ursache für Fehler bei der Datenübertragung oder -Speicherung (über deren tatsächliche Ursache man nichts weiß – oder nichts sagen möchte).

Alphazeichen
seltene deutsche Bezeichnung für das Zeichen @ *(→ commercial at),* meist wird als deutscher Begriff „Klammeraffe" verwendet.

alt
alternative newsgroups, Name der → *news hierarchy* im → UseNet, die sich mit alternativen Ansätzen zu Themen beschäftigt, die teils auch in den anderen Hierarchien vorkommen.

Alt
- *alternate,* wechseln;
- Umschalttaste, die gleichzeitig mit einer anderen Taste gedrückt zur Auslösung von → Makros oder speziellen Programmfunktionen benützt wird.

AltaVista
→ Suchdienst. http://www.alta-vista.com oder http://www.altavista.digital.com

alternating current
Wechselstrom.

Alternative Carrier
Konkurrenten der Telekom (im Telekom-Jargon).

AlterNet
amerikanischer → *provider.*

Alt Gr
alternate/German, Umschalttaste, mit deren Hilfe die auf einer → QWERTZ-Tastatur vorhandenen Sonderzeichen ²³[]{}\~µ|_@ aktiviert werden können.

ALU
arithmetic logic unit, Rechenwerk, zentraler Bereich eines Prozessors, in dem die elementaren arithmetischen und logischen Operationen durchgeführt werden (also Addition, Negation usw.).

am
häufig verwendete Abkürzung der Abkürzung → a.m.

a.m.
ante meridiam (lat.), Vormittag; wird bei 12-Stunden-Schreibweise der Uhrzeit meist zusätzlich angegeben (für den Nachmittag: → p.m.).

AM
- Amplitudenmodulation, → Modulation;
- öffentliche Nachricht (allgemeine Mail) in einem Netz;
- Länderkennung für *Armenia;*
- im Zahlungsverkehr: American Express Card.

Amadeus
→ Reservierungssystem.

amend
ändern.

American National Standards Institute
→ ANSI.

American Standard Code for Information Interchange
→ ASCII.

America OnLine
→ AOL.

amper
→ *ampersand,* das et-Zeichen &.

Ampere
Maß für die Stromstärke.

ampersand
das Zeichen &.

Amplitudenmodulation
(AM), → Modulation.

AMT
- *Address Mapping Table,* → *logical;*
- *amount,* Summe, Betrag.

AN
Länderkennung für *Netherlands Antilles.*

analog
→ analoges Signal.

analog computer
AC, Analogrechner. Bei dieser Art von Computern werden Werte intern nicht digital, sondern analog (durch die Spannungsgröße) dargestellt.

Analog-Digital Wandler
- im engeren Sinn eine elektronische Einrichtung, die analoge Signale in digitale Signale umsetzt;
- im weiteren Sinne ein in beide Richtungen (Analog/Digital und Digital/Analog) funktionierendes Gerät (etwa → ISDN-Terminaladapter).

analoges Signal
Signal mit potentiell unendlich vielen Zustandsmöglichkeiten bei potentiell un-

endlich kleinen kontinuierlichen Übergängen, im Unterschied zum → digitalen Signal, das nur zwei Zustände annehmen kann.

Analogübertragung
Datenübertragung mit → analogen Signalen.

Anbieter
- → Btx-Anbieter;
- → provider.

anchor
Anker, eine speziell gekennzeichnete Stelle (vgl. → *tag*) in Hypertext-Dokumenten, die zum Aufbau einer Verzweigung auf ein anderes Dokument (→ *link*) benützt wird. Bei Webseiten nach dem → HTML-Standard werden solche Anker beispielsweise durch *<A HREF= "Dienst://Adresse.Datei">beliebig Text </A>* gebildet.

AnchorNet
amerikanischer → *provider*.

angle brackets
→ Winkelklammern (die Zeichen <>).

ANIS
Analoger Anschluss an ISDN-Vermittlungsstelle.

anisochron
→ asynchron.

Anker
→ *anchor*.

anklicken
Steuerung von Computeraktivitäten durch die Aktivierung von → *hotspots*, wobei eine durch den Mauszeiger (→ Cursor) bestimmte Stelle einer Bildschirmanzeige (*hotspot*) durch Drücken eines Knopfes der Maus (→ klicken) ausgewählt wird.

Anklopfen
ISDN-Funktion: erfolgt während einer Verbindung ein weiterer Anruf, wird dies mitgeteilt.

ankommender Ruf
→ *incoming call*.

annoying behaviour
störendes Verhalten (beim Chatten), Verstoß gegen die → *netiquette*.

anonymous FTP
anonymer FTP-Zugang, Zugriff auf öffentlich zugängliche Daten eines Hosts via → FTP, wobei beim Login als User-ID „Anonymous" (und als Paßwort ggf. die eigene E-Mail-Adresse) angegeben wird. Die meisten FTP-Server bieten über diese Art der Anmeldung einen Jedermann-Zugang zum Host an (selbstverständlich mit eingeschränkten Rechten); die frei zugänglichen Dateien sind häufig im Verzeichnis *pub*. (vgl. → *anonymous UUCP*, → *guest)*.

anonymous remailer
ein Dienstprogramm, mit dessen Hilfe anonymisierte E-Mails versendet werden können. Der *remailer* leitet die E-Mails an den Empfänger weiter, nachdem er zuerst alle Absenderangaben gelöscht hat. (Um kriminellen Mißbrauch zu vermeiden, wird allerdings in der Regel ein internes Logbuch geführt, aus dem die Absenderangaben bei Bedarf rekonstruierbar sind.)

anonymous UUCP
anonymer UUCP-Zugang, ein mit dem → *anonymous FTP* vergleichbarer freier UUCP-Zugriff auf einen Host.

Anonymus
Autorenangabe: ein Unbekannter.

Anrufweiterschaltung
- Rufumleitung, von einem Teilnehmer beim Netzbetreiber veranlaßte (und bezahlte) Weiterleitung aller eingehenden Telefonate zu einem anderen Anschluß;
- von Telefonanlagen bisweilen technisch vorgegebene (und kostenlose) Möglichkeit, einen eingehenden Anruf automatisch an eine andere Nebenstelle (oder der Reihe nach an mehrere Nebenstellen) weiterzureichen, falls er nicht innerhalb einer vorgegebenen Wartefrist entgegengenommen wurde.

ANS
Advanced Networks and Services, amerikanischer → *Provider.*

Anschlußbereich
ein geographischer Bereich (Stadtteil, Ortsteil), der nur von einer einzigen Ortsvermittlungsstelle (→ OVSt) im Telefonnetz versorgt wird. Vgl. → Ortsnetz.

Anschlußbündelung
siehe → Hub.

ANSI
- *American National Standards Institute,* das US-amerikanische Institut zur Normenerstellung (ähnlich dem deutschen DIN), hervorgegangen aus dem früheren → ASA, Mitglied des → ISO;
- Kurzbezeichnung für den häufig bei der → Terminalemulation verwendeten → ANSI-Standard oder für den → ANSI-Zeichensatz.

ANSI-Code
der → ANSI-Zeichensatz.

ANSI-Standard
- ein (beliebiger) vom → ANSI festgelegter Standard;
- in der DFÜ meist Bezeichnung für einen Standard für die Übermittlung bzw. den Aufbau von Bildschirmdarstellungen (→ Terminalemulation), der ANSI-Code sowie diverse Darstellungsmodi (Farbe, blinkende Zeichen etc.) unterstützt.

ANSI-Zeichensatz
von der ANSI entwickelter 8-Bit-Zeichensatz-Standard, der in etlichen Zeichen vom 8-Bit-→ ASCII-Zeichensatz abweicht. Da beispielsweise auf PCs DOS-Programme mit ASCII und Windows-Programme mit ANSI arbeiten, sind Konvertierungen zwischen den Zeichensätzen unumgänglich (die meisten Windows-Programme verfügen ggf. über eine entsprechende Konvertierungsfunktion).

answer
Antwort; antworten.

answer code
Stationskennzeichen.

answer mode
Antwortmodus, bei Modems übliche Betriebsart: das angerufene Modem sendet im Hochfrequenzbereich und empfängt im Niederfrequenzbereich, das anrufende Modem (im → *originate mode*) sendet auf Niederfrequenz und empfängt auf Hochfrequenz.

Antwortmodus
→ *answer mode.*

Antwortton
beim → Vollduplex-Betrieb zusätzlich zu den übertragenen Signalen auf einer eigenen Frequenz (2100 Hz) mitgesendeter Dauerton, der → Echosperren wirkungslos macht und dadurch erst den reibungslosen Datentransfer in beide Richtungen ermöglicht.

Antwortzeit
response time, die Zeitspanne zwischen einer Frage bzw. speziellen Anforderung (etwa → *file request*) und dem Eintreffen der Antwort bzw. der angeforderten Daten.

ANU
Australian National University.

Anwender
Benutzer (eines Programms), → Endbenutzer.

Anwenderprogramm
ein vom → Anwender selbst entwickeltes Programm, nicht zu verwechseln mit einem → Anwendungsprogramm.

Anwendung
→ Anwendungsprogramm.

Anwendungsprogramm
application

- ein für einen bestimmten Zweck bzw. Arbeitsbereich geschaffenes Programm (im Unterschied zu einem → Systemprogramm oder → Dienstprogramm);
- bisweilen auch Bezeichnung für ein Programm, das direkt bzw. ausschließlich für einen einzelnen Anwender arbeitet (→ Client).

Anwendungsprogrammschicht
→ *application layer*, die 7. Schicht im → *OSI Reference Model*.

any key
irgendeine Taste.

A/N
alphanumerisch.

AO
- *analog output*, Analog-Ausgabe;
- Länderkennung für *Angola*.

AOD
abort of dialing, Abbruch des Wählvorgangs (bei einem Modem).

AOL
America OnLine, US-amerikanischer, international vertretener → *provider*. 1988 als Service-Netz für Besitzer von Apple-Computern gegründet, ist AOL inzwischen der weltweit größte → Online-Dienst mit mehr als 8 Millionen Abonnenten. In Deutschland firmiert AOL (in einem Zusammenschluß mit der Bertelsmann-Gruppe) offiziell unter der Bezeichnung → AOL Bertelsmann, ist als überregionaler Online-Dienst tätig und unterhält in allen größeren Städten → Einwahlknoten mit Analog- und ISDN-Zugang. http://www.germany.aol .com

AOL Bertelsmann GmbH
deutscher Ableger von → AOL, Gemeinschaftsunternehmen von AOL America und Bertelsmann.

ape
(Klammer-)Affe, gemeint ist meist das Zeichen @ (→ *commercial at*).

APF
all PINs fail, Fehlermeldung: falsche → PIN.

API
Application Program Interface, Software-Schnittstelle, also Funktionen bzw. Festlegungen, wie Anwendungsprogramme untereinander (oder mit → daemons) kommunizieren.

APNIC
Asian Pacific Network Information Center, das → NIC des Asien-Pazifik-Raums, u. a. für die regionale Adressenvergabe zuständig (vergleichbar zu → RIPE bzw. den ihr unterstellten nationalen NICs wie → IV DENIC). http:// www.apnic.net

app
application program, Anwendung, ein → Anwendungsprogramm

APPC
Advanced Program to Program Communications, Protokoll für → *peer-to-peer*-Netzwerke, entwickelt von der Firma IBM.

Apple
amerikanisches Hardware-Unternehmen.

Apple Attachment Unit Interface
kurz AAUI, → Ethernet-Schnittstelle für Apple-Computer.

AppleLink
Online-Dienst der Firma Apple, heute in → eWorld aufgegangen.

applet
aus *application program inlet* zusammengezogene Bezeichnung für ein kleines Programm, das in → Java geschrieben wurde und in → HTML-Dokumente integriert werden kann. → Java-Applet.

AppleTalk
Netzwerk-Protokoll, Kommunikations-Software und Hardware-Schnittstellen

der Firma Apple für die Verbindung von Apple-Computern untereinander.

application
→ Anwendungsprogramm.

application layer
Anwendungsprogramm-Schicht, die oberste Ebene bzw. 7. Schicht im → *OSI Reference Model*. Diese Schicht wird bisweilen als „semantisch" bezeichnet, da nur hier Daten inhaltlich zur Verfügung stehen, also von einem Benutzer generiert, manipuliert oder auch nur zur Kenntnis genommen werden können. Auf allen darunterliegenden Ebenen spielt der Inhalt, die Bedeutung usw. von Informationen keine Rolle.

Application Program Interface
→ API.

APPLI/COM
application/communication, ISDN-Schnittstellenstandard, definiert die Kommunikation zwischen Anwendungsprogrammen und Treibern bzw. ISDN-Hardwarebausteinen.

approx
- *approximate*, ungefähr;
- englische Bezeichnung für das Zeichen ~ (→ Tilde).

AQ
Länderkennung für *Antarctica*.

AR
- → Adress-Register;
- Länderkennung für *Argentina*.

ARAP
AppleTalk Remote Access Protocol, ein Protokoll für → AppleTalk.

Arbeitsplatzrechner
→ Workstation.

Arbeitsspeicher
auch Hauptspeicher, jener (aus schnellen RAM-Bausteinen aufgebaute) Speicherbereich eines Computers, in den die auszuführenden Programme und Daten geladen werden (in Unterscheidung zum → Massenspeicher).

Arbeitsstation
→ Workstation.

ARC
- verbreitetes → Packer-Programm;
- als → *extension* bezeichnet .ARC meist ein mit diesem Programm hergestelltes komprimiertes Archiv.

archie
Internet Archive Listing Service, → Suchdienst im Internet, mit dem öffentlich zugängliche FTP-Dateien aufgespürt werden können. *archie* führt seine Recherchen nicht in den Dateien selbst durch, sondern in einer Index-Liste, also einem Verzeichnis der → *anonymous FTP*-Dateien. Außer nach dem Dateinamen kann auch (mit Einschränkungen) nach Themen bzw. Stichworten gesucht werden. *archie* arbeitet mit → *Prospero* zusammen. http://www.informatik.rwth-aachen.de/archie.html oder http://www.ask.uni.karlsruhe.de/asksina2/forms/WWW_Sina.html

archie server
das *archie*-Programm (das *archie-clients* bedient); der Begriff wird häufig auch synonym zu → *archie site* verwendet.

archie site
Computer, auf dem ein → *archie server* läuft.

Archivdatei
eine Datei, die komprimierte Daten enthält, etwa ein → ZIP-File.

archive
- Archiv, archivierte Informationen jeder Art;
- häufig sind nicht gespeicherte Daten überhaupt, sondern → *Backups* gemeint;
- speziell werden unter Archiven auch Dateien verstanden, die die Informatio-

nen in komprimierter Form enthalten. Im PC-Bereich besonders verbreitet sind sogenannte → ZIP- oder → ARC-Files, die mit entsprechenden Programmen, den sogenannten → Packern, hergestellt wurden. Solcherart „gepackte" („gezippte" oder „gearcte") Dateien werden auch häufig im Internet zum *downloading* bereitgehalten, da komprimierte Daten aufgrund des geringeren Volumens entsprechend weniger Speicherplatz auf dem Server benötigen und eventuell schneller übertragen werden können.

archived data
Archivdaten, im Unterschied zum aktuellen Datenbestand (→ *maintained data*).

archive site
- im engeren Sinn ein Host, der → FTP-Files bereithält;
- allgemein jeder Host, der den netzweiten Zugang zu Datensammlungen (FTP-Archiven, Webseiten usw.) ermöglicht.

ARCnet
Attached Resource Computer network, von der Firma Datapoint Corp. entwickelter LAN-Standard, → *token-passing*-Verfahren, 2.5 Mbits/sec.

ARCnet-Karte
Steckkarte zur → ARCnet-Verbindung von PCs.

area
- Bereich, Fläche;
- im FidoNet Bezeichnung für → *newsgroup*.

area code
Vorwahlnummer (im Telefonnetz).

area communication controller
→ ACC.

ARF
accept, route, forward, Empfang, Leitweg-Bestimmung und Sendung, die Aufgaben eines → PSN bzw. → *routers* bei der → Paketvermittlung.

arg
argument, das Argument, der Programmbefehl bzw. der mathematische Ausdruck (vereinzelt auch als abgekürztes Verb für: argumentieren, streiten).

ARJ
sehr verbreitetes → Packer-Programm der Firma ARJ-Software, wird als → *shareware* vertrieben und ist für den ausschließlich privaten Gebrauch kostenlos.

armor-plated
kugelsicher, meist übertragen für ein besonders stabil laufendes Programm oder Gerät verwendet.

ARP
→ *Address Resolution Protocol*.

ARPA
Advanced Research Projects Agency, die Dienststelle des Verteidigungsministeriums der USA (→ DoD), die Forschungsvorhaben zum Internet initiierte und das → ARPANet gründete. Heutige Bezeichnung: → DARPA.

ARPANet
Advanced Research Projects Agency Network, ein von der → ARPA von 1969 bis 1990 betriebenes Netzwerk mit Paketvermittlung, Vorläufer des heutigen Internet. Das ARPANet diente (auch) als das Forschungsnetz, in dem wesentliche Konzepte und Technologien des heutigen Internet erstmals Anwendung fanden. Das heute dem ARPANet entsprechende Forschungsnetz ist das → DRI, ein Subnetz des militärischen → DDN.

ARQ
Automatic Repeat on Request, Verbindungsart bzw. Protokoll mit automatischer Wiederholung der Datenübertragung nach Aufforderung (nach einem Fehler).

arrow keys
Pfeiltasten, gemeint sind die Cursorsteuertasten.

ARS
Automatic Route Selection, automatische Auswahl des Pfades für die Weiterleitung eines Datenpakets (beim → *routing*).

artificer
Urheber.

artificial intelligence
(AI) → Künstliche Intelligenz.

Artikel
→ *news article.*

AS
- Länderkennung für *American Samoa;*
- → Autonomous System.

ASA
American Standards Association, Vorläufer des → ANSI.

asafp
as soon as f… possible, → asap.

asap
as soon as possible, baldmöglichst.

AsB
Anschlußbereich, im Telefonnetz das Gebiet, für das eine einzelne Vermittlungsstelle bzw. ein einzelner Netzknoten zuständig ist. Ortsnetze umfassen in der Regel mehrere Anschlußbereiche.

asbestos!
asbestos longjohns, lange Unterhosen aus Asbest, werden beim Chatten gegen → *flames* empfohlen (sinngemäß: „zieh Dich warm an, gleich geht's los!").

asc
ASCII; → *extension* für Textdateien (ASCII-Text, Standardformat, bei Textverarbeitungsprogrammen meist → txt, → doc, → wri).

ASCII
- *American Standard Code for Information Interchange,* 7-bit Binärcode, für alphanumerische Zeichen und einige Steuerzeichen;
- 8-bit Binärcode, dessen erste 128 Zeichen dem ANSI-Zeichensatz entsprechen.

ASCII art
auch als *character graphics* oder *ASCII graphics* bezeichnete Bilder, die nur mit Zeichen aus dem ASCII-Zeichensatz gestaltet werden; dazu zählt man neben den weitverbreiteten → *emoticons* oder → *smileys* auch größere Darstellungen.

ASCII Code
→ ASCII.

ASCII graphics
→ *ASCII art.*

ASCII Zeichensatz
→ ASCII.

as follows
folgendermaßen.

Asian Pacific Network Information Center
→ APNIC.

aside from
außerdem, zudem.

as if
als ob.

ASK
Amplitude Shift Keying, Amplitudenumtastung. Modulationsverfahren, bei dem die Trägerfrequenz an- bzw. ausgeschaltet wird, um Signale (1/0) zu übermitteln.

ASN.1
Abstract Syntax Notation One, ISO-definierter Standard (ISO 8824) zur Datenbeschreibung, dient als Grundlage für die Beschreibung der in → OSI-Protokollen (und speziell im Rahmen des → SNMP) verwendeten Datenpakete. Die Vorgehensweise für die eigentliche Codierung solcher Pakete (also die Herstellung von Datenpaketen im Rahmen

eines bestimmten Protokolls) ist in den → *Basic Encoding Rules* (BER) standardisiert (ISO 8825).

ASPI
Advanced SCSI Programming Interface, Standard für → SCSI-Treiber.

ASR
- *Automatic Send and Receive*, Automatisches Senden und Empfangen;
- *Automatic Speech-Recognition*, Automatische Spracherkennung.

Assembler
maschinennahe (vom Prozessortyp abhängige) Programmiersprache.

assigned numbers
von der → IANA herausgegebenes, regelmäßig aktualisiertes RFC-Dokument (→ STD2), das all jene zugewiesenen Standardparameter aufführt, die im Zusammenhang mit dem Internet bzw. dem TCP/IP stehen (Standardwerte von *links, ports, protocols, sockets* usw.). Die jeweils aktuelle Version ist zu beziehen über ftp://ftp.isi.edu/in-notes/iana /assignments

as soon as possible
→ asap.

asterisk
seltene (aber korrekte) englische Bezeichnung für das Zeichen * (im deutschsprachigen Raum meist als „Sternchen“ bezeichnet), verbreiteter sind die Bezeichnungen *wildcard* oder *joker* (das Zeichen wird häufig als → Platzhalter verwendet).

as to
was ... betrifft.

async
asynchronous, → asynchron.

asynchron
auch anisochron, Zeittakt-unabhängig; Vorgänge, die zeitlich voneinander (bzw. untereinander) unabhängig sind und auch nicht von einer zentralen (übergeordneten) Taktsteuerung abhängen. (Gegenteil: → synchron).

asynchrone Übertragung
ein Übertragungsverfahren, bei dem Sender und Empfänger nicht durch einen einheitlichen Takt koordiniert sind, weshalb die Daten jeweils durch Start- und Stopbits markiert werden (müssen), im Unterschied zur → synchronen Übertragung.

asynchronous
→ asynchron.

Asynchronous Transfer Mode
kurz ATM, auch unter der Bezeichnung *fast packet* bekannter neuer (bzw. zukünftiger) Standard für die Hochgeschwindigkeits-→ Paketvermittlung in → LANs oder → WANs sowie im Breitband-ISDN. ATM arbeitet mit Durchschaltvermittlung (für die Übertragung werden „virtuelle Kanäle“ reserviert, die Vermittlung erfolgt über → Switches) unter dynamischer Ausnutzung der Bandweite und erreicht Übertragungsraten von 155 MBit/s und darüber, die für die Echtzeit-Übertragung von Multimediadaten (Audio/Video) geeignet sind. Ein ATM-Datenpaket (→ *cell*) hat eine feste Länge von 53 Bytes (5 Bytes *header*, 48 Bytes Daten). In Deutschland wird ATM im → B-WiN eingesetzt.

asynchronous transmission
→ asynchrone Übertragung.

AT
- Länderkennung für *Austria* (Österreich);
- *attention*, Achtung!
- Einleitungs-Steuercode für → AT-Kommandos.

at
in einer Rechnung: zu jeweils (→ *commercial at*).

AT-Befehlssatz
→ AT-Kommandos.

AT-Bus
→ ISA-Bus.

AT-Code
→ AT-Kommandos.

ATCP
AppleTalk Control Protocol, → AppleTalk.

AT-Kommandos
auch AT-Befehlssatz, AT-Code, Smartmodem-Code, Hayes-Befehlssatz usw. genannter Befehlsstandard für die Steuerung von → Modems, der von dem von der Firma → Hayes für die eigenen Modems entwickelten Kommando-Set abstammt. Man unterscheidet heute den ursprünglichen → *Original-AT-Modem-Command-Set*, einen von praktisch allen heutigen Modems akzeptierten Basis-Befehlssatz, vom → *Extended-AT-Modem-Command-Set* und dem → *Superset-AT-Modem-Command-Set*.

ATM
→ *Asynchronous Transfer Mode*.

AT Modem Command Set
→ AT-Kommandos.

AT&T
American Telephon & Telegraph Company.

attach
- anhängen, anschließen;
- bei E-Mails Bezeichnung für das Anhängen von beliebigen Dateien an eine E-Mail.

attach device
Anschlußgerät.

attached file
auch *attachment*, Dateianhang, eine beliebige Datei, die an eine E-Mail angehängt wird bzw. mit einer E-Mail übersandt wird.

attachment
- Anschluß;
- Zusatzgerät;
- → *attached file*.

attachment identification
Anschlußkennung.

at will
je nach Belieben.

AU
Länderkennung für *Australia*.

Audio Video Interleave
→ AVI.

aufsetzen
spezielle Ausdrucksweise zur Angabe von Protokollen: nach dem *OSI Reference Model* benutzt das Protokoll einer höheren Ebene ein Protokoll einer tiefergelegenen Ebene, es setzt also dieses Protokoll voraus bzw. setzt auf diesem auf. Beispielsweise setzt HTTP auf TCP/IP auf, es ist *on top of* TCP/IP. (Protokolle oder Dienste, die auf TCP/IP „aufsetzen", sind in der Regel allgemeine bzw. allgemein verfügbare Internet-Protokolle bzw. -Dienste.)

aufwärtskompatibel
→ kompatibel.

AUP
acceptable use policy, Grundsätze über die zulässige Nutzung, vom Betreiber eines Netzes vorgegebene oder unter den Nutzern freiwillig vereinbarte Regelungen darüber, zu welchen Zwecken das Netz dient bzw. was innerhalb des Netzes nicht gestattet ist (etwa: das entsprechende Netz dient in erster Linie der Verbreitung wissenschaftlicher Beiträge, die Verbreitung kommerzieller oder politischer Inhalte ist ausdrücklich ausgeschlossen). Vgl. → netiquette.

Auslagerungsdatei
Datei, die zum vorübergehenden Auslagern von Daten aus dem Hauptspeicher dient. Solche Dateien werden von einigen Betriebssystemen bzw. Programmen zur Pseudo-Vergrößerung des Arbeitsspeichers benutzt, sie können temporär (nur vorübergehend, im Umfang ent

sprechend dem tatsächlichen aktuellen Bedarf variabel) oder aber permanent (mit festem Volumen) angelegt sein. Vgl. → *paging*, → *virtual memory*.

ausloggen
→ *log off*.

Ausrichtung
→ Textausrichtung.

authentication
- Beglaubigung, Bestätigung eines Sachverhalts – etwa der Echtheit – durch eine dritte Person oder eine unabhängige Instanz;
- Verifikation der Identität eines Prozesses oder einer Person (etwa: Absender einer E-Mail, User, usw.), die durch Dritte oder durch Echtheitssiegel etc. erfolgt (vgl. → Authenticode).

Authenticode
Zertifizierungsverfahren für → Active-X-Controls, durchgeführt durch die Firma Verisign. Authenticode soll eigentlich sicherstellen, daß Active-X-Controls keine ungewünschten bzw. zerstörerischen Funktionen auslösen können, bestätigt jedoch in einigen bekanntgewordenen Fällen nur die bloße Funktionstüchtigkeit der Active-X-Controls (ohne Rücksicht auf etwaige zerstörerische Wirkungen).

auto answering
(automatische Antwort) Modemfunktion: Erkennung und Entgegennahme eines ankommenden Gesprächs.

auto calling
(automatisches Anrufen) Modemfunktion: automatischer Aufbau einer Verbindung.

auto dialling
(automatisches Wählen) Modemfunktion: das Wählen wird vom Modem ausgeführt.

autological
selbstbeschreibend, sich selbst dokumentierend, sich selbst erklärend (im Zusammenhang mit Programmen verwendet), Gegenteil zu → *heterological*.

automatic callback
automatischer Rückruf, aus Sicherheitsgründen bisweilen durchgeführte Funktion beim Verbindungsaufbau (der Anrufer wird vom System rückgerufen).

automatic dialing
→ Direktwahl.

automatic handover
automatische Weiterschaltung im Mobilfunknetz (von Sendebereich zu Sendebereich).

Automatic Repeat on Request
→ ARQ.

Autonomous System
kurz AS, innerhalb eines größeren Netzwerk-Verbunds eine Reihe zusammengehörender → *router* (unter einheitlicher Verwaltung, mit einheitlichem → Protokoll arbeitend), also ein Subnetz bzw. eines der zu einem → internet zusammengeschlossenen Netzwerke.

A/UX
UNIX Version der Firma Apple.

AVD
alternate voice/data, Wechsel zwischen Stimm- und Datenübertragung, Bezeichnung für Verfahren oder Einrichtungen zum Übertragen von Sprache und Daten bzw. von analogen und digitalen Signalen (über dieselben Kanäle).

AVI
Audio Video Interleave, von Microsoft entwickelte Technologie zur gemeinsamen Speicherung von Audio- und Videodaten in einer Datei.

AW
Länderkennung für *Aruba*.

away from keyboard
→ afk.

AWD
Automatische Wähleinrichtung für Datenverbindungen (*auto calling device*).

awhfy
are we having fun yet, soll das noch lustig sein? macht das noch Spaß?

awol
- *absent without official leave,* fehlend ohne offizielle Urlaubsmeldung (bzw. ohne Entschuldigung);
- sinngemäß auch: jemand hat sich heimlich aus dem Staub gemacht.

ayor
at Your own risc, auf Dein eigenes Risiko.

AZ
Länderkennung für *Azerbaijan.*

B
- *binary*, binär;
- → *bit*;
- *blank*, Leerstelle, Leerzeichen;
- → *block*.

B+
Quick-B, von → CompuServe entwickeltes Protokoll zur Datenübertragung.

b4
before, vorher, bevor.

BA
Länderkennung für *Bosnia and Herzegovina*.

babble
Rauschen, Interferenzen, Störgeräusche in einer Leitung.

baby bells
kleinere und regionale Telefongesellschaften in den USA, → Bell.

backbone
wörtl. Rückgrat,
- in → WANs alle miteinander über besonders schnelle Übertragungswege verbundenen Hauptrechner, die Adressen und Routen innerhalb eines Netzes ermitteln und die Übertragung bewerkstelligen, bzw. das durch diese Rechner und ihre Verbindungen untereinander aufgebaute zentrale Leitungsnetz, über das der „Hauptverkehr" läuft;
- bei → LANs auch Bezeichnung für das Kabel, das alle Rechner miteinander verbindet (→ Ethernet).

back door
auch *trap door*, Hintertürchen, Leck im Sicherheitssystem einer EDV-Anlage oder eines Programms (beispielsweise von Programmierern in Programme eingebaute „inoffizielle" Zugangsmöglichkeiten, die den System-Zugriff unter Umgehung üblicher Sicherheitsabfragen, Log-in-Prozeduren usw. ermöglichen).

back-end
das „hintere Ende" eines komplexen und heterogenen Systems (oder eines Produktionsablaufs), etwa ein Filmbelichtungsgerät für Computersatzanlagen, oder ein zentraler → Server innerhalb eines umfangreichen Datenbanksystems; Gegenteil: → *front-end*.

backroom boys
die Jungs im Hinterzimmer (meist übertragen für: Tüftler, oder die Wissenschaftler in Entwicklungsabteilungen).

backslash
umgekehrter Schrägstrich (von links oben nach rechts unten: \); der „normale" Schrägstrich heißt *slash*.

backspace
- Löschtaste (löscht das Zeichen vor dem Cursor);
- übertragen auch für „streiche letzte Bemerkung".

backup
sichern; Datensicherung.

backward channel
Hilfskanal, der in Gegenrichtung zum Datenkanal (und mit geringerer Geschwindigkeit) betriebene Quittierungskanal beim Halbduplex-Betrieb (siehe → duplex).

backwhat?
Rückfrage von Neulingen zum Thema → *backslash*.

bak
- → *back at keyboard* bin wieder da;
- → *backup*.

BAKOM
→ Bundesamt für Kommunikation.

balanced line
symmetrische Zweileiterverbindung, Kabel aus zwei Adern mit entgegengesetz-

ter, gleich hoher Spannung (oft als → *twisted pair*-Kabel realisiert).

balun
balanced/unbalanced, Gerät zur Verbindung von → *balanced lines* (etwa → *twisted pair*-Kabeln mit *unbalanced lines*, also Kabeln, in denen keine symmetrische Spannung anliegt (beispielsweise → Koaxialkabeln), vgl. → CTPA.

Bandbreite
- der Umfang des nutzbaren Frequenzbereichs einer Leitung (Differenz zwischen der höchsten und niedrigsten Frequenz, gemessen in → Hertz);
- im DFÜ-Bereich auch häufig Bezeichnung für die Datenmenge, die pro Zeiteinheit über eine Leitung gesendet werden kann (angegeben in → bps oder MBit/s).

bandwith
→ Bandbreite.

bang
das Ausrufezeichen;
- wird bei → UUCP jeder → *site* vorangestellt (→ *bang path*);
- wird in E-Mails oder beim Chatten bisweilen ausgeschrieben (soll dann einem Satz angeblich noch mehr Nachdruck als ein echtes Ausrufezeichen verleihen).

bang path
auch *mail path*, eine Reihe von (per → *bangs* getrennten) → *Site*-Namen, die bei einer E-Mail via → UUCP zur direkten Adressierung einer E-Mail verwendet werden (→ *direct addressing*).

banner
- Fahne, Poster;
- Bildschirmdarstellung beim Start eines Programms (Eröffnungsbild, meist Logo, Firmenzeichen etc.);
- Werbebotschaft oder -bildchen auf einem Bildschirm, vgl. → Bannerwerbung.

Bannerwerbung
eine auf einer *WebPage* eingeblendete Werbebotschaft bzw. ein Werbebild. Auf den *Pages* von → Suchdiensten, oder auf gesponsorten *WebPages* häufig anzutreffen.

BAPT
Bundesamt für Post und Telekommunikation, Mainz. Zuständig für die Anmeldung von Telefonnetzen, Online-Diensten, Mailboxen usw.

bar
Strich, Querstrich, senkrechter Strich, Balken (→ *bar code*).

bar code
Balkencode, Strichcode, ein für spezielle Lesegeräte lesbarer Code aus schwarzen Strichen unterschiedlicher Stärke (etwa zur Kennzeichnung von Waren).

bare metal
reines Metall, bloße Hardware.

bare metal programming
Programmierung auf Maschinenebene bzw. in Maschinensprache.

barf
schlimm, widerlich.

bas
- *be a sportsman*, bleib fair;
- → *extension* für BASIC-Programme.

baseband
selten mit „Basisband" übersetzt
- Signalübermittlung unter Ausnutzung der gesamten → Bandbreite eines Mediums (d. h., nur ein Kanal wird zur Übertragung genutzt bzw. die Impulse werden unmoduliert gesendet);
- eine Leitung, auf der nur ein Kanal zur Verfügung steht (d. h., es kann nicht zugleich gesendet und empfangen werden, vgl. → Zeitmultiplex).

BASIC
Beginners's All-Purpose Symbolic Instruction Code, höhere Programmiersprache (→ *high level language*), einfach zu erlernen.

Basic Encoding Rules
kurz BER, eine ISO-standardisierte allgemeine Technik zur Codierung von Da-

tenpaketen (ISO 8825). Die allgemeine Beschreibung derartiger Datenpakete wird durch → ASN.1 (ISO 8824) geregelt.

Basisband
→ *baseband*.

bastion host
Bezeichnung für den Rechner, der ein → LAN mit dem Internet verbindet und im Rahmen eines → *firewall*-Konzeptes dafür sorgen soll, daß keine unbefugten Zugriffe auf das LAN stattfinden.

BAT
- → *batch file*;
- *batch processing*.

batch
Stapel, Liste von Befehlen, die der Reihe nach abgearbeitet werden sollen.

Batchbetrieb
→ *batch mode*.

Batch-Datei
→ *batch file*.

batch file
Datei, die das → *batch processing* auf Betriebssystemebene festlegt. Unter DOS lassen sich beispielsweise einfache Text-Dateien mit beliebigen DOS-Befehlen oder Programmaufrufen anlegen, die unter einem beliebigen Namen mit der → *extension* .BAT gespeichert werden. DOS akzeptiert derartige Dateien als Steuerprogramme für den → Kommandointerpreter (command.com), nach dem Aufruf einer solchen Datei werden die Befehle nacheinander ausgeführt.

batch mode
manchmal eingedeutscht „Batchbetrieb", Betriebsmodus der Stapelverarbeitung (→ *batch processing*), im Unterschied zum → *dialog mode* erfolgt die Erledigung einer Aufgabe dabei Schritt für Schritt und ohne weiteren Benutzereingriff automatisch durch die EDV-Anlage. Übertragen wird die Bezeichnung auch generell für das Erledigen von stumpfsinnigen, wiederkehrenden Arbeiten gebraucht.

batch processing
manchmal eingedeutscht zu „Batchverarbeitung", Stapelverarbeitung, automatischer sequentieller Ablauf von Betriebssystembefehlen, Programmen oder Programmteilen (anhand einer Befehlsliste und ohne zusätzlichen Benutzereingriff).

Batch-Programm
→ *batch file* oder → Makro, ein Programm, das den Ablauf der Ausführung anderer Programme festlegt,.

batch total
Zwischensumme.

Baud
nach J. M. E. Baudot (1845- 1903) benannte Maßeinheit für die Schrittgeschwindigkeit bzw. Taktrate eines Übertragungssignals.

baud barf
Datenmüll, → barf.

Baudot Code
5-Bit-Telex-Code (von J. M. E. Baudot entwickelt).

Baudrate
Taktrate bzw. Anzahl der wechselnden Zustände eines Signals pro Zeiteinheit (je Sekunde: Baud), ist bei zwei möglichen Zuständen mit der → Bitrate identisch (→ bps).

BB
Länderkennung für *Barbados*.

bbfn
bye bye for now, nun denn, erst mal tschüß.

bbiab
be back in a bit, bin sofort wieder da.

bbl
be back later, bin später zurück, komme gleich wieder.

BBN
Bolt, Beranek and Newman Systems and Technologies Corporation, Betreiber der ARPANET-, NSFNET- und CSNet-Rechner.

Bboard
bulletin board system, → bbs, → *newssystem.*

BBR
Backbone-Ring, im → FidoNet Bezeichnung des zentralen Echomail-Server-Netzes.

bbs
bulletin board system, andere Bezeichnung für → *newssystem.*

bc
- *before Christ,* vor Christi Geburt (in Zeitangaben);
- übertragen auch: völlig veraltet (also etwa Soft- oder Hardware vom Vorjahr);
- *busy condition,* besetzt.

bcc
- *blind carbon copy,* wörtl. „unsichtbarer Durchschlag", eine Verteiler-Liste bei E-Mails, die für den Empfänger unsichtbar bleibt bzw. bleiben sollte (wird nicht von allen Systemen unterstützt), vgl. → cc (*carbon copy*);
- *block check charakter,* Blockkontrollzeichen, ein Prüfzeichen am Ende eines Datenblocks.

BCD-Code
Binary Coded Decimal-Code, 4-Bit-Code für binärcodierte Dezimalziffern.

bcnu
be seeing You, auf Wiedersehen.

BCP
- *Best Current Practices, eine* → RFC-Subserie, die sich damit auseinandersetzt, wie die im Internet benutzten Protokolle und Dienstprogramme im Detail am besten handzuhaben sind;
- *Byte Control Protocol,* zeichenorientiertes Steuerungsverfahren.

BD
→ Länderkennung für *Bangladesh;*
→ Abkürzung für → Baud oder → *Binary to Decimal.*

BDA
→ Bundesdatenautobahn.

BDSG
→ Bundesdatenschutzgesetz.

BE
Länderkennung für *Belgium.*

beam
- (auch eingedeutscht zu „beamen") Daten bzw. Dateien transferieren (vom Star-Trek-"Beamen");
- Strahl (etwa Elektronen- oder Laserstrahl), strahlen.

Because It's Time Network
→ BITNET.

beep
Pieps, Signalton des Computers.

Befehlsprozessor
→ Kommandointerpreter.

behind the times
rückständig.

BEL
bell, Glocke, Piepston (PC-Lautsprecher); Steuerzeichen ASCII 7.

belegloser Datenträgeraustausch
Weitergabe von Informationen bzw. Bankaufträgen mittels EDV-Datenträger beim → *electronic banking,* unter Verzicht auf Papier-Belege.

bell
Glocke, Klingelzeichen, → BEL.

Bell
ehemalige amerikanische Telefongesellschaft, heute Teil des AT&T-Konzerns.

BELLCORE
Bell Communications Research, Forschungslabor der Firma Bell (Township, USA).

Bell-Normen
Standards der Firma Bell bzw. AT&T für die Datenübertragung, heute durch → V-Normen ersetzt.

BelWü
seit 1987 betriebenes Landesforschungsnetz von Baden-Württemberg.

Benchmark
Geschwindigkeitstests (Bildschirm, CPU, Platte, etc., nach dem Namen eines Prüfprogramms).

Benutzer
user, eine Person, die (gerade im Moment) einen Rechner oder ein Programm benutzt.

Benutzerhandbuch
→ *user manual*.

Benutzerkennung
→ *user ID*.

Benutzerkonto
→ *account*.

Benutzeroberfläche
andere Bezeichnung für die → Benutzerschnittstelle.

Benutzerprotokoll
ein unter Benutzern vereinbartes → Protokoll für die Datenübertragung (das nicht unbedingt einem offiziellen Protokoll-Standard entsprechen muß).

Benutzerrechte
Rechte, die einem Anwender bei der Benutzung eines EDV-Systems bzw. eines Programms zugestanden werden (Zugangsberechtigung, gestattete Dateizugriffe usw.).

Benutzerschnittstelle
user interface, Bezeichnung für die hard- oder softwareseitig vorgegebenen Einrichtungen und Möglichkeiten zur Kommunikation des Benutzers mit einem Programm oder einem System (z. B. Bildschirmaufbau bzw. -Masken, Eingabemöglichkeiten per Tastatur, usw.). → CUI, → GUI, → TUI.

BER
- → *Basic Encoding Rules*;
- *Bit Error Rate*, Bitfehlerrate (Verhältnis falscher Bits zu übertragenen Bits);
- *Block Error Rate*, Blockfehlerrate, Verhältnis der Anzahl falsch empfangener Datenblöcke zur Anzahl der gesendeten Blöcke.

Bereich
→ *domain*.

Bereichsname
domain name, im → DNS-Adressierungsverfahren für *domains*, also bestimmte Bereiche oder Gebiete, verwendete Abkürzung. Neben den vor allem in Amerika verwendeten „klassischen" → *top-level-domains* EDU, COM, SCI usw. werden standardisierte → Länderkennungen zur Adressierung der Haupt-Bereiche verwendet. Für die unterhalb der *top-level-domains* liegenden Sub-Domain-Bezeichnungen besteht Wahlfreiheit (häufig werden Firmen- oder Organisationsnamen, Städtenamen usw. verwendet), die Bezeichnungen müssen jedoch beim → InterNIC registriert sein.

Berkeley Internet Name Daemon
→ BIND.

Berkeley Software Distribution
→ BSD.

berklix
kurz für Berkeley UNIX, → BSD.

BERT
Bit Error Rate Test, vgl. → BER.

Beschreibungssprache
description language, eine → Scriptsprache, die der Auslösung bestimmter Funktionen dient (meist bezogen auf Peripheriegeräte) und deren Befehle in andere Daten eingebettet sind. Solche Befehle sind mit speziellen Markierungen versehen (etwa in Winkelklammern eingeschlossen wie → *HTML-tags*) und werden zur Ausführungszeit vom jewei-

ligen Software-Interpreter (etwa WWW-Browser) oder durch Hardwarekomponenten ausgeführt. Bekannte und viel verwendete Beschreibungssprachen sind u. a. → PostScript (Seitenbeschreibungssprache für Drucker), → HTML (WWW-Hypertext-Sprache) oder auch die → AT-Kommandos (Hayes-Befehlssatz für Modems).

Beta-Release
→ *release*.

Betreiber
eine Person oder Institution, die eine Telekommunikationsanlage betreibt.

betreten
in einen laufenden Chat einloggen.

Betriebsart
→ *batch mode*, → *dialog mode*.

Betriebssystem
Gesamtheit aller Programme, die den grundsätzlichen Betrieb eines Computers ermöglichen; steuert den → Prozessor, verwaltet → Hauptspeicher sowie die → Peripherie und bietet einfache Möglichkeiten für den Dateizugriff (kopieren, löschen, lesen usw.). Das Betriebssystem wird üblicherweise beim → booting von der Festplatte oder einer Diskette geladen, bei Geräten ohne Laufwerk kann es ggf. auch von einem Fileserver geladen werden *(→ bootstrapping)*. Auf Betriebssystem-Ebene lassen sich u. a. über Direkteingaben oder via → *batch files* Programme starten oder Dateioperationen durchführen (anzeigen, verschieben, kopieren, löschen), die meisten EDV-Aufgaben werden jedoch durch → Anwendungsprogramme erledigt. Bei PCs wird das Betriebssystem meist → DOS genannt (nach einer der DOS-Varianten von Digital Research oder Microsoft) oder auch OS (Operating System von IBM), Unix-Rechnern wird der jeweilige UNIX-Betriebssystem-Kern bzw. die dazugehörige Eingabe-Ebene meist mit → *kernel* bzw. → *shell* bezeichnet.

between You and me
unter uns (gesagt).

BEX
Broadband Exchange, Breitband-Übertragung.

beyond doubt
zweifellos.

BF
Länderkennung für *Burkina Faso*.

bfn
bye for now, Tschüß für heute.

BFT
Binary File Transfer, Binärdatei-Übertragung (Übertragung von Programmcode, Grafiken usw. im Unterschied zur Übertragung von Textdateien).

BG
- Länderkennung für *Bulgaria;*
- *big grin*, großes Grinsen, gemeint ist eines der bekanntesten → smileys :-)))).

BGP
→ *Border Gateway Protocol*

BH
Länderkennung für *Bahrain*.

BHC
Busy Hour Call, Anruf bzw. Verbindung zur Hauptbelegungszeit des Telefonnetzes (und zum Haupttarif).

BHCA
Busy Hour Call Attempt, Versuch des Aufbaus einer → BHC-Verbindung.

BI
Länderkennung für *Burundi*.

bible
Bibel, gemeint ist meist irgendein Handbuch (*see the bible* – schau gefälligst ins Handbuch).

BIBO
bullshit in, bullshit out, nach Bezeichnungen wie → FIFO, LILO usw. gebiboter Ausdruck, vgl. → KIBO.

bidirektional
in zwei Richtungen gehend (Datenübertragung, Druckvorgang, usw.).

Big7
die Grundeinteilung der → *news hierarchie* im → UseNet: → comp, → misc, → news, → rec, → sci, → soc, → humanities und → talk.

bigbit
andere Bezeichnung für → *big blit*.

big blit
(auch verkürzt zu *bigbit*), großer Blitz, gemeint ist eine schnelle (und voluminöse) Datenübertragung.

big blue
(manchmal auch einfach BLUE geschrieben) die Firma IBM.

big-endian
Speicherformat bzw. Datenübertragungsformat, bei dem das höherwertige Byte (oder Bit) zuerst abgelegt bzw. übertragen wird. Das Gegenteil heißt *little-endian*.

BIGFON
Breitbandiges Integriertes Glasfaser-Ortsnetz.

big grin
→ BG.

big iron
großes Eisen, Ausdruck für einen großen bzw. leistungsfähigen Computer.

big money
das Zeichen $.

bignum
- *big numbers*, Zahlen über 32K;
- auch als Bezeichnung für „zu große Zahlen" verwendet.

big red switch
→ brs.

big seven
→ Big7.

Bildschirmtext
→ Btx.

billy boy
- Kondom;
- häufig auch im übertragenen Sinn für irgendwelche Hüllen oder Umhüllungen verwendet (etwa die Hülle einer Floppy Disk).

bim
back in a minute, bin gleich wieder da.

Bimodem
bidirektionales Übertragungsprotokoll.

BIN
binary, → binär; → Binärdatei.

binär
Ereignis oder Element mit genau zwei möglichen Zuständen (wahr/falsch, ja/nein, 0/1, an/aus usw.).

Binärcode
binary code,
- ein Code, dessen Zeichenvorrat in binären Zeichenketten (Reihen aus 0 und 1) verschlüsselt ist. Neben den gängigen 7-Bit- und 8-Bit-Codes (etwa → ASCII) sind auch beliebige sonstige Binärcodes möglich.
- Synonym für → Maschinensprache.

Binärdatei
binary file, eigentlich redundanter Nonsens, da jede Computer-Datei binär codierte Daten enthält; die Bezeichnung wird jedoch im Bereich der Programmierung als Begriff für eine Datei verwendet, die ein direkt ausführbares Programm enthält – zur Unterscheidung von „humanlesbaren" Quellcode-Dateien zu (compilierten etc.) Programmdateien, die in nur dem Prozessor verständlicher → Maschinensprache vorliegen.

Binärsystem
auch Dualsystem, das Zahlensystem auf der Basis 2, in dem nur zwei Ziffern (0 und 1) zur Darstellung bzw. Bildung beliebiger Zahlen benutzt werden.

binary
→ binär.

binary digit
→ bit.

Binary File Transfer
→ BFT.

Binary Synchronous Communication Protocol
kurz BSC oder BISYNC, ein von IBM entwickeltes → Protokoll für die Datenübertragung in → synchronen Netzen.

binary term
binärer Ausdruck, ein Befehl in → Maschinensprache.

binary to decimal
kurz bd, Binär-Dezimal-Umwandlung.

BIND
Berkeley Internet Name Daemon, ein UNIX-→ DNS-Server-Programm, das an der *University of California (Berkeley)* entwickelt wurde.

bindary
Datenbank auf Netzwerk-Servern. Sie dient der Systemverwaltung, also beispielsweise der Durchführung von Sicherheitsmaßnahmen (Regelung von Benutzerrechten (Zugriffsrechte, Paßwortverwaltung usw.)) oder der Verknüpfung logischer und physischer Einheiten (Internet-Adressen, Dateiverzeichnisse, Laufwerksverwaltung usw.).

bion
believe it or not, glaub es, oder glaub es nicht.

BIOS
Basic Input/Output System, Elementares Eingabe/Ausgabesystem, → Firmware eines Rechners, oft nur ein Loader-Programm für Teile des eigentlichen → Betriebssystems. Bei PCs besteht das BIOS aus einem Setup-Programm, das die Hardware überprüft (Keyboard- und RAM-Test und Fehlerdiagnose) und konfiguriert (RAM-Größe, Laufwerkparameter, ggf. mit Benutzerhilfe) und dann das Betriebssystem von einem Datenträger (Diskette oder Festplatte) lädt.

birds of a feather
→ bof.

B-ISDN
→ *Broadband Integrated Services Digital Network.*

BISYNC
→ *Binary Synchronous Communication Protocol.*

bisynchronous
bisynchron, bezeichnet eine gleichzeitig in beide Richtungen stattfindende Übertragung.

bit
binary digit, Binär-Ziffer, die kleinste Informationseinheit in einem Computer. Üblicherweise werden mehrere Bits in entsprechenden Codes bzw. Verfahren zu größeren Einheiten zusammengefaßt (vgl. → ASCII, → *byte,* → *character* etc.).

bitbit
bit block transfer, Übertragung großer Datenmengen.

bit bucket
Bit-Schlucker, der imaginäre große Eimer, in den verlorene Daten wandern. Gebräuchlicher ist der Ausdruck *black hole*.

bit decay
Bit-Zerfall, gemeint ist der im Detail unerklärliche und unvorhersehbare, tatsächliche oder auch nur unterstellte Selbständerungsprozeß von Daten oder Software aufgrund des „Kippens" einzelner Bits. Ursachen für ein tatsächlich geschehenes Kippen können beispielsweise Schäden an der Festplatte oder Einwirkungen durch Magnetfelder sein.

bit error rate
→ BER.

Bitfehlerrate
→ BER.

Bitmap
wörtlich „Bit-Karte", ein Punktgitter zur Darstellung von Zeichen oder Grafiken. Diese Bildpunkte (bei Druckern spricht man von → *dots*, bei Dateien oder Bildschirmen von → Pixeln) können als einzelne Bits (0/1) einfache Schwarz-Weiß-Darstellungen codieren, für die Farbdarstellung werden mehrere Bits zur Codierung der Farbe (Farbton, Sättigung etc.) eines Bildpunktes verwendet.

Bitmap-Font
Schriftart, deren Zeichen als Bit-Matrix codiert sind.

Bitmap-Grafik
im Unterschied zur → Vektorgrafik eine Darstellung, die als → *bitmap* codiert ist.

BITNET
offiziell *Bilateral Iterative Network*, meist aber *"Because It's Time Network"* („weil-es-an-der-Zeit-ist-Netz") genannt, ein von IBM eingeführtes und hauptsächlich im akademischen Bereich verbreitetes Netz bzw. Netzwerkprotokoll für E-Mail und Datei-Transfer (zwischen IBM-Großrechnern), heute teilweise mit dem → UseNet verschmolzen bzw. mit dem → CSNet zum → CREN vereinigt.

BITNET-II
Protokoll für den Transfer von → BITNET-Paketen via Internet, kapselt BITNET-Pakete in → TCP/IP-Pakete.

BITNIC
BITNET Network Information Center, BITNET-Informationszentrum.

bitparallel
die Bytes werden in einzelne Bits zerlegt, die jeweils über eine eigene Leitungen übertragen werden, für evtl. erforderliche Zusatzbits (Prüfbits, Steuerbits) stehen ebenfalls eigene Leitungen zur Verfügung (siehe → Parallel-Schnittstelle).

Bitrate
die Übertragungsgeschwindigkeit in einem digitalen Netz (→ *data transmission rate*), ausgedrückt durch die Anzahl der übertragenen Bits pro Sekunde (→ bps).

Bitratenadaption
Anpassung der Bitrate (etwa beim Übergang von Hochgeschwindigkeits-Netzen zum analogen Telefonnetz).

bit rot
Bit-Verrottung, Synonym für → *bit decay*.

Bit/s
Bit je Sekunde, kurz für → bps.

bitseriell
die Bits eines Zeichens werden nacheinander über einen Kanal gesendet (etwa über die → serielle Schnittstelle).

bits per second
kurz → bps, die Übertragungsrate in einem Netzwerk.

bixie
Synonym für → *emoticon* oder → *smiley*; wird vorwiegend verwendet für ein *smiley*, das nicht gedreht wird, sondern direkt lesbar ist, also etwa:

_ strahlend Lächeln
-_- stilles Lächeln
@ @ rollende Augen
(\ /) abstehende Ohren
°#° Augen auf, Mund zu
O|O Große Augen
ô´ô etwas skeptisch
°=° Nasenrümpfen
(°oo°)@ Schweinchen
...---... S.O.S.
@|@ zu lange gesurft
[ ] Umarmung
Ypwq~ Kuh
°pq' Hund
°ô°drág@ Drache

biz
business, Name der → *news hierarchy* im → UseNet, die sich mit kommerziellen Themen beschäftigt.

BJ
Länderkennung für *Benin*.

BK
- Breitbandkabel (etwa für das Kabelfernsehen);
- Breitbandkommunikation, vgl. →Breitband.

black box
schwarzer Kasten, Bezeichnung für ein technisches Gerät oder Bauteil, dessen Aufbau oder Funktionsweise nicht bekannt ist.

black hole
Schwarzes Loch, der Ort, an dem verlorene Daten verschwunden sind.

black magic
Schwarze Magie, Ausdruck für eine sozusagen wundersam funktionierende Technik.

blank
Leerzeichen.

blast
Windstoß, Explosionsdruck; übertragen für Datenflut (oder, als Verb, für das Erzeugen einer solchen), vgl. →*flood.*

BLAST
Blocked Asynchronous Transmission, Protokoll für die blockweise asynchrone Übertragung.

blind carbon copy
E-Mail mit (absichtlich) unvollständiger Adressatenliste.

blinkenlights
die blinkenden Lichtchen, die Kontrolllämpchen (etwa die des Modems).

BLOB
Binary Large Object
- eine zusammengehörende Reihe von Informationen innerhalb einer Datenbank, die nicht direkt mit den Mitteln der Datenbank selbst erschlossen werden kann (da die Daten in ihrer Struktur nicht der üblichen Feldstruktur der Datenbank entsprechen;
- in der Textverarbeitung Bezeichnung für in den Text (per *link*) eingebundene Daten aus fremden Quellen (Graphiken, Tonsequenzen, Filme).

Block
meist engl. mit *unit* oder *packet* bezeichnet, eine zu einem Datenblock zusammengefaßte Menge von Daten, durch definierte Länge oder Steuer- bzw. Begrenzungszeichen gekennzeichnet.

block error rate
→BER.

Blockfehlerrate
→BER.

block transfer
Datenübertragung, die in Blöcken erfolgt.

blow away
wegblasen, im übertragenen Sinn: Löschen (von Daten).

BLT
→ *block transfer.*

BLUE
→ *big blue.*

blue box
ein früher in den USA erhältliches Gerät, das Frequenzen erzeugte, die den Gebührenzähler amerikanischer Telefongesellschaften abschalteten.

blue boxing
gebührenfreies Telefonieren unter Benutzung einer → *blue box.*

blue pencil
Blaustift, gemeint sind irgendwelche programminternen Markierungen, die zwar auf dem Bildschirm, nicht aber auf einem Ausdruck erscheinen (etwa Gitterlinien in einem Malprogramm, oder Formatieranweisungen innerhalb eines Textverarbeitungsprogramms).

blueprint
Blaupause, Plan, Entwurf.

BM
Länderkennung für *Bermuda.*

BMBF
Bundesministerium für Bildung, Wissenschaft, Forschung und Technologie, http://www.bmbf.de

BN
Länderkennung für *Brunei.*

BNC connector
Bayonet Neill-Cancelman-Stecker, bisweilen auch scherzhaft *British National Connector*, ursprünglich als Antennen-Kabel-Stecker entwickelt, Standard-Stecker für LANs (→ Ethernet, vgl. → DIX-connector).

BO
Länderkennung für *Bolivia.*

board
- Brett; Anschlagbrett;
- Kurzbezeichnung für *bulletin board*, → *newsgroup*;
- häufig auch als Abkürzung für → *electronic circuit board* gebraucht.

Board of Trustees
Vorstand bzw. Entscheidungsgremium (etwa der → ISOC).

body
auch *body part*, die Nachricht bzw. der Text in einer E-Mail oder die eigentlichen Informationen in einem Datenpaket (ohne → *header*, → *envelope* usw).

bof
- *birds of a feather*, sinngemäß etwa: Gleichgesinnte, Aufruf zur Eröffnung einer eigenen Diskussionsgruppe (etwa während eines aktuellen Chats);
- *beginning of file*, Dateianfang.

bogon
einer, der nur → *bogus* von sich gibt.

bogus
Quatsch, Blödsinn, Hokuspokus.

bookmark
- Lesezeichen, Bezeichnung für das Markieren von → URLs (oder Abspeichern in einer → *hotlist*). Diese Funktion in Browsern bzw. Gopher-Clients dient dazu, erneute Zugriffe zu vereinfachen.
- auch Bezeichnung für eine Datei, die *bookmarks* enthält.

booting
„Hochfahren" bzw. Starten eines Rechners, wobei dieser automatisch einen Selbsttest durchführt und danach das Betriebssystem lädt.

BOOTP
→ *Bootstrap Protocol.*

bootstrapping
→ *booting* bzw. Hochfahren von → *diskless nodes* via → BOOTP über das Netzwerk.

Bootstrap Protocol
kurz BOOTP, → Protokoll für das → *booting* von Rechnern, die nicht mit Disketten- bzw. Festplattenlaufwerken ausgestattet sind (dokumentiert in RFC 951). Solche Rechner (→ *diskless nodes*) ermitteln beim Start automatisch ihre eigene Netzwerkadresse sowie jene des → Servers und laden anschließend ihr Betriebssystem vom Server.

Border Gateway Protocol
kurz BGP, ein in RFC 1267 definiertes → *Exterior Gateway Protocol*, also ein Protokoll, das die Verbreitung von Informationen für das → *routing* zwischen unabhängig voneinander betriebenen Netzen (→ *Autonomous System*) regelt.

BossNode
eine → FidoNet-→ Mailbox, die alle für einen → *point* bestimmten Nachrichten sammelt und für das → *polling* bereithält.

bot
- *back on topic*, zurück zum (eigentlichen) Thema;
- Abkürzung für *robot*.

bottom up
von unten nach oben, vom Detail zum Ganzen (Gegenteil: → *top down*).

bounce
das „Zurückprallen" einer E-Mail (Unzustellbarkeit).

bounce message
nicht zustellbare Nachricht.

box
ein Computer, eine Mailbox.

BP
→ *batch processing*.

bps
→ *bits per second*; vereinzelt auch noch als Abkürzung für → *bytes per second* oder (fälschlich) anstelle von → Baud verwendet.

bq
beyond question, ohne Frage, zweifellos.

BR
Länderkennung für *Brazil*.

brain dump
ein mit dem → *hex dump* vergleichbarer Vorgang, bei dem jemand alle möglichen Informationen auf einen Schlag aus sich herauslaufen läßt.

brb
be right back, komme gleich wieder.

break
Pause, Unterbrechung, Programmabbruch (per Tastenkombination Ctrl-C oder Ctr-Alt-Break).

Breitband
ein Übertragungsmedium mit weitem Frequenzumfang, das Signale gleichzeitig auf mehreren Kanälen (*channels*, voneinander unabhängig nutzbare Frequenzbereiche) übertragen kann.

Breitband-ISDN
Broadband Integrated Services Digital Network.

Breitbandnetz
ein Netz, das mehrere Übertragungskanäle zur gleichzeitigen Nutzung bietet, vgl. → Breitband.

Brett
→ Schwarzes Brett.

bridge
Brücke, ein Gerät bzw. ein Rechner zur Verbindung getrennter Netzwerke. *Bridges* selektieren und transportieren Daten zwischen physikalisch unterschiedlich aufgebauten Netzen, die logische Verbindung zweier eigenständiger Netze zu einem → *internet* erfolgt u. a. über → *gateways*, → *routers* und → Protokoll-Konverter.

broadband
→ Breitband.

Broadband Integrated Services Digital Network
kurz B-ISDN, Breitband-ISDN, in Planung befindliches Hochgeschwindigkeits-ISDN mit Übertragungsraten von bis zu 622 Mbit/s.

broadcast
- eine Nachricht (des → *sysops*), die zeitgleich an alle User bzw. Terminals versendet wird (etwa: „Achtung – System wird um 18:00:00 abgeschaltet!");
- in → *newsgroups* der Rundruf eines Teilnehmers an alle anderen Teilnehmer.

broadcasting
Nachrichtenverbreitung bzw. -Verteilung.

broadcast storm
trifft ein fehlerhafter Datenblock bei mehreren Hosts ein, kann es zu einer Vielzahl gleichzeitiger Rückmeldungen an den Sender kommen, es entwickelt sich eine Art Sturm (auf Deutsch würde man wohl eher „Flut" sagen).

brouter
ein Rechner, der sowohl als → *bridge* als auch als → *router* fungiert.

browse
in einem Text schmökern oder stöbern, einen Text überfliegen.

Browser
- im Online-Bereich Bezeichnung für ein Programm, das den Umgang mit → Hy-

permedia-Daten ermöglicht (beispielsweise ein → WWW-Browser);
- bei Datenbanksystemen Bezeichnung für ein Anzeigeprogramm, das die Abfrage von Datensätzen (gelegentlich auch noch das Ändern vorhandener Daten) ermöglicht.

brs
- *big red switch*, großer roter Schalter, Ausdruck für den Netzschalter;
- auch übertragen für „Schalt doch ab!" in Gebrauch.

Brücke
→ *bridge*.

Brutto-Datentransferrate
→ *data transmission rate*.

BS
- *Backspace*, Zurücksetz-Taste (Cursor eine Stelle zurück, ASCII 8);
- Länderkennung für *Bahamas;*
- *broadcast satellite*, Nachrichtensatellit, Telefonsatellit.

BS/2
Betriebssystem 2 (OS/2 der Firma IBM).

BSC
→ *Binary Synchronous Communication Protocol*.

BSD
Berkeley Software Distribution, ein an der University of California (Berkeley) entwickeltes UNIX-Betriebssystem (bisweilen auch *berklix* genannt).

BT
- Länderkennung für *Bhutan;*
- *British Telecom*.

bta
but then again, dann halt nocheinmal.

btaim
be that as it may, wie es auch sei.

BTS
Base Transceiver Station, Basisstation in einem Mobilfunknetz (versorgt bzw. erzeugt eine sogenannte → Funkzelle).

btt
- *back to topic*, zurück zum Thema;
- *behind the times*, hinter seiner Zeit zurück, rückständig.

btw
by the way, nebenbei bemerkt, übrigens.

Btx
Bildschirmtext, heute in → T-Online integrierter Dienst der Telekom.

Btx-Agentur
Unternehmen, das Btx-Dienstleistungen (Erstellen von Btx-Seiten usw.) für Btx-Anbieter anbietet.

Btx-Anbieter
ein gewerblicher Anbieter von (kostenpflichtigen) Btx-Seiten.

Btx-Beauftragter
der für die Btx-Angelegenheiten zuständige Mitarbeiter eines Btx-Anbieters.

Btx-Dienst
Btx, Datex-J, Dienst der Telekom zur Textkommunikation über das Fernsprechnetz, heute in → T-Online integriert.

Btx-Leitseite
Einstiegsseite (eines Anbieters), von der aus auf andere Seiten verzweigt werden kann.

Btx-Nutzer
Teilnehmer.

Btx-Teilnehmer
jeder, der Zugang zu Btx hat bzw. als Btx-Teilnehmer angemeldet ist.

Btx-Vermittlungsstellen
Btx-Zentralen, die Rechenzentren der Telekom.

Btx-Zentralen
→ Btx-Vermittlungsstellen.

Bürokommunikation
Informationsaustausch und gemeinsame Resourcen-Nutzung in Büros mit Hilfe eines → LAN.

buffer
Puffer, → Zwischenspeicher.

buffer overflow
Puffer-Überlauf, wird außer als Systemmeldung auch als allgemeine Redewendung eingesetzt.

bug
„Wanze", „Insekt", übertragen: Fehler in einem Computerprogramm.

bug-compatibel
Fehler-kompatibel, spöttisch für Programme, die zu ihren eigenen Vorgängerversionen (und deren Fehlfunktionen) kompatibel sind.

bugfix
Fehlerberichtigung (in einem Computerprogramm).

bulk data
Massendaten (oder Datenmassen).

bulletin board
Schwarzes Brett, → *newsgroup*.

bulletin board system
kurz bbs, → *newssystem*.

bulletproof
kugelsicher, Bezeichnung für ein äußerst zuverlässiges Programm.

Bundesamt für Kommunikation
kurz BAKOM, die dem → BZT vergleichbare Behörde in der Schweiz.

Bundesamt für Post und Telekommunikation
→ BAPT.

Bundesdatenautobahn
kurz BDA, bundesweite Vereinigung deutscher (regionaler) Datenautobahn-Betreiber.

Bundesdatenschutzgesetz
kurz BDSG, das Gesetz, das den behördlichen und betrieblichen bzw. gewerblichen Umgang mit schutzwürdigen personenbezogenen Daten für Deutschland regelt.

Bundesministerium für Bildung, Wissenschaft, Forschung und Technologie
→ BMBF.

Bundesstelle für Zulassungen in der Telekommunikation
BZT, die derzeitige Nachfolgebehörde der → ZZF bzw. der → FTZ.

burble
ein → *flame*, das keinen Sinn ergibt.

burn-in
Hardwaretest, bei dem ein Gerät längere Zeit ohne Unterbrechung läuft.

burst-page
Startbildschirm eines Programms, → auch *banner*.

burst transmission
Hochgeschwindigkeitsübertragung.

Bus
- auch *channel*, die aus vielen parallelen Leitungen bestehende Verbindung zwischen einer CPU und dem Rest des Computers (Arbeitsspeicher, Taktbausteine usw.). Der gesamte Bus kann nach den Funktionen der einzelnen Verbindungen noch weiter unterschieden werden, etwa nach → Adressbus, → Datenbus und → Steuerbus. Als → Erweiterungsbus bezeichnet man die auf dem internen Bus-System aufsitzende Bus-Karte mit Steckverbindungen (→ *Slots*), die für den Anschluß zusätzlicher (nicht auf dem → *motherboard* vorhandener) Komponenten vorgesehen sind.
- in LANs Bezeichnung für ein gemeinsames Kabel, das alle Rechner verbindet (→ *bus topology*).

Busbreite
Anzahl der Leitungen eines → Bus, meist ist nur die Anzahl der Datenleitungen bzw. die Datenbus-Breite gemeint.

bus topology
eine auch als *daisy chain* bezeichnete → Netztopologie, bei der alle Geräte hintereinander am selben Kabelstrang angeschlossen sind.

busy hour call
→ bhc.

button
Knopf (an einer Maus, oder Anzeige auf dem Bildschirm).

buttonhook
das Zeichen ?.

BV
Länderkennung für *Bouvet Island.*

BW
- *bandwidth*, Bandweite, Frequenzumfang.
- Länderkennung für *Botswana.*

B-WiN
Breitband-Wissenschaftsnetz, die → ATM-Variante des deutschen Wissenschaftsnetzes (→ WiN). B-WiN wird vom DFN getragen, das Rechenzentrum der Universität Stuttgart betreut die technische Organisation.

BY
Länderkennung für *Belarus.*

by chance
zufällig.

byp!
beg Your pardon! Entschuldigung!

byp?
beg Your pardon? wie bitte?

bypass
Ersatzleitung, die beim Ausfall einer Datenübertragungsstrecke den Netzbetrieb sicherstellt.

Byte
ursprünglich: *bite*, ein „Happen" aus → Bits bzw. mehrere Bits, die zu einem binären Element zusammengefaßt werden. Die Bezeichnung galt ursprünglich für Elemente unterschiedlicher Bit-Länge, heute wird sie nur noch für 8-Bit-Bytes (ein *octet*) verwendet. Ein Byte kann 256 verschiedene Zustände annehmen bzw. 256 verschiedene Zeichen oder Zahlen repräsentieren.

Bytecode
ein Zwischencode zwischen dem Quellcode eines Programms (also einem in einer → *high level language* formulierten Text) und dem ausführbaren Maschinencode (also dem aus Steuerkommandos für die CPU bestehenden Programm). Bytecodes bestehen aus einem als ein Byte codierten Steuer-Befehl (Operator-Code bzw. OpCode) und einem oder mehreren Operatoren (Variablen etc.), ein → Interpreter muß dann diesen Bytecode in Maschinencode übersetzen und zur Ausführung bringen. Bytecodes werden u. a. verwendet, um die Ausführungsgeschwindigkeit eines in Interpreter-Sprache geschriebenen Programms zu verbessern, um Urheberrechte des Programmierers zu schützen (der Originalcode bleibt beim Programmierer), oder um den Code-Umfang des Programms so gering wie möglich zu halten (sinnvoll bei der Übertragung des Codes über Netzwerke). Die Verwendung von Bytecode ist u. a. bei → Java oder → Visual Basic üblich.

by trial and error
durch Ausprobieren.

Byte/s
→ *byte per second.*

bytes per second
kurz Byte/s, vereinzelt auch noch → bps, Maßbezeichnung für die interne Datentransferrate in einem Computer (also etwa die Geschwindigkeit des Transfers von Daten von der Festplatte zum Hauptspeicher); heute meist durch die Angabe von KByte/s oder MBytes/s ersetzt.

BZ
Länderkennung für *Belize.*

BZT
→ Bundesstelle für Zulassungen in der Telekommunikation.

CA

- *cable,* Kabel;
- Länderkennung für *Canada;*
- *collision avoidance,* → Kollisionsvermeidung.

cabbage
Kohl, das Zeichen @ (*commercial at*).

cable loss
→ Kabelverlust.

CAC
→ *call accepted.*

cache
Puffer, → Zwischenspeicher, bei PCs meist Bezeichnung für den → *second level cache.*

Cache-Programm
Hintergrundprogramm, das Daten im RAM zwischenspeichert und dadurch erneute zeitraubende Zugriffe auf Datenträger (Festplatte, CD) unter günstigen Umständen überflüssig macht.

cadet
can't add, doesn't even try, dem ist nichts hinzuzufügen.

CALL

- Anruf, Verbindung;
- Aufforderung an den Sysop, sich in einen Chat einzuschalten;
- in Programmiersprachen häufig Befehl für den Aufruf einer Unterroutine.

call accepted
Rufannahme (ein ankommender Ruf wird entgegengenommen), Steuerzeichen zur Signalisierung einer eintreffenden Verbindung.

caller
Anrufer.

call for discussion
→ CFD.

call for vote
→ CFV.

calling tone
Anruf-Ton, eine von Faxgeräten oder Modems zum Verbindungsaufbau ausgesendeter Ton.

call names
jemanden beschimpfen.

call request
abgehender Ruf (es wird ein Signal zum Aufbau einer DFÜ-Verbindung gesendet bzw. eine Nummer gewählt).

call word
Paßwort.

CAN
(→ *cancel*).

cancel
löschen.

cancel character
Löschzeichen, ein Zeichen, das vorhergehende Zeichen als ungültig markiert (etwa ASCII 24, Crtl-H).

CAPI
Common ISDN Application Interface, industrieller Schnittstellenstandard, ermöglicht die Verbindung von DFÜ-Programmen, die den AT-Befehlsstandard einsetzen, mit ISDN-Adapterkarten, und umgekehrt die Verbindung von ISDN-Programmen mit Modems.

CAPS
capitals, Großbuchstaben, Versalien.

CAPTAIN
Character and Pattern Telephone Access Information Network, japanischer Bildschirmtext-Standard.

carbon copy
→ cc, → bcc.

caret
auch *hat,* das Zeichen ^.

carriage return
→ CR.

carrier
- Träger (auch Transporteur, Lieferdienst);
- in der DFÜ Bezeichnung für einen → Trägerton.

Carrier-Sense Multiple Access
→ CSMA.

CAS
Communication Applications Specifikation, Treiberstandard für die Verbindung von Faxsoftware und Modem, gemeinsam entwickelt von Intel und DCA.

case sensitive
zwischen Groß- und Kleinschreibung unterscheidend (trifft beispielsweise auf UNIX zu).

cat
Katze, → *commercial at* das Zeichen @.

catatonia
Katatonie, eine Krankheit, bei der keinerlei erkennbare Reaktion auf die Außenwelt mehr vorhanden ist, Bezeichnung für entsprechende Zustände bei Computern (meist → Absturz).

catena
Zeichenkette.

CBMS
Computer-Based Message System, allgemeine Bezeichnung für E-Mail-Systeme.

cc
- (*carbon copy*) Durchschlag, Kopie einer E-Mail an weitere Empfänger;
- Bezeichnung für die Verteilerliste, die alle Empfänger der E-Mail aufführt;
- *call connected* oder → *connection confirmed,* Rückmeldung: Verbindungsaufbau bestätigt;
- *credit card,* Kreditkarte;
- Länderkennung für *Cocos (Keeling) Islands.*

CCIRN
Coordinating Committee for Intercontinental Research Networks, internationale Koordinationsgruppe, die sich mit der Weiterentwicklung von Forschungsnetzen (und der des Internets) beschäftigt. CCIRN wird von → FNC und → RARE unterstützt.

CCITT
Consultative Commitee on International Telegraphy and Telephone, oder *Comité Consultatif International Télégraphique et Téléphonique* (frz.), Internationales Beratungsgremium für Telegrafie und Telefonwesen, frühere Bezeichnung der heute → ITU-TSS genannten Einrichtung.

CCITT-Normen
die von der ITU-TSS (früher CCITT) festgelegten Normen der Telekommunikation, u. a. I-Normen (ISDN), V-Normen (Telefon) und X-Normen (Datennetze). Obwohl man diese Normen in ihrer Gesamtheit heute meist ITU-Normen nennt, sind die alten CCITT-Bezeichnungen (anstelle von ISO-Nummern-Bezeichnungen) nach wie vor verbreitet. CCITT-Normen werden alphanumerisch bezeichnet: sie beginnen mit Kennbuchstaben, an denen man den ungefähren Verwendungszweck teils schon erkennen kann (als Eselsbrücken: G wie Grafik, H wie Highspeed, T wie Telefon, V wie Voice-Netz, X wie data eXchange). Zu den am häufigsten genannten bzw. benutzten Normen gehören:

G.3 Norm für analoge Faxgeräte;
G.4 Norm für digitales Faxen (über ISDN);
H.261 Norm für Videos und Videotelekonferenzen;
T.30 Norm für den Verbindungsaufbau in der DFÜ;
T.4 Fax-Norm (Bildaufbau);
T.6 Fax-Norm (Codierung);
V.17 Fax-Norm (Übertragungsgeschwindigkeit);
V.21 DFÜ-Norm (300 Baud, asynchron, duplex);
V.22 DFÜ-Norm (300, 600 und 1200 Baud, asynchron/synchron, duplex);

V.22bis DFÜ-Norm wie V.22, jedoch 2400 Baud/vollduplex;
V.23 DFÜ-Norm (600/1200 Baud, asynchron/synchron, halbduplex);
V.24 Norm für die → serielle Schnittstellen;
V.25 Norm für Modembefehle (zu AT-Kommandos inkompatibel);
V.26 DFÜ-Norm (2400 Baud, synchron, duplex);
V.26bis DFÜ-Norm (1200/2400 Baud, synchron, halbduplex);
V.26ter DFÜ-Norm wie V.26bis, 2400 Baud vollduplex, mit Echobeseitigung;
V.27 DFÜ-Norm (4800 Baud, synchron, halbduplex);
V.28 Norm für die → serielle Schnittstelle (elektrische Eigenschaften);
V.29 DFÜ-Norm (9600 Baud, duplex), verbreiteter Fax-Standard;
V.32 DFÜ-Norm (9600 Bit/s, 2400 Baud), Echokorrektur;
V.32bis wie V.32, 14400 Bit/s;
V.32terbo ein NICHT von der ITU/CCITT empfohlener Herstellerstandard (AT&T), der V.32/bis auf 19200 Bit/s erweitert;
V.34 DFÜ-Norm (28800 Bit/s, mit Kompression);
V.42 Modem-Norm für die Fehlerkontrolle;
V.42bis Modem-Norm für Datenkompression;
V.100 ISDN-DFÜ-Protokoll, bitorientiert;
V.120 ISDN-DFÜ-Protokoll, paketorientiert;
X.21 Schnittstellen-Norm (physikalische Eigenschaften, Steckerbelegungen usw.);
X.25 Schnittstellen-Norm (Paketvermittlung, Datex-P);
X.75 Datenübertragungsnorm für ISDN, B-Kanal-Nutzung, 64000 Bit/s. (Eurofiletransfer);
X.400 E-Mail-Standard, → X.400;
X.500 Directory-Service-Standard, → X.500.

CCL
Connection Control Language, eine Kommandosprache unter → AppleTalk zur Steuerung von Modemfunktionen.

CCO
call connected, Verbindungsaufbau bestätigt (vgl. auch → CC).

CD
- *Carrier Detect*, Trägerton erkannt (Modemfunktion beim Verbindungsaufbau);
- *Change Directory*, Kommando zum Verzeichniswechsel (unter DOS und UNIX);
- *Color Display*, Farbbildschirm;
- *collision detection*, → Kollisionserkennung;
- *Compact Disk*, Datenträger.

CDDI
Copper Distributed Data Interface, Anpassung des → FDDI auf LAN-Betrieb mit Kupferkabeln (→ Koaxialkabeln).

CD-ROM
Compact Disc Read Only Memory, computerlesbare CD mit einer Speicherkapazität von über 600 MByte.

CeBIT
Centrum für Büro, Information und Telekommunikationstechnik, die internationale Computermesse in Hannover.

cell
bei der → Paketvermittlung: ein Datenpaket mit fester Länge (u. a. verwendet bei → ATM, → X.25).

cello
einer der ersten → WWW-Browser für Windows, entwickelt an der Cornell University *(freeware)*.

cell switching
→ Paketvermittlung mit (→ *cells*).

CEN
Comité Européen de Normalisation (frz.), Europäisches Komitee für Normung (Brüssel).

CENELEC
Comité Européen de Normalisation Electrotechnique (frz.), Europäisches Komitee für elektrotechnische Normung, Unterabteilung des → CEN.

censorship
Zensur, findet bislang nur eingeschränkt im Internet statt (vorwiegend bei Online-Diensten, etwa: Ausschluß von Kinderpornos).

Center for Innovative Computer Applications
→ CICA.

Centronics
amerikanische Firma, entwickelte den Standard für die → Parallelschnittstelle.

Centronics-Kabel
Kabel für den Anschluß eines Druckers an der → Parallelschnittstelle.

Centronics-Schnittstelle
→ Parallelschnittstelle.

CEPT
Conferénce Européenne des Administrations des Postes et des Télécommunications, Europäische Konferenz der Post und Fernmeldeverwaltungen, Bern, u. a. auch für Normungen im Bereich öffentlicher Post- und der Telekommunikations-Einrichtungen zuständig.

CEPT-Grafik
zeichenorientierte Bildschirm-Darstellung unter Btx.

CERFnet
California Education and Research Federation Network, internationaler → IAP, deutsche Niederlassung in Frankfurt. http://www.germany.cerf.net/

CERN
Centre Européen de Recherches Nucléaires, Europäisches Forschungszentrum für Teilchenphysik (Kernforschungszentrum), Genf. Hier wurde ab 1991 das → WWW konzipiert und der erste Browser (→ Line Mode Browser) entwickelt. http://www.cern.ch/

CERT
Computer Emergency Response Team, eine seit 1988 bestehende „Schnelle Eingreiftruppe" des Internet, die in Zusammenarbeit mit Netzbetreibern und Herstellern Sicherheitsrisiken im Netz aufdeckt und Hilfestellung bei Sicherheitsproblemen leistet. Deutsche CERT-Einrichtungen sind im → DFN und am → BSI.

CF
Länderkennung für *Central African Republic.*

CFD
call for discussion, Aufruf zur Diskussion (sinngemäß: „bitte äußern Sie sich hierzu").

CFO
call for opinion, Aufruf zu einer allgemeinen Meinungsumfrage (vgl. → CFD).

CFP
call for papers/postings, Aufruf zum Einsenden von Beiträgen (→ *postings*).

CFR
confirmation to receive, Empfangsbestätigung.

CFV
call for vote, Aufruf zur Abstimmung (darüber, ob eine weitere Newsgroup eröffnet werden soll).

CG
Länderkennung für *Congo.*

CGI
- *Common Gateway Interface,* Standard für die Kopplung von Server-Programmen und sonstigen Programmen; vgl. auch → ISAPI und → NSAPI;
- ein nach dem CGI-Standard auf einem Host ablaufendes Programm, das zur Steuerung von Aktivitäten des Hosts (bzw. zur Steuerung von Server-Pro-

grammen) eingesetzt wird. Am weitesten verbreitet sind CGIs, die zwischen einem HTTP-Client (einem → WWW-Browser) und einem → Server vermitteln. Der Start eines CGIs wird hierbei per → *hyperlink* aus einem → HTML-Dokument heraus veranlaßt, wobei meist Parameter (Formularinhalte etc.) übergeben werden. Solche Client-Anfragen werden vom CGI interpretiert und zur dynamischen Generierung von Server-Ausgaben verwendet. Über CGIs werden beispielsweise Datenbank-Abfragen realisiert, bei → Suchdiensten Anfragen gestartet (und die Suchergebnisse als dynamisch erzeugte WebPages zurückgesandt), oder Zugriffszähler aktiviert („Oh – Sie sind der 13. Besucher seit 95-01-01"!).

CGI-Script
ein in einer → Script-Sprache (häufig → PERL) verfaßtes → CGI-Programm.

CH
Länderkennung für *Switzerland.*

channel
- Kanal, Datenübertragungskanal;
- Synonym für → bus;
- beim → IRC Bezeichnung für ein Chat-Forum zu einem Themenbereich, → *IRC channel.*

channel hopping
„Zappen", die → IRC-Variante zum Programmwechsel beim Fernsehen: das „Hüpfen" von Kanal zu Kanal.

channel operator
ein privilegierter Benutzer (der andere vom Chat ausschließen kann), normalerweise derjenige, der einen Kanal öffnet (vgl. → IRC-Kommandos). Der Betreiber des Chat-Systems ist der → IRCOP.

chanop
→ *channel operator.*

char
character, Zeichen; in Programmiersprachen Typisierung für alphanumerische Daten.

character-based
→ zeichenorientiert, → textorientiert.

character graphics
→ ASCII art.

character length
Zeichenlänge (bei einigen Terminalemulationen vorhandene Funktion zur Festlegung der Anzahl von Bits pro Zeichen, vgl. → ASCII).

character set
Zeichensatz, Zeichenvorrat (einer Schrift, eines Codes).

characters per second
→ CPS.

charter
die „Charta", das Gründungsdokument einer → *newsgroup* (Festlegung des Themas).

chat
- Schwätzchen, Plauderei, Unterhaltung;
- im Internet Bezeichnung für eine Echtzeit-Unterhaltung mit (meist mehreren) anderen Usern über Tastatur und Bildschirm, bzw. Abkürzung für den solche Unterhaltungen ermöglichenden Internet-Dienst (→ IRC);
- in einigen Mailbox-Systemen als Kommando verwendet (Aufforderung an den Sysop, sich einzuschalten).

chatten
eingedeutscht: sich via Computer bzw. im Internet unterhalten.

chatter-box
Plaudertasche, Quasselkopf.

Cheapernet
preiswert verkabeltes → LAN (→ Ethernet nach IEEE 802.6, ThinWire-Verkabelung).

checksum
→ Prüfsumme.

chemist
Chemiker; übertragen für einen User, der das System mit irgendwelchen obskuren

Aktionen übermäßig für sich beansprucht.

Chernobylogram
ein verstümmelt beim Empfänger eintreffender und Systemabsturz auslösender Datenblock.

Chernobyl packet
verstümmelter Datenblock, der ein ganzes Netzwerk lahmlegt.

chine nual
machine manual, Handbuch. Der Begriff stammt angeblich von einem Lisp-Handbuch, das falsch eingebunden war, so daß man auf der Titelseite nur *chine mual* lesen konnte.

chinese technique
Chinesen-Technik, bezeichnet die Vorgehensweise, bei der viele Menschen eine Aufgabe lösen (die eigentlich auch maschinell gelöst werden könnte).

chip-card telephone
Kartentelefon.

Christmas tree
auch *Xmas tree*, Weihnachtsbaum, übertragen für → Schnittstellentester.

CI
Länderkennung für *Cote D'Ivoire* (Elfenbeinküste).

CICA
Center for Innovative Computer Applications, Forschungseinrichtung an der University of Indiana, unterhält großes Shareware-/Freeware-Archiv.

CIE
auch CIX, *Commercial Internet Exchange*, eine Interessenvereinigung, die sich mit kommerziellen Aspekten des Internets (u. a. auch der Entwicklung eines sicheren Zahlungsverkehrs im Internet) beschäftigt.

CIM
CompuServe Information Manager, das im → CIS benutzte Kommunikationsprogramm von → CompuServe.

CIR
circuit, Schaltkreis, feste Verbindung (im Sinne von: Leitung).

circuit-switched network
ein Netzwerk, das mit → Leitungsvermittlung betrieben wird.

circuit switching exchange
→ Leitungsvermittlung.

CIS
CompuServe Information Service, der Online-Dienst der Firma → CompuServe.

CI$
spöttisch für → CIS.

CityCam
eine → WebCam, die aktuelle Bilder aus einer Stadt zeigt, zum Beispiel http://www.realtech.com/webcam oder http://www.stern.de/cam

CIX
→ CIE.

CK
Länderkennung für *Cook Islands.*

CL
Länderkennung für *Chile.*

clear
löschen (Bildschirm, Datenträger), abmelden.

clear text
Klartext, nicht verschlüsselte Daten.

Client
Kunde, Klient, Bezeichnung für Computer (innerhalb eines Netzes) oder Programme, die von einem andereren Computer oder Programm *(→ Server)* Leistungen anfordern. Die Bezeichnung wird meist im Rahmen eines → Client-Server-Modells verwendet und ist überwiegend funktional gedacht, daher können (einige) *Clients* durchaus auch von Fall zu Fall ihrerseits als *Server* ar-

beiten: ein Rechner (oder ein Programm) kann beispielsweise Anforderungen beantworten und zugleich eigene Anfragen stellen.

Client/Server-Modell
in → Xerox PARC entwickeltes Konzept für die verteilte Aufgabenlösung in Computersystemen bzw. -Netzen, bei dem sog. → *Clients* spezielle Leistungen von einem → *Server* anfordern und von diesem erhalten. Die Bezeichnungen *Clients* bzw. *Server* sind abstrakt, sie können sowohl Computer als auch als einzelne Programme auf Computern benennen.
Das Client/Server-Konzept ist vor allem dazu geeignet, Ressourcen von einer einheitlichen Stelle aus für viele Nutzer oder Anwendungsprogramme zur Verfügung zu stellen, wodurch u. a. → Datenkonsistenz, optimale Zuteilung und Auslastung von Ressourcen (Übertragungswege, Speicherplatz, Rechenkapazität etc.) und zentrale Zugangsverwaltung gewährleistet werden können.

clipboard
Klemmbrett; unter Windows die Zwischenablage.

Clipper-Chip
Datenverschlüsselungs-Standard (auf Hardware-Basis), der nach den Vorschlägen der U. S. Regierung im Internet hätte angewendet werden sollen. Dieser Standard bzw. Chip hätte es (amerikanischen) Geheimdiensten ermöglicht, eine verschlüsselte Kommunikation via Geheimtür mitzulesen. Eine Durchsetzung dieser Idee konnte bislang verhindert werden.

CL-Netz
(Computernetzwerk Linksysteme-Netz) deutschsprachiges Mailbox-Netz, politische, ökologische und soziale Themenschwerpunkte.

CLNP
Connectionless Network Protocol, Protokoll für → verbindungslosen Netzwerkbetrieb.

CLNS
Connectionless Service, → verbindungsloser Dienst.

clockwise
im Uhrzeigersinn.

clone
Klon, perfekte Kopie.

close
- schließen (Kurzbezeichnung für: einen Zugriff auf eine Datei oder einen Service beenden, eine Verbindung trennen, usw.);
- Klammer zu, das Zeichen).

cluster
eine zusammengehörige Menge gleichartiger Objekte (Sektoren auf Datenträgern, Rechner innerhalb eines Netzes, usw.)

CM
Länderkennung für *Cameroon.*

C-Mail
CompuServe-E-Mail.

CMT
Cellular Mobile Telephone, → Handy.

CN
- → *cheapernet*;
- → *Corporate Network.*
- Länderkennung für *China;*

C-Netz
analoges Netz der Telekom für Mobiltelefone.

CNI
Coalition for Networked Information, ein Zusammenschluß amerikanischer Universitätsbibliotheken zur Förderung des Informationsaustauschs für Erziehungs-, Wissenschafts- und Bildungszwecke.

CNP
connection not possible, Verbindungsaufbau nicht möglich.

CO
- Länderkennung für *Colombia;*
- *conference* , Konferenz bzw. Konferenzschaltung.

Coalition for Networked Information
→ CNI.

COAX
Coaxial Cable, → Koaxialkabel.

coaxial-to-twisted-pair adapter
→ CTPA.

CoB
chairman of the board, Vorsitzender der → Mailbox bzw. des Bretts, → *sysop.*

COBOL
Common Business-oriented Language, eine Programmiersprache (→ *high level language*), die hauptsächlich für kaufmännische Anwendungen eingesetzt wird.

COD
cash on delivery, Zahlung bei Auslieferung, per Nachnahme.

Code
Zeichensatz, Zeichenvorrat, genau definierte Menge von Zeichen;
- kurz für → Programmcode, → Quellcode, auch Geheimcode.

CODEC
- *coder/decoder,* Synonym für → Analog/Digital-Wandler;
- *compression/decompression,* Bezeichnung für einen bei der Sprachübertragung verwendeten Standard zur Kompression der Audio-Daten (etwa → GSM).

collision
Zusammenstoß (von Datenpaketen), hervorgerufen durch gleichzeitiges Senden mehrerer Sendestationen.

collision avoidance
→ Kollisionsvermeidung.

collision detection
→ Kollisionserkennung.

collision elimination
Kollisionsausschaltung.

com
commercial, → Bereichsname im Internet, siehe → *top-level-domains.*

Comité Consultatif International Télégraphique et Téléphonique
kurz CCITT, veraltete Bezeichung für die → ITU-TSS.

COMM
communications, Kommunikation.

command line
Befehlszeile, Eingabezeile.

command prompt
kurz *prompt,* Eingabezeichen.

comments
- Kommentar, Zusatzinformationen;
- bei E-Mails Schlüsselbegriff für ergänzende Bemerkungen zum Inhalt.

commercial access provider
kommerzieller → IAP, also ein Unternehmen, das den Zugang zum Internet gegen Gebühren anbietet.

commercial at
kurz *cat,* deutsch meist „Klammeraffe", das Zeichen @, auf amerikanischen Schreibmaschinentastaturen ursprünglich eingesetzt, um das im Rechnungswesen gebräuchliche 'at' (deutsch: je) abzukürzen, später dann von UNIX-Entwicklern als Sonderzeichen verwendet.

Commercial Internet Exchange
→ CIE.

common carrier
Bezeichnung für ein privatwirtschaftliches Unternehmen, das Telekommunikations-Dienste anbietet.

Common Gateway Interface
→ CGI.

Common Log Format
kurz CLF, ein am → CERN entwickelter und heute weit verbreiteter Standard für die Protokollierung von Client-Zugriffen auf Web-Server.

communication processor
ein Computer, der ausschließlich für Kommunikationszwecke eingesetzt wird.

comp
- Computer;
- auch *compare*, Befehl zum Vergleichen (etwa zweier Dateien);
- *computer*, Name der → *news hierarchy* im → UseNet, in der es um Computer-Themen geht.

Compiler
ein Programm, das aus einem in einer → *high level language* geschriebenen Quellcode ein ausführbares Programm in Maschinencode erzeugt.

Compiler-Sprache
eine Programmiersprache, deren Quellcode-Programme von einem → Compiler in direkt (auf Betriebssystemebene) ablauffähige Programme übersetzt werden können. Vgl. → Interpreter-Sprache, → Script-Sprache.

complaint
Beschwerde, Verwarnung.

complete loss
kompletter Verlust; völlig daneben gegangen.

COM-Port
Kommunikations-Schnittstelle, die → serielle Schnittstelle. In PCs werden diese Schnittstellen (bis zu vier) als COM1, COM2 usw. durchnumeriert.

CompuServe
US-amerikanischer, international tätiger → *provider*, betreibt den → CIS. CompuServe unterhält den weltweit zweitgrößten → Online-Dienst mit mehr als 5 Millionen Abonnenten. In Deutschland hat CompuServe als überregionaler Online-Dienst in allen größeren Städten → Einwahlknoten mit Analog- und ISDN-Zugang, ist über Mobiltelefon erreichbar und kann über eine Sondernummer bundesweit auch außerhalb der lokalen POPs zum City-Tarif (plus geringe Stundengebühr) angewählt werden. http://www.compuserve.com.de

CompuServe-Adresse
interne E-Mail-Adressen bestehen beim CIS aus zwei durch ein Komma getrennten Ziffernfolgen (also etwa 8888.7777). Für E-Mails, die vom Internet aus in das CompuServe-Netz gesendet werden, sind die CIS-Adressen wie folgt zu ändern bzw. zu ergänzen: anstelle des Kommas wird ein Punkt verwendet, und die Adresse wird um @compuserve.com erweitert (also z. B. 8888.7777@compu serve.com).

CompuServe Information Manager
→ CIM.

CompuServe Information Service
→ CIS.

Computer Emergency Response Team
→ CERT.

computer science
Informatik.

COMSAT
Kommunikationssatellit.

CON
Konsole, → Terminal.

concerning
betrifft, bezüglich, wegen.

concurrent server
ein Rechner, der gleichzeitig als Server im Netzwerk und als Workstation fungieren kann.

conference
Konferenz; abgegrenzter Bereich innerhalb einer Mailbox, der nur für bestimmte User-Gruppen zugänglich ist, häufig auch → SIG genannt.

conference call
Konferenzschaltung.

congestion
Stau, Datenstau, Netzüberlastung.

Connect!
deutscher → IAP. E-Mail: Info@Con nect-DE.NET

connection
Verbindung, Anschluß.

connection confirm
Verbindungsbestätigung, Signal, das den Aufbau einer Verbindung bestätigt (wobei noch keine Übertragung von Nutzdaten stattfindet). Gebühren fallen in der Regel schon beim Aufbau einer Verbindung an, da erst eine Synchronisation der beteiligten Endgeräte erfolgen muß – eine bestätigte Verbindung mit anschließendem Abbruch ist daher kostenpflichtig.

Connection Control Language
→ CCL.

connectionless
→ verbindungslos.

connection-oriented
→ verbindungsorientiert.

connection oriented routing
→ Leitungsvermittlung.

connection type
→ Verbindungsart.

connectivity
- Verbindungsfähigkeit, Netzwerkfähigkeit, Kommunikationsfähigkeit;
- Vernetzungsgrad (Anzahl der möglichen Datenübertragungswege).

connect time
Verbindungszeit (Gesprächsdauer bzw. Zeitspanne, während der man mit einem → Provider kommuniziert).

console
Konsole, → Terminal.

Content-Length:
Schlüsselwort innerhalb einer E-Mail (im → *header*), gibt die Länge (den Gesamtumfang) der Mail an.

Content Provider
Informationsanbieter (im Internet, oder auch in einem Online-Dienst bzw. in Btx).

Contrib.Net
europaweiter → IAP. http://www.contrib.com

control
- das Zeichen ^, auch → *caret*;
- Kontrolle, Steuerung.

control-B
- *break*, Unterbrechung; beim Chatten als Aufforderung zur Unterbrechung verwendet;
- wird als direkte Tastatureingabe (→ Ctrl-B) in verschiedenen Programmen verwendet (zur Unterbrechung von Abläufen, nicht zur Beendigung des Programms).

control-C
- *break*, Unterbrechung; beim Chatten als ernste Aufforderung zum Unterbrechen verwendet;
- führt als direkte Tastatureingabe (→ Ctrl-C) bei einigen Programmen zum sofortigen Beenden des ganzen Programms.

control character
Steuerzeichen, ein einzelnes Zeichen, das als Steuerzeichen definiert ist; solche Zeichen werden meist mit vorangestelltem *caret-* bzw. *control*-Zeichen dargestellt (etwa ^K, ^Z) und von einigen Editoren bzw. Betriebssystemen durch gleichzeitiges Drücken der → Ctrl-Taste und eines Buchstabens erzeugt. Werden mehrere Zeichen zur Steuerung verwendet, spricht man von einer → Control-Sequenz, vgl. auch → Escape-Sequenz.

control frame
wörtl. „Steuerzeichen-Rahmen", Daten, die bei einigen Protokollen zur Steuerung einer Übertragung dienen und die Nutzdaten sozusagen „einrahmen" (vgl. → *header* und → *trailer*, → *data frame*).

control-P
Pause (Aufforderung beim Chatten).

Control-Sequenz
- Zeichenkette, die mit *control* beginnt und zur Steuerung eines Prozesses dient;
- Steuerkommando in einigen Programmen, das mit Hilfe der Control-Taste eingeleitet wird (etwa ^Kb für Beginn einer Blockmarkierung).

Control-Taste
die mit „Ctrl“ oder „Strg“ beschriftete Taste einer Computertastatur.

control unit
→ *controller*.

controller
Steuergerät, meist in Form eines bzw. mehrerer Hardwarebausteine, bei PCs nicht nur als feste Bestandteile auf dem → *motherboard*, sondern häufig auch als → Steckkarten realisiert.

cookbook
Kochbuch, übertragen ein Handbuch (für ein Programm etc.).

cookie
(wörtl. „Keks“), eine von einem Programm erstellte Markierungs-Datei, die dazu dient, bestimmte Optionen oder Statusangaben des Programms festzuhalten. Solche Dateien können u. a. auch dazu benützt werden, Benutzergewohnheiten oder Daten auszuforschen.

Coordinating Committee for Intercontinental Research Networks
→ CCIRN.

copper
Kupfer, Kupferkabel.

copy holder
Manuskripthalter.

copy protection
Kopierschutz.

copyright
→ Urheberrecht.

core
Kern, Kernspeicher, veralteter Ausdruck für Hauptspeicher (aus der Zeit, als das → RAM noch aus Ferritkernen bestand).

CorNet
→ *Corporate Network*.

corporate directory
das elektronische Adreßbuch eines Unternehmens (→ *directory service*, nach dem → X.500-Standard).

corporate network
kurz CN oder CorNet, auch → *enterprise network*, ein unternehmensweites bzw. innerbetriebliches Netzwerk (LAN oder auch WAN).

Corporation for Research and Educational Networking
→ CREN

cosmic rays
kosmische Strahlung, → *alpha particels*.

cosmic showers
kosmische Strahlung, → *alpha particels*.

cost-price
Einkaufspreis, Selbstkostenpreis.

counterclockwise
im Gegenuhrzeigersinn.

cp
- *compare*, vergleiche, → comp;
- *copy*, Kopie (*cp to* … Kopie an …).

CPC
Cellular Phone Company, Mobilfunknetz-Betreiber.

CPS
- *characters per second*, Zeichen pro Sekunde, Maß für die Geschwindigkeit einer Datenübertragung (errechnet aus → bps), oder für die Druckgeschwindigkeit bei Matrixdruckern;
- *cycles per second*, (Takt-) Zyklen pro Sekunde, Angabe zur Taktrate.

CPU
Central Processing Unit, Zentraleinheit, der Hauptprozessor eines Computers, in Unterscheidung zu den vielen sonstigen Mikroprozessoren in einem modernen Rechner, die als Signalprozessor, Gra-

fikprozessor, Soundprozessor usw. näher bezeichnet werden.

CPY
Copy, Kopie.

CR
- → *call request*;
- *carriage return*, Wagenrücklauf, die <ENTER>- bzw. <RETURN>-Taste, die noch nach ihrer alten Bezeichnung (von Schreibmaschinenzeiten her) benannt wird;
- als Steuerzeichen für *carriage return* (ASCII 13, meist in Verbindung mit LF (ASCII 10)) in Standard-Textdateien für die Markierung des Zeilen- oder Absatzendes eingesetzt;
- Länderkennung für *Costa Rica;*
- *credit*, Guthaben, Kredit.

cracker
(Nuß-) Knacker;
- unter Onlinern Bezeichnung für → Hacker, die mutwillige Schäden anrichten, Daten entwenden, Viren einschleusen usw., also gegen die unter „echten Hackern" verbreitete Ethik verstoßen;
- unter Spielefreaks jene Spezialisten, die Zugangssperren zu Programmebenen überlisten oder den Kopierschutz auf Spiel-Disketten überwinden;
- im Bereich der Kryptographie jene Personen, die verschlüsselte Daten in Klartext umwandeln.

crash
Systemabsturz, Zusammenbruch.

crasher
→ Hacker bzw. → *cracker*, dessen Ziel darin besteht, ein System zum Absturz zu bringen.

crashmail
im → FidoNet verwendete Bezeichnung für eine Nachricht, die direkt vom Absender zum Empfängersystem geleitet wird (also nicht über Zwischen-→ nodes läuft).

Crawler
→ Deutscher Crawler.

cray
Supercomputer bzw. Firmenname (nach dem Gründer Seymour Cray).

CRC
Cyclic Redundancy Check, zyklisches Prüfsummenüberprüfungsverfahren, das die Richtigkeit der gelesenen bzw. übertragenen Daten überprüft, vgl. → Fehlerkorrektur.

CRC-Error
Fehlermeldung beim Fehlschlagen des → CRC.

CREF
Connection Refused, Verbindung zurückgewiesen (Meldung, wenn eine Verbindung nicht zustande kommt).

CREN
Computer Reasearch and Education Network, aus BITNET und CSnet gebildetes Netz;
- *Corporation for Research and Educational Networking*, Betreiber des CRE-Network.

crippleware
Bezeichnung für „verkrüppelte" → Shareware-Programme, also solche, bei denen wesentliche Funktionen gesperrt sind und nicht ausprobiert werden können (was dem eigentlichen Shareware-Prinzip widerspricht).

crosshash
(auch kurz *hash*), das Zeichen #.

crossposting
gleichzeitiges → *posting* eines Newsartikels in mehrere → *newsgroups* (was in der Regel unsinnig ist und daher nicht gerne gesehen wird).

crossreference
Querverweis.

crosstalk
→ Nebensprechen.

CRQ
→ *call request.*

crumb
Krume, bisweilen für „Bit" verwendete Bezeichnung.

crunch
das Zeichen #.

crunch/zap
die Zeichen <>.

Cruncher
andere Bezeichnung für → *Packer.*

CS
- *cable switching, circuit switching* bzw. *connection switching,* → Leitungsvermittlung;
- ehemalige Länderkennung für *Czechoslovakia.*

C/S
→ *Client/Server.*

CSDN
Circuit Switched Data Network, Leitungsvermitteltes Datennetz.

CSH
Cash, Barzahlung.

CSLIP
Compressed Serial Line Interface Protocol, eine Variante des → SLIP mit komprimierter Adress-Information.

CSMA
Carrier Sense Multiple Access, ein Vielfachzugriffs-Protokoll, das es mehreren an einen → *bus* angeschlossenen Geräten gestattet, den gemeinsam genutzten Kanal abzuhorchen und nur dann zu senden, wenn der Kanal frei ist. Wird in Netzwerken mit → *bus topologie* (etwa → Ethernet) angewandt, eine übergeordnete Überwachung bzw. Verwaltung des Netzverkehrs kann dabei entfallen.

CSMA/CA
Carrier Sense Multiple Access/Collision Avoidance, CSMA-Protokoll mit → Kollisionsvermeidung.

CSMA/CD
Carrier Sense Multiple Access/Collision Detection, CSMA-Protokoll mit → Kollisionserkennung, wird von → Ethernet benützt.

CSnet
Computer and Science Research Network, 1981 von der → NFS als Forschungs- und Entwicklungsnetz gegründetes Universitäts-Netz, heute im → CREN aufgegangen.

CSO
Computing Services Office, Rechenzentrum an der University of Illinois (Urbana);
- ein an diesem Rechenzentrum entwickeltes *name server*-Programm, mit dem u. a. Personal-Informationen von Universitäts-Angehörigen verwaltet wurden;
- allgemeine Bezeichnung für → *White-Pages*-Verzeichnisse, die heute meist über → *gopher* abgefragt werden können.

CSPDN
Circuit Switched Public Digital Network, öffentliches leitungsvermitteltes digitales Netz.

ctb!
come to business!, zur Sache!

CTPA
coaxial-to-twisted-pair adapter, ein Adapter für die Verbindung von Telefonkabeln (→ *twisted-pair*-Kabeln) mit → Koaxialkabeln (wie sie etwa im → Ethernet Verwendung finden).

Ctrl
control, Steuerzeichentaste, → Control-Taste.

CTS
- *clear to send,* Signal für Sendebereitschaft; vgl. → RTS
- *Cellular Telephone Service,* Mobilfunknetz-Dienst.

cu
- *see You,* auf Wiedersehen;
- Länderkennung für *Cuba.*

CUI
Character-based User Interface, Zeichenorienterte → Benutzerschnittstelle, Darstellungsmodus, bei dem die Darstellung von Zeichen im Text-Modus erfolgt, die Zeichen haben vorgegebene Größen und Abstände untereinander. → TUI.

cul
see You later, bis gleich.

cul8r
wie → cul.

Cursor
Markierung, die in → zeichenorientierten Anwendungen oder Eingabemasken die Position auf dem Bildschirm anzeigt (bei Maus-Eingabe wird ein Maus-Pfeil gezeigt).

Cursortasten
Tasten, mit denen der Cursor verschoben werden kann.

CU-SeeMe
Protokoll bzw. Programm für Videokonferenzen via Internet, entwickelt an der Cornell University.

custom made
Spezialanfertigung.

CV
Länderkennung für *Cape Verde.*

CWIS
Campus Wide Information System, Informationssystem an Colleges oder Universitäten (LAN).

CX
- *Character Transmission,* Zeichen-Übertragung;
- Länderkennung für *Christmas Islands.*

CY
Länderkennung für *Cyprus.*

cyber
von → *cybernetics* abgeleitete Bezeichnung für Dinge, die mit Computern, Technik, virtuellen Welten, Datennetzen usw. zu tun haben.

cyberbuck
cyberdollar, virtuelles Zahlungsmittel, soll einmal den Zahlungsverkehr im Internet ermöglichen/erleichtern.

cybercash
Firmenname der Firma, die *cyberbucks* propagiert.

cyberchat
→ IRC.

cyberdollar
→ *cyberbuck.*

cybernetics
→ Kybernetik.

cyberpunk
Punk im Internet.

cyberspace
- dreidimensionale virtuelle bzw. simulierte Welt im Computer;
- die Bezeichnung wird bisweilen auch auf das Internet angewandt.

cyclic redundancy check
→ CRC.

cyclone
das Zeichen @ (→ *commercial at*).

CZ
Länderkennung für *Czech Republic.*

D1
→ D-Netz.

D2
→ D-Netz.

DA
direct access, Direktzugang, direkte Verbindung.

D/A
Digital to Analog.

D/A-Wandler
→ Digital/Analog-Wandler.

DAA
Data Access Arrangement, wörtl. „Datenzugriffseinrichtung“, die Schnittstelle vom Modem zum Telefonnetz.

DAC
Digital Analog Converter, → Digital /Analog-Wandler.

daemon
(Geist) ursprünglich Abkürzung für *Disk And Execution Monitor* (ein UNIX-Dienstprogramm), heute im UNIX-Bereich oder im Internet allgemeine Bezeichnung für ein Programm, das ständig im Hintergrund mitläuft und bei Aufruf oder bestimmten Ereignissen aktiv wird (→ Spooler, → Server, → Treiberprogramm, → Mailer, usw.). Obwohl *daemons* ständig in Bereitschaft sind, führen sie ihre eigentlichen Aufgaben im Unterschied zu → *dragons* nur bei Bedarf aus.

DAGt
Datenanschlußgerät, ein der Datenkommunikation dienendes Gerät (im Unterschied zum Sprachübertragungs-Telefon).

daisy chain
Verkettung, → *bus topology*.

DAL
- *Dedicated Access Line*, ein reservierter Anschluß;
- in Telekom-Deutsch: Drahtlose Anschlußleitung (ein Funkkanal).

Dalai Lama
His Holiness the 14th Dalai Lama of Tibet ist eine echte → *net.personality*, und die offiziellen Reden, Termine und nicht zuletzt auch die in China verbotenen Fotos seiner Heiligkeit lassen sich weltweit aus dem Internet herunterladen. Die Exilregierung von Tibet ist auch im Web aktiv: http://grew.gn.apc.org/tibetlondon /index.html

DAMQAM
Dynamically Adaptive Multicarrier Quadrature Amplitude Modulation, sich dynamisch anpassende Vielfach-Trägerfrequenzen Quadratische Amplituden-Modulation, siehe → PEP, → Modulation.

dangling pointer
(baumelnder Zeiger) ein Zeiger *(pointer)*, der auf eine ungültige Adresse verweist; gemeint sind beispielsweise falsche oder veraltete E-Mail-Adressen, oder nicht (mehr) existierende → *links* im WWW.

DAP
→ *Directory Access Protocol*.

dark fiber
ein (momentan) nicht benutztes Glasfaserkabel.

DARPA
Defense Advanced Research Projects Agency, heutige Bezeichnung der ehemaligen → ARPA.

Darstellungsschicht
presentation layer, die 6. Schicht im → *OSI Reference Model*.

DASAT
- Datenkommunikations-Satellit;
- Datenkommunikation über Satellit.

DAT
Digital Audio Tape, Magnetband für die digitale Aufzeichnung von Audio-Daten.

data base
→ Datenbank.

data bit
- die ausschließlich für Nutzdaten verwendeten Bits (ohne Steuer- oder Prüf-Bits);
- Anzahl der Bits je → *data byte* (beim Modem-Setup).

data block
eine Reihe zusammengehöriger Daten, die durch eine vorgegebene Länge als Block definiert oder durch Start- und Stopzeichen als Block markiert sind (vgl. → *data packet*, → Datenpaket).

data bus
→ Datenbus.

data byte
wörtl. Daten-Byte, soll ausdrücken, daß bei der Datenübertragung außer „normalen" 8-Bit-Zeichen auch 7-Bit-Zeichen verwendet werden können (vgl. → ASCII).

data carrier
- Datenträger (Disketten etc.);
- die → Trägerfrequenz bei der Datenübertragung.

data carrier detect
→ DCD.

data carrier exchange
Datenträgeraustausch.

data cartridge
Magnetband(cassette), Streamerband.

data channel
Datenübertragungskanal bzw. -Leitung.

data circuit-terminating equipment
→ DCE.

data collection
Datenerfassung.

data collection document
Datenerfassungsbeleg.

data collection error
Datenerfassungsfehler.

data collection program
Datenerfassungsprogramm.

data collection protocol
Datenerfassungsprotokoll.

datacom
→ *data communication*.

data communication
Datenaustausch, Datenübertragung (bisweilen auch zu „Datenkommunikation" eingedeutscht).

data communications equipment
→ DCE.

data compression
→ Datenkompression.

data encryption
- Datenverschlüsselung;
- Wissenschaft oder Technik der → Kryptographie.

data encryption key
kurz DEK, ein Schlüsselwort bzw. eine Zeichenkette zur Verschlüsselung von Daten (oder zur Umwandlung in Klartext).

Data Encryption Standard
kurz DES, 64-Bit Datenverschlüsselungs-Standard, wird u. a. auch von → PGP verwendet.

data frame
wörtl. „Daten-Rahmen"
- synonym zu → *control frame*: die zur Kennzeichnung eines → *data block* verwendeten Steuer- und Prüfzeichen, die den Block einrahmen;
- ein mit solchen zusätzlichen Zeichen versehener → *data block* (im Unterschied zu einem Block, der nur durch eine vorgegebene Länge gekennzeichnet ist).

datagram
eine im Internet häufig verwendete Alternativ-Bezeichnung zu → *data packet*.

Datagram Delivery Protocol
kurz DDP, ein → Protokoll unter → AppleTalk (→ Routing von Datenpaketen).

Data Highway
→ Datenautobahn.

data link layer
Leitungsschicht, die 2. Schicht im → *OSI Reference Model*.

data packet
auch → *datagram* oder → PDU, ein → Datenpaket, also zusammengehörende Daten (Nutzdaten), die (im Unterschied zum → *data block*) anhand eines → Protokolls mit Steuer- und Kontrollzeichen sowie Absender- und Empfängerangaben versehen sind. Datenpakete bzw. Datagramme sind eigenständige Einheiten und können daher nicht nur → leitungsvermittelt, sondern auch in einem geeigneten Netz (mit → Paketvermittlung) übertragen werden, ohne daß erst eine direkte Verbindung zwischen Sender und Empfänger aufgebaut werden muß (→ verbindungslos) und ohne daß der Absender den exakten Übertragungs-Weg definieren muß (dieser kann aus der Empfängeradresse vom Netz automatisch ermittelt werden, → routing). Der Transport von Datenpaketen erfolgt über mehrere Schichten (→ OSI Reference Model) und entsprechend über mehrere Protokoll-Ebenen, so daß die eigentlichen Nutzdaten beim Transport gleich in mehreren protokollspezifischen Steuerzeichen-Schichten (→ *data frame*) eingekapselt sind (→ *encapsulation*), derartig aufgeblähte Pakete nennt man auch → *frame*. Vgl. → *cell*.

data packet sequenzing
Datenpaketfolge-Steuerung, Protokoll zur Herstellung der richtigen Reihenfolge von beliebig eintreffenden (zusammengehörenden) Datenpaketen (bei der → Paketvermittlung).

data packet switched network
Netzwerk mit → Paketvermittlung.

data rate
auch *throughput*, Datenübertragungsrate, Datendurchsatz, Netto-Datentransferrate, die Rate der reinen → Nutzdaten, angegeben in → Bit/s, → Byte/s, → cps, → KBit/s oder → MBit/s.

data recording
Datenaufzeichnung.

data sink
wörtl. Datensenke, ein Datenempfänger (Gegenteil → *data source*).

data source
wörtl. Datenquelle, ein Datensender (Gegenteil → *data sink*).

data station
ein Terminal.

data stream
Datenstrom, zwischen zwei Teilnehmern ausgetauschte Datenblöcke.

data switches
Umschalter (für Datenleitungen).

data switching system
Datenvermittlungssystem (Telefon- oder sonstiges Netz).

data terminal emulation
→ DTE.

data terminal equipment
→ DTE.

data transmission rate
Datentransferrate, Übertragungsgeschwindigkeit, Übertragungsrate, die tatsächlich erreichte Rate der je Zeiteinheit übertragenen Daten, die u. a. von den verwendeten Protokollen und Hardware-Einrichtungen sowie von der Schrittgeschwindigkeit (→ *line speed*) bestimmt wird. Die Datentransferrate umfaßt alle gesendeten Daten, im Unterschied zum Datendurchsatz (→ data rate), und wird in → bps angegeben (nach DIN 44302).

date
- Datum;
- als Schlüsselwort in E-Mail-Headern Bezeichnung für das Absendedatum der Mail.

Datei
file, Reihe von zusammengehörigen Informationen, die in einem Computer bzw. auf einem Datenträger unter einer eigenen Bezeichnung (→ Dateiname) so abgespeichert sind, daß sie von einem dafür geeigneten Programm erschlossen werden können; häufig untergliedert in einzelne → Datensätze.

Dateianhang
→ *attachment*.

Dateiattribut
im Eintrag zu einer bestimmten Datei im → Dateiverzeichnis mögliches Kürzel, das den Status einer Datei bzw. → Zugriffsbeschränkungen bestimmt.

Datei-Endekennung
→ *extension*.

Dateiformat
innere Struktur einer Datei, oft äußerlich erkenntlich anhand der → *extension*.

Dateiname
der eine Datei eindeutig bezeichnende Name, meist durch einen Punkt untergliedert in die eigentliche Benennung der Datei und eine → *extension*, die den Datei-Typ bezeichnet.

Dateiverzeichnis
directory, oder *directory listing*, ein Verzeichnis von Dateien mit Einträgen zu Dateinamen, Datum/Uhrzeit der Erstellung bzw. der letzten Änderung und → Dateiattributen, ggf. auch noch zum zugriffsberechtigten Anwender. Dateiverzeichnisse sind meist in einer baumartigen Struktur (→ *directory tree*) angelegt.

datel
datel services, Datel-Dienste, aus *data telekommunikation* zusammengezogener Sammelbegriff für → Datex-Dienste.

Daten
bestimmte Informationen; in der EDV allgemein für Informationen, die in einem speziellen Code vorliegen und von Programmen verarbeitet oder auch übertragen werden können.

Datenaufzeichnung
Speicherung von Daten auf einem Datenträger.

Datenausgabe
Output, Ausgabe von Daten durch ein Programm, Ausgabe von EDV-Daten an ein Peripheriegerät oder mittels eines solchen.

Datenaustausch
allgemeine Bezeichnung für ein (beliebig) festgelegtes Verfahren zur Übergabe von Daten zwischen EDV-Anlagen. Rechtliche Bestimmungen regeln die generelle Zulässigkeit des Datenaustauschs (etwa zwischen Behörden); technisch relevant für den Datenaustausch sind u. a. Art des → Datenträgers oder Art der Fernübertragung, die → Datenstruktur, der Umfang der zu übergebenden Daten und → das Übertragungsprotokoll. Innerhalb eines Computernetzes wird mit Datenaustausch auch die Übertragung von Daten zwischen Host und angeschlossenem Benutzerrechner (→ upload bzw. → download) bezeichnet.

Datenautobahn
Modelle oder Realisierungen besonders schneller Datenübertragungsverbindungen bzw. Datennetze (→ BDA, Data Highway, Information Super Highway (ISH), Information Highway (I-WAY), ISDN usw.).

Datenbank
data base, Programm zur Datenverwaltung oder auch die Gesamtheit aller Dateien, die von einem solchen Programm

(zu einem bestimmten Thema) verwaltet werden. Die Daten sind in der Regel nach bestimmten Kriterien angeordnet bzw. so strukturiert, daß schnelle Zugriffe für Abfrage, Änderung oder Erweiterung der Daten möglich sind. Neben den eigentlichen Inhalten gehören zu den in einer Datenbank organisierten Daten daher auch meist → Indexdateien, über die ein schneller Datenzugriff erfolgen kann (vgl. → ISAM).

Datenbank-Abfragesprache
kurz Abfragesprache, eine genormte Sprache bzw. eine Reihe von Befehlen für den Zugriff auf Daten, die in einer Datenbank gespeichert sind. Eine der am häufigsten verwendeten Sprachen ist → SQL.

Datenbasis
- allgemein alle Daten, die einem Verfahren zugrundegelegt werden (etwa bei einer statistischen Auswertung);
- in der EDV alle Dateien, die in einer bestimmten → Datenbank vorliegen.

Datenbit
→ *data bit*.

Datenblock
siehe → Block.

Datenbus
(*data bus*), jener Teil eines → Bus-Systems, über den Daten übertragen werden.

Datendurchsatz
→ *data rate*.

Dateneingabe
auch Input oder Datenerfassung, die manuelle oder maschinelle Eingabe von Daten im Rahmen eines Computerprogramms.

Datenendeinrichtung
kurz DEE, → DTE.

Datenendgerät
PC oder Terminal, vgl. → Endgerät.

Datenerfassung
- allgemein alle Vorgänge, die dem Festhalten von Daten dienen;
- meist synonym mit → Dateneingabe.

Datenerfassungsgeräte
alle Geräte zur Dateneingabe in eine EDV-Anlage, neben Terminals (oder PCs) für die manuelle Eingabe von alphabetischen oder numerischen Daten vor allem → Scanner, Barcodeleser oder OCR-Lesegeräte für die automatische Erfassung von Text- oder Bilddaten, Graphic-Tablets usw.

Datenfeld
logischer (selten physischer) Raum von festgelegter oder variabler Länge für Daten in einem → Datensatz.

Datenfernübertragung
kurz DFÜ, *data communication* oder *data telecommunication* (auch *remote data transmission*, oder einfach kurz *transmission)*
- Senden von Daten über größere Entfernungen per Funk, Lichtstrecke oder Leitung;
- synonym zu → Datenfernverarbeitung;
- allgemeine Bezeichnung für die Nutzung eines Telekommunikationsdienstes oder -Netzes.

Datenfernverarbeitung
teleprocessing, die Verarbeitung von Daten an einem vom Anwender räumlich weit entfernten Ort, unter Zuhilfenahme von Telekommunikationseinrichtungen, die Anwender und → *remote host* verbinden.

Datenfernzugriff
remote file access (wörtl. also Datei-Fernzugriff), → RFA.

Datenformat
festgelegte Struktur eines Zeichens, einer → Datei oder eines → Datensatzes.

Datenflußkontrolle
flow control, über Hardware- oder Software-→ *handshake* gehandhabte Kon-

trolle der Übertragung, durch die ein möglichst regelmäßiger Datenfluß erzeugt und eine Überlastung der Empfangspuffer vermieden wird. Vgl. → RTS/→ CTS *(hardware-handshake)* oder → XON/XOFF *(software-handshake).*

Datenfunk
Datenübertragung über ein → Mobilfunknetz.

Datenkompression
→ Kompression.

Datenkonsistenz

- in Datenbanksystemen bzw. Netzwerken Bezeichnung für die Einheitlichkeit der Daten, die mehreren Benutzern zur selben Zeit zur Verfügung gestellt werden (alle Benutzer sollten dieselben Daten geliefert bekommen);
- Übereinstimmung der Daten, also der in einem Computersystem vorliegenden Informationen, mit den tatsächlichen Sachverhalten;
- Übereinstimmung der tatsächlich vorliegenden Datenstruktur mit dem vorgegebenen Datenformat.

Datenkonvertierung
Umwandlung von Daten aus einem → Datenformat in ein anderes.

Daten-Laden
eine → Mailbox.

Datenpaket
→ *data packet, packet* oder → *datagram,* in ISO-Speak auch → PDU, ein durch ein → Protokoll in Aufbau und Umfang genau festgelegtes „Paket" von zusammengehörenden Daten, das bei der Datenübertragung durch das Netz geschickt wird. Diese Paket-Datenübertragung ist in allen internets üblich und die Basis für das Funktionieren des Netzes. Auch innerhalb eines Computers werden Daten häufig nicht als kontinuierlicher Strom, sondern blockweise (etwa von der Festplatte zum Hauptspeicher) übertragen, hierbei sind die Blöcke (→ *data block*) jedoch nicht als „Pakete" formatiert: ein Paket transportiert neben den eigentlichen Daten immer noch Zusatzinformationen (Absender- und Empfängeradresse, Kontroll- und Steuerinformationen etc.). Die Datenpakete des Internets (→ *Internet Protocol)* verfügen über einen 24 Byte langen → *header.*

Datenquelle
→ *data source,* der Sender.

Datenrahmen
→ *data frame.*

Datenrate
→ *data rate,* → *data transmission rate.*

Datenreduktion
Verringerung der Datenmenge bzw. Verkleinerung des Umfangs von Dateien durch Ausschluß überflüssiger Daten, → Informationsreduktion.

Datenrufnummer
die Nummer eines Datex-Anschlusses, → NUA.

Datensatz
logisches (oder physisches) Element einer Datei, umfaßt zusammengehörige Daten, ist meist untergliedert in → Datenfelder und gegebenenfalls Feldtrennzeichen und Feldkennungen.

Datenschleuder
Titel einer deutschen Hackerzeitschrift.

Datenschutz
technische und organisatorische Maßnahmen und gesetzliche Bestimmungen (→ Bundesdatenschutzgesetz) bezüglich des Schutzes von Daten hinsichtlich des Zugriffs, der Weitergabe oder der Verarbeitung.

Datensenke
→ *data sink,* der Empfänger.

Datensicherheit
Gewährleistung der Verfügbarkeit und Unversehrtheit von Daten.

Datensicherung
- Maßnahmen und Verfahren zur Aufrechterhaltung der → Datensicherheit, meist im Sinne von → Backup;
- bisweilen auch Absicherung von Daten gegen unberechtigten Zugriff (eigentlich → Datenschutz).

Datenstandleitung
→ Standleitung.

Datenstruktur
Anordnung von Daten, → Datenformat.

Datenträger
- allgemein jedes informationstragende Medium;
- meist als Bezeichnung für die im Audio-/Video-Bereich sowie die in der EDV benutzten Speichermedien wie → CD-ROM, → DAT, → Disketten, → Festplatten, früher auch Lochkarten und Lochstreifen, gebraucht.

Datenträgeraustausch
Weitergabe von Informationen mittels EDV-Datenträger, → belegloser Datenträgeraustausch.

Datentransferrate
→ *data transmission rate*.

Datenübermittlungsdienst
Sammelbegriff für die zur Datenübertragung dienenden Dienste der Telekom.

Datenübertragungsprotokoll
→ *protocol*.

Datenübertragungsrate
→ *data rate*.

Datenverarbeitung
- DV, auch Elektronische Datenverarbeitung (EDV), im engeren Sinn alle Prozesse zur Erzeugung von Daten aus gegebenen Ausgangsdaten (→ EVA) mit Hilfe von Datenverarbeitungsanlagen, im weiteren Sinn alle durch Computer oder mit Hilfe von Computern bewerkstelligten Abläufe;
- in Unternehmen auch Bezeichnung der Abteilung, die für die Programmierung sowie die Organisation, Installation und Wartung der Datenverarbeitungsanlage zuständig ist.

Datenverarbeitungsanlage
- DVA, im engeren Sinn eine elektronische, programmgesteuerte und speicherprogrammierbare Anlage zur Datenverarbeitung (der eigentliche Computer), daneben auch das Gesamtsystem aus dem zentralen Computer und allen daran angeschlossenen Peripheriegeräten;
- im weiteren Sinn jedes maschinelle, biologische oder sonstige datenverarbeitende System überhaupt.

Datex
Data Exchange, Datennetzdienst der Deutschen Telekom, heute → T-Online (Datex-J) und → ISDN.

Datex-J
spätere Bezeichnung für den → Btx-Dienst, heute → T-Online.

Datex-L
Data Exchange/Line, Datex-Dienst mit → Leitungsvermittlung, heute → ISDN.

Datex-M
Glasfasernetz-Paketvermittlungs-Protokoll, ermöglicht Datenübertragungsraten bis 140 MBit/s.

Datex-P
Data Exchange/Packages, Datex-Dienst mit → Paketvermittlung, heute → ISDN.

day mode
Tag-Modus, bezeichnet bei Onlinern die meist eher inaktive Phase des persönlichen 24-Stunden-Rhythmus.

dayp
do as You please, mach, was du willst.

DB
- *data base,* Datenbank;
- → *data bus.*

D.B.
- *day book,* Kassenbuch;
- speziell im Zahlungsverkehr: (Lieferung erfolgt) auf Rechnung.

DBP
Deutsche Bundespost, inzwischen längst zerteilt in Postdienst, Postbank und Telekom AG.

DC
- *data channel,* Datenübertragungskanal bzw. -Leitung;
- *direct call,* Direktruf (DFÜ-Verbindung über Standleitung);
- *direct connection,* Direktverbindung (zwischen einem Rechner und einem Peripheriegerät);
- *direct current,* Gleichstrom;
- *disconnect confirm,* Verbindungsabbruch-Bestätigung.

DCA
Defense Communications Agency, heute → DISA.

DCD
data carrier detect, Empfangssignalpegel, Signal an der → seriellen Schnittstelle, das die Verbindungsqualität bestätigt.

DCE
- *Data Circuit-terminating Equipment,* eine der beiden möglichen Konfigurationen einer → seriellen Schnittstelle (Gegenstück → DTE);
- *Data Communications Equipment,* Datenübertragungs-Einrichtung (also etwa Modem, ISDN-Karte usw.);
- → *Distributed Computing Environment.*

DCL
device clear, Gerät bereit (Bereitschaftsanzeige).

DCM
data communications multiplexer, → Multiplexer.

DCME
digital circuit multiplexing equipment, → Multiplexer.

DCN
disconnect, Trennen (einer DFÜ-Verbindung).

DCS
Digital Cellular System, Europäische Norm für Mobilfunknetze. → E Plus wird nach DCS 1800 betrieben.

DCV
digital coded voice, digital codierte Sprache (→ ISDN).

DDCMP
Digital Data Communications Message Protocol, ein proprietäres → Protokoll der Firma DEC (→ DECNet-Protokoll).

DDN
- *Defense Data Network,* US-amerikanisches Militär-Datennetz (umfaßt MILnet, DRI, DISnet, SCInet und WINCS), wird betrieben durch → DISA;
- in der Schreibweise "ddn" die sich mit militärischen Themen beschäftigende → *news hierarchy* im → UseNet.

DDN NIC
Defense Data Network Network Information Center, Net-Info-Zentrum (NIC) des → DDN, auch mit allgemeinen Internet-Verwaltungsaufgaben betraut (Internet-Adressen-Vergabe, RFC-Ablage, usw.). http://nic.ddn.mil

DDP
→ *Datagram Delivery Protocol.*

DDT
→ *debugger* (die Abkürzung leitet sich ab aus dem früheren Debugging-Programm *DEC debugging tape*).

DDX
Digital Data Exchange, digitale Datenübertragung.

DE
- Länderkennung für Deutschland.
- de geschrieben: deutschsprachig.

dead code
Daten, auf die nicht zugegriffen werden kann.

dead key
(wörtlich: tote Taste) eine Taste, die ohne Betätigung einer weiteren Taste keine Reaktion zeigt. Auf deutschen Standard-Tastaturen sind dies die französischen Akzente ^`' (man gibt zuerst den Akzent ein und direkt anschließend den gewünschten Vokal, um das entsprechende Zeichen zu bekommen).

dead links
nicht (mehr) funktionierende → *links* (etwa im WWW).

deadlock
Blockade eines Computersystems oder -Netzwerks, die durch sich gegenseitig blockierende Sicherheitsmechanismen ausgelöst wurde.

debugger
Programm für das → *debugging*.

debugging
wörtl. „Entfernen von Wanzen", die Beseitigung von Fehlern im Quellcode eines Programms, vgl. → *bug*.

DEC
die amerikanische Firma Digital Equipment Corporation.

DECNet
Netzwerk-Protokoll der Firma DEC, vorwiegend in → LANs eingesetzt.

decoder
Wandler, ein Gerät zur Umwandlung von Signalen. Meist bezeichnet man nur noch Geräte zur Entschlüsselung verschlüsselter Signale als *decoder*, die Analog-Digital-Umwandlungseinrichtungen werden u. a. → A/D-Wandler so genannt.

decrypt
entschlüsseln.

DECT
Digital European Cordless Telecommunications, Euro-Standard für → Handys.

dedicated line
reservierte Leitung, → Standleitung.

dedicated server
ein im Gegensatz zu einem → *non-dedicated server* nur für einen speziellen Zweck eingesetzter Server.

dediziert
gewidmet, zugeordnet, vgl. → *dedicated server*.

DEE
Datenendeinrichtung, → Endgerät.

default
Voreinstellung, Standardeinstellung eines Geräts oder eines Programms.

default route
Standardroute, der beim → *routing* gewählte Weg für Datenpakete, deren Adresse nicht in der vorliegenden → *routing table* verzeichnet ist.

Defense Advanced Research Projects Agency
→ DARPA, heutige Bezeichnung der → ARPA.

Defense Communications Agency
kurz DCA, heute → DISA.

Defense Data Network Network Information Center
→ DDN NIC

Defense Information Systems Agency
→ DISA.

DEGt
Datenendgerät, → Endgerät.

Deja News
→ Suchdienst. http://www.dejanews.com/forms/dnquery.html

DEK
→ *data encryption key*.

Dekoder
auch Dekodierer, → *decoder*.

DEL
delete, löschen, Lösch-Taste.

delimiter
Begrenzungszeichen (etwa bei → *data blocks*).

deliver
- befreien;
- überliefern, ausliefern;
- *deliver letters*, Post austragen.

del/rubout
→ *backspace*.

DEM
→ Demodulator.

demand
Forderung, Anspruch.

Demodulation
Umwandlung analoger in digitale Signale.

Demodulator
ein elektronischer Baustein zur Demodulation.

demon
- syn. für → *daemon;*
- teils auch unterscheidend gegenüber einem eigenständigen *daemon* als Bezeichnung für ein entsprechendes Unterprogramm verwendet.

DE-NIC
das deutsche → NIC, → IV-DENIC.

depacketizing
Entpacken von → *data packets*, also die Entnahme der Nutzdaten, und Zusammenfügen von Daten, die auf mehrere Pakete verteilt eintrafen.

Departement of Defense
→ DoD.

Dept.
Departement, Abteilung, Ministerium

Derivat
Abkömmling, Abwandlung, Variante (meist im Zusammenhang mit Programmen oder Programmiersprachen angewandt).

DES
→ *Data Encryption Standard*.

description language
→ Beschreibungssprache.

destination
auch *destination adress* Ziel, Zieladresse, Empfangsort.

DeTeMobil
D1-Netz-Betreiber (→ Telly D1), Tochterunternehmen der → Deutschen Telekom.

Deutsche Interessengemeinschaft Internet
→ DIGI.

Deutscher Branchenindex
→ Suchdienst. http://www.flix.de

Deutscher Crawler
→ Suchdienst. http://www.crawler.de

Deutsches Branchenbuch
→ Suchdienst. http://www.branchenbuch.de

Deutsches Internet Verzeichnis/Web Deutschland
→ Suchdienst. http://www.web.de

Deutsches Provider Network
DPN, überregionaler → IAP, Duisburg. http://www.dpn.de/

Deutsche Telekom AG
aus dem Telefon- und Datennetzdienst der Deutschen Bundespost hervorgegangenes privates Telekommunikationsunternehmen, bis 1. 1. 1998 Festnetz-Monopolist. http://www.dtag.de

developer
Entwickler, Programmierer.

device
Gerät, in der EDV meist im Sinne von Peripheriegerät gebraucht oder auch für

die → Schnittstelle, an der ein Peripheriegerät angeschlossen ist.

device clear
Gerät bereit (→ DCL).

devo
- *developer*, der Entwickler (eines Programms);
- *development*, Entwicklung.

Dezimalnotation
die übliche Schreibweise von Zahlen im Zehnersystem, also mit Ziffern von 0 bis 9 und Komma (in englischer Schreibweise Punkt) zur Abtrennung der Nachkommastellen.

DFG
Deutsche Forschungsgemeinschaft.

DFGt
Datenfernschaltgerät, Schnittstelle zum Anschluß eines Endgeräts an ein digitales Netz (→ ISDN).

DFN
Deutsches Forschungsnetz, Kurzname für: Verein für die Förderung des Deutschen Forschungsnetzes, eine Vereinigung deutscher Hochschulen und Forschungseinrichtungen zum Betrieb eines eigenen Netzes (→ WiN bzw. → B-WiN.) für Forschung, Lehre und Entwicklung. http://www.dfn.de

DFN-WiNShuttle
DFN-Ableger für den öffentlichen Zugang zum → WiN, als überregionaler → IAP tätig. http://www.shuttle.de/

DFÜ
→ Datenfernübertragung.

DFV
→ Datenfernverarbeitung.

DHCP
Dynamic Host Configuration Protocol, ein Protokoll, das die dynamische Zuweisung von IP-Adressen vornimmt; siehe → *dynamic SLIP addressing*.

DI
- *Data Input*, Dateneingabe;
- *Digital Input*, digitaler Dateineingang;
- Diners Club (Kreditkarte).

diagonal
das Zeichen /.

dial
wählen.

dialer
ein Taschenrechner-ähnliches Gerät mit Zifferntasten und einem kleinen Lautsprecher (oder eine im Taschenrechner integrierte Funktion) zur einfachen Wahl von (gespeicherten) Telefonnummern beim → MFV oder zur Fernabfrage des Anrufbeantworters. Es wird an die Sprechmuschel gehalten und erzeugt die benötigten Frequenzen.

dialing tone
(auch *dialling tone*), kurz DT, Wählton.

DIALOG
Mailboxbefehl, Aufforderung an den Sysop, sich in den laufenden Chat einzuschalten.

dialog mode
Dialogmodus, auch Dialogbetrieb oder Direktmodus, jene Betriebsart, bei der im Unterschied zum → *batch mode* im direkten wechselseitigen Kontakt zwischen User und EDV-Anlage gearbeitet wird.

Dialogbetrieb
→ *dialog mode*.

Dialogverkehr
→ *interactive session*.

dial pulse
Wählimpuls (Frequenz bzw. Stromstoß zur Wahl einer Ziffer).

dial-up
auch *dialup*,
- Anwählen, Aufbau einer Kommunikationsverbindung;
- im Internet Bezeichnung für den Zugang über eine Wählverbindung.

dial-up line
(auch kurz *dialup*) Wählverbindung, temporär geschaltete Telefonverbindung (über ISDN ebenso wie im Analog-Netz).

DIANE
Direct Information Access Network for Europe, Vereinigung der → Euronet-Betreiber.

Dienst
service,

- → Dienstprogramm oder Übertragungsprotokoll im Internet, u. a. → archie, → gopher, → ftp, → http, → mailto, → news, → telnet, → veronica, → www;
- das Dienstleistungsangebot eines → *service providers*;
- Kurzbezeichnung für einen → Online-Dienst oder einen *service provider*.

Dienste-Anbieter
→ Online-Dienst, → *provider*.

Dienstekennung
Service Indicator (SI), eine beim Aufbau von → ISDN-Verbindungen auf dem → D-Kanal zusätzlich zur Rufnummer übermittelte Kennung, anhand derer das geeignete Endgerät identifiziert und angesprochen wird (die Verbindung erfolgt nur zum vorgegebenen Gerät, eine Verbindung zu einem anderen Endgeräte-Typ ist ausgeschlossen):

0	Bildtelefon;
1	Fernsprecher;
2	analoger Dienst (Telefon, Fax, Modem);
3	X.21-Terminaladapter;
4	Fax (digital);
5	Btx;
7	64kBit Datenübertragung;
8	X.25-Terminaladapter;
9	Teletex;
10	Mixed Mode (Textfax, ASCII-Text);
13	Fernwirken, Telemetrie, Alarmierung;
14	Grafiktelefon;
15	zukünftiges Btx.

Dienstprogramm
ein Programm, das keinem speziellen Arbeitsbereich zuzuordnen ist (wie ein → Anwendungsprogramm), sondern allgemeine Aufgaben (Dateiverwaltung, Datenübertragung usw.) erledigt. Vgl. → Systemprogramm.

dieresis
das Zeichen " (Anführungszeichen).

digest
Übersicht, Zusammenstellung

- allgemeine Bezeichnung für eine Sammlung von überwiegend bereits veröffentlichten Schriften (teils auszugsweise oder in verkürzter Fassung);
- eine News-Zeitschrift im Internet, die aus der Zusammenstellung mehrerer → *news articels* mit vorangestelltem Inhaltsverzeichnis entsteht;
- eine codierte Zusammenfassung im Sinne einer eindeutigen Signatur, → *message digest*.

digestified
umgewandelt zu einem → *digest*.

DIGI
Deutsche Interessengemeinschaft Internet, 1992 gegründeter Ableger der *Internet Society* (→ ISOC). http://www .isoc.de

digital
→ digitales Signal.

Digital-Analog-Wandler

- im engeren Sinn eine elektronische Vorrichtung, die digitale Signale in analoge Signale umsetzt;
- im weiteren Sinn ein Gerät, das die Signalumwandlung in beide Richtungen (Analog-Digital und Digital-Analog) vornimmt (etwa der → ISDN-Terminaladapter).

digital coded voice
kurz DCV, digital codierte Sprache (beispielsweise im → ISDN wird die Sprache digital codiert übertragen).

digitale Unterschrift
→ *signature*.

digitaler Mobilfunk
→ D-Netz.

digitales Signal
im Unterschied zum → analogen Signal ein Signal, das auf unterster Ebene nur zwei mögliche Zustände kennt, also zur Abbildung bzw. Übertragung von → *bits* geeignet ist. Digitale Signale sind u. a. durch zwei unterschiedliche hohe Tonfrequenzen (vgl. → ADM), durch unterschiedliche Tondauer (Morse-Alphabet) oder durch gepulste (getaktete) Frequenzen (kein Strom/Strom, kein Licht/Licht) erzeugbar.

Digitalo
Programmierer, Hacker. Auch abgewandelt zu Dig-Italo oder Italo: Spaghetti-Code-Programmierer. → Normalo.

DIN 66020
deutsche Norm für die → serielle Schnittstelle (entspricht der → CCITT-Norm V.24).

DIN Deutsches Institut für Normung e. V.
1975 aus dem Deutschen Normenausschuß (DNA) hervorgegangen, der seit 1926 Nachfolger des 1917 gegründeten Vereins „Normenausschuß der Deutschen Industrie" war; Sitz Berlin; für Normen zuständige Organisation der Bundesrepublik Deutschland, Mitglied in der Internationalen Organisation für Normung (→ ISO).

ding
das Zeichen $ (Dollar).

Dino
→ Suchdienst. http://www.dino-online.de

dip switch
Kippschalterreihe, auch „Mäuseklavier" genannt, eine Reihe kleiner Schalter zum Einstellen bzw. Verändern des Betriebsmodus eines Druckers, Modems usw.

dir
- *directory*, → Dateiverzeichnis;
- Kommando zur Anzeige des Dateiverzeichnisses.

direct addressing
das Angeben einer vollständigen Adresse (→ *bang path*) bei E-Mails, für die Auslieferung der Nachricht ausschließlich über den angegebenen Pfad (→ *passive routing*).

direct connection
→ DC.

direct current
→ DC.

direct dialing
Selbstwähldienst.

directional radio
Richtfunk (*directional radio line* Richtfunkstrecke).

directory
- → Dateiverzeichnis;
- Inhaltsverzeichnis;
- User- bzw. Adreßverzeichnis (→ *directory service*).

Directory Access Protocol
kurz DAP, ein → X.500-Protokoll für die Kommunikation zwischen einem → *Directory User Agent* und dem → *Directory System Agent*.

directory listing
→ Dateiverzeichnis.

directory service
Verzeichnisdienst, auch → *white pages* genannt, ein Verzeichnis von Hosts, Dienst- und User-Adressen, vgl. → X.500, → *corporate directory*, → WHOIS.

Directory System Agent
kurz DSA, innerhalb des X.→ 500-→ *directory service* das Server-Programm, das die Directory-Informationen einer → *domain* oder einer sonstigen netzinternen Organisations-Einheit ver-

waltet und für die Abfrage (via → *Directory User Agent*) bereithält.

directory tree
Verzeichnisbaum, ein in einer baumartigen hierarchischen Struktur angelegtes → Verzeichnis.

Directory User Agent
kurz DUA, innerhalb des X.→ 500-→ *directory service* das Client-Programm, das die Directory-Informationen abfragt.

Direktmodus
→ *dialog mode*.

Direktruf
direct call, Sprech- bzw. DFÜ-Verbindung über Standleitung, → DC.

direct trunk call
Amtsverbindung; Herstellen einer Amtsverbindung (erfolgt automatisch beim Abnehmen des Telefonhörers), bei Modems → OH.

Direktwahl
automatic dialing, die direkte Durchwahl zu einem Teilnehmer bzw. zu einer Nebenstelle (Selbstwähldienst, die Verbindung erfolgt ohne Handvermittlung durch ein Amt oder durch eine hauseigene Telefonzentrale).

dirty power
wörtl. „dreckiger Strom", instabile Stromversorgung, kann zu Hardwareschäden führen.

DIS
disconnect, Trennen (einer DFÜ-Verbindung).

DISA
Defense Information Systems Agency, (früher *Defense Communications Agency* (DCA)), die amerikanische Regierungsstelle, die mit dem Betrieb des *Defense Data Network* (→ DDN) und der Verwaltung des → DDN NIC betraut ist.

disabled
gesperrt, abgeschaltet (das Gegenteil ist → *enabled*).

disclaimer
Dementi bzw. Distanzierungs-Hinweis, mit dem sich eine Firma, eine Redaktion oder der Betreiber einer Mailbox von einer „privaten" Meinung (Leserzuschrift) bzw. einem privaten Angebot (*homepage, news article* etc.) distanziert. Es wird noch diskutiert, wie weit derartige Distanzierungen ausreichen bzw. ob und in welchem Umfang Online-Dienste oder Mailbox-Betreiber für eine Verbreitung indizierter bzw. krimineller Inhalte (Kinder-Pornos etc.) über ihren Dienst haftbar sind; die großen Provider lassen erkennbar kriminelle Inhalte in ihrem Verantwortungsbereich normalerweise nicht zu.

disconnect
Beendigung bzw. Unterbrechung einer Verbindung.

discussion group
eine → *newsgroup* bzw. ein Chat-Forum.

Diskette
meist *floppy disk* oder kurz *floppy* genannt, eine mit einer magnetisierbaren Schicht versehene Kunststoffscheibe (in einer Hülle), die zur Datenspeicherung dient.

diskless node
ein Rechner innerhalb eines Netzwerks (PC, Workstation), der nicht mit Diskettenlaufwerken oder Festplatte ausgestattet ist und per → BOOTP über das Netzwerk gebootet wird.

Disk Operating System
→ DOS.

Diskussionsforum
deutsche Bezeichnung für ein Chat-Forum oder eine → *newsgroup*.

Diskussionsgruppe
deutsche Bezeichnung für → *newsgroup*.

DISnet
Defense Integrated Secure Network, ein Subnetz des → DDN (militärisch genutzt).

dissemination
Informationsverbreitung.

distributed computing
(wörtl. „verteiltes Rechnen“) Konzept eines → plattformübergreifenden netzweiten Systems aus Daten und Programmen, mit denen die Daten und Programme (auch auf entfernten Rechnern und unter fremden Betriebssystemen) zur Verfügung stehen. (vgl. → FTP, → WWW, → NFS).

Distributed Computing Environment
kurz DCE, ein → OSF-Standard für → distributed computing.

distributed database
verteilte Datenbank, ein über ein komplettes Netz verteilter Datenbestand, der aus Sicht des Anwenders wie eine einzige, zusammengehörige „Datenbank“ erscheint. Außer für innerbetriebliche Datenbanken wendet man den Begriff inzwischen auch vermehrt ganz allgemein für alle Internet-weiten Datenbestände an, bezeichnet also etwa das → DNS oder das → WWW (oder gleich das ganze Internet) als eine *distributed database*.

distributed processing
verteilte Verarbeitung, unter → Telnet die Verbindungsart, bei der mehrere Programme (auf unterschiedlichen Rechnern) untereinander Daten austauschen.

distributed server
Bezeichnung für die auf mehrere Stationen verteilten Server-Aufgaben in → *peer-to-peer*-Netzwerken.

distribution
(wörtl. „Verteilung“) Bezeichnung für die Angabe einer regionalen Begrenzung bei UseNet-Postings.

disusered
vom Zugang zum Netz bzw. zu einem → ISP ausgeschlossen.

DiV
Digitale Vermittlung.

DIVA
Direktverbindung zwischen Telefon-Anschlüssen, → Standleitung.

DIVF
Digitale Vermittlungsstelle Ferndienst.

DIVO
Digitale Ortsvermittlungsstelle.

DIX
die Firmen DEC, Intel und Xerox (gemeinsam Entwickler des → Ethernet-Standards).

DIX connector
von → DIX entwickelter Stecker-Standard für Ethernet-Interface-Karten, die üblicherweise auch noch mit einem weiteren Stecker (→ BNC) ausgerüstet sind.

DIX Ethernet
→ Ethernet.

DJ
Länderkennung für *Djibouti*.

DK
Länderkennung für *Denmark*.

D-Kanal
auch Steuerkanal oder Zeichengabekanal, bei ISDN-Verbindungen jener Kanal, über den Steuerinformationen fließen. Der frühere deutsche ISDN-Standard verwendete für den D-Kanal das 1TR6-Protokoll, seit 1994 wird auch in Deutschland das DSS1-Protokoll angewandt (→ Euro-ISDN).

DL
→ *download*.

DLE
Data Link Escape (ASCII 16) Steuerzeichen für DÜ-Umschaltung (wird benutzt für die Unterscheidung von Steuerdaten und Nutzdaten).

dltm
don't lie to me, lüg mich nicht an.

DM
- Länderkennung für *Dominica;*
- im Zahlungsverkehr: Deutsche Mark.

dmi
don't mention it, keine Ursache, gern geschehen (gängige Antwort auf → tnx).

dms
drunken mouse syndrome, Bezeichnung für die ruckartigen Bewegungen des Mauszeigers (Cursors), wenn Mechanik oder Mousepad verschmutzt sind oder sonstige (meist mechanische) Ursachen das einwandfreie Funktionieren der Maus behindern.

DNA
- Deutscher Normenausschuß, heute → DIN Deutsches Institut für Normung e. V.;
- *Digital Network Architecture,* Protokolle für den Aufbau digitaler Netze.

DNet
Deutsches Netz, der deutsche Teil des → EUnet. Als UUCP-Backbone fungiert unido (die Universität Dortmund), als → ISP des EUnet ist die → EUnet Deutschland GmbH tätig.

D-Netz
digitales → Mobilfunknetz (die Kommunikation erfolgt über → digitale Signale) nach → GSM-Standard im 900-MHz-Bereich; in Deutschland betreibt die Deutsche Telekom AG (bzw. ihr Tochterunternehmen Telly D1) das D1-Netz, das D2-Privat-Konsortium (unter Führung von Mannesmann Mobilfunk) das D2-Netz. Vgl. auch → E Plus.

DNG
Datennetz-Abschlußgerät, gemeint ist ein → Endgerät.

dnk
Danke (englisch: → *tnx*).

DNS
→ *Domain Name System*; bisweilen wird die Abkürzung auch falsch als *Domain Name Server* gelesen (oder falsch für einen → DNS-Server verwendet).

DNS-Adresse
eine im → *Domain Name System* anstelle der numerischen → IP-Adresse verwendete Adress-Bezeichnung für einen → *host*, bei der durch Punkte (*dots*) getrennte Klartextangaben die genaue Stellung im Netz angeben. Die Grundform der DNS-Adresse *host.subdomain .domain* (die Adresse wird von rechts nach links immer spezifischer) wird bei der Adressierung eines Users im E-Mail-Dienst (user@host.subdomain.domain) oder für Dateizugriffe, etwa via → http (http://host.subdomain.domain/directory/file.html), entsprechend eingebaut. Die Umwandlung der DNS-Adressen in die für → TCP/IP erforderlichen IP-Adressen erfolgt automatisch über → DNS-Server. Vgl. auch → Adresse, → *Fully Qualified Domain Name*.

DNS lookup
Nachschlagen im → DNS.

DNS lookup error
Fehlermeldung, die der DNS-Server zurückliefert, wenn keine Auflösung der angegebenen → DNS-Adresse (vgl. → *domain name resolution*) möglich ist.

DNS-Server
Domain Name System Server, ein Host bzw. Programm, das → DNS-Adressen in die dazugehörigen → IP-Adressen umwandelt und umgekehrt. Der Server verwaltet hierzu entsprechende Listen, über die entweder eine direkte Auflösung möglich ist oder aber der Zugriff auf einen weiteren DNS-Server, der die benötigten Informationen bereithält.

DO
Länderkennung für *Dominican Republic.*

doc
- *document,* Dokument, Text, Textdatei;
- → *extension* für Textdateien (bei einigen Textverarbeitungsprogrammen, bei anderen → txt, → asc, → wri).

doco
Handbuch-Verfasser (ähnlich → devo).

docu
documentation, Handbuch.

document description language
→ Dokumentenbeschreibungssprache.

DoD
Departement of Defense, US-amerikanisches Verteidigungsministerium, eine in der Geschichte des Internet nicht ganz unbedeutsame Institution.

dok
Dokument, → *extension* für Textdateien (meist jedoch → doc).

Dokument
kurz für Hypertext-Dokument, eine unter → HTML formatierte Datei im → WWW.

Dokumentenbeschreibungssprache
document description language, eine → Beschreibungssprache zur Festlegung der logischen Struktur von Dokumenten, die u. a. der Steuerung der Darstellung oder Druckausgabe dient. Der ISO-Standard für derartige Sprachen ist → SGML, besondere Verbreitung findet u. a. → HTML.

Domäne
→ *domain*.

domain
ein Bereich, eine thematisch oder regional zusammengehörige Gruppe von Computern bzw. Subnetzen innerhalb eines Netzes; häufig wird die Bezeichnung nur eingeschränkt auf → *administrative domains* oder auf die durch → *top level domains* oder eine → Länderkennung gekennzeichneten Haupt-Domains im → DNS angewandt.

Domain-Adressierung
Bezeichnung für die Adressierung von → E-Mails nach dem *Domain Name System*, vgl. → DNS-Adresse.

domain name
ein Host-Name nach den Konventionen des *Domain Name Systems*, eine → DNS-Adresse.

domain name resolution
die „Auflösung" einer → DNS-Adresse, also ihre Konvertierung in eine → IP-Adresse. Hierzu fragt ein → *resolver* einen → DNS-Server ab.

domain name space
der „Adreßraum" des *Domain Name System*, also die Struktur der Namens-Hierarchie (→ DNS-Adresse) bzw. das gesamte Potential der hierdurch ermöglichten Adressierungen.

Domain Name System
kurz DNS, ein in RFC 1034/1035 definierter, weltweit verteilter allgemeiner Namens-Dienst, durch den alphanumerische Host-Adressen (→ DNS-Adressen) in die unter → TCP/IP erforderlichen numerischen Adressen (→ IP-Adressen) umgesetzt werden (und umgekehrt). Der Dienst wird durch spezielle Name-Server (→ DNS-Server) angeboten und auf Client-Seite durch sog. → *resolver* abgefragt. Jeder Name-Server verwaltet nur lokale Listen (Adressen aus seinem Zuständigkeitsbereich) und weitere Name-Server-Adressen, so daß erforderlichenfalls auf den passenden Server verzweigt werden kann.

Domain Name System address
→ DNS-Adresse.

Domain Name System server
→ DNS-Server.

dongle
Stecker, der für den Betrieb einiger Programme erforderlich ist und zumeist an der Parallelschnittstelle (Druckerschnittstelle) eingesteckt wird. Er wird von den betreffenden Programmen abgefragt und soll verhindern, daß mit → Raubkopien gearbeitet werden kann.

dongle disk
eine Schlüssel- bzw. Start-Diskette, die zur Arbeit mit bestimmten Programmen im Rechner eingelegt sein muß und (wie ein → dongle) dazu dient, das Arbeiten mit Raubkopien zu verhindern.

doors
Türen, spezielle Fernsteuerungs-Programme bzw. Programmbefehle, die es gestatten, auf fremden Rechnern Programme zu starten. Über solche *doors* lassen sich beispielsweise Spiele mit mehreren Teilnehmern realisieren oder aktuelle Anfragen bzw. Meldungen realisieren.

DOS
Disk Operating System, das Betriebssystem (bei PCs, auf UNIX-Rechnern → *shell*).

dot
Punkt, u. a. als Trennzeichen in → DNS-Adressen und → IP-Adressen verwendet.

dot address
wörtl. „Pünktchen-Adresse“, lässige Bezeichnung für die → IP-Adresse, die in *dotted decimal notation*, also „gepunkteter Dezimal-Schreibweise“, angegeben wird. Da die IP-Adresse aus 4 durch Punkten getrennten Zahlengruppen besteht, nennt man sie gelegentlich auch *dotted quad*.

dot file
unter UNIX eine versteckte, also im Dateiverzeichnis „unsichtbare“ Datei, die Systemzwecken dient (System- bzw. Parameter-Datei).

dotted decimal notation
→ *dot address*.

dotted quad
→ *dot address*.

double dot
zweifacher Punkt (..), in Verzeichnissen unter UNIX und DOS Kurzbezeichner für das übergeordnete Verzeichnis (*parent directory*).

double quote
das Zeichen " (Anführungszeichen).

DOV
data over voice, Verfahren für die gleichzeitig über einen Träger erfolgende Daten- und Sprachübertragung, vgl. → DSVD.

down
zusammengebrochen (Meldung bei Systemabsturz bzw. ausgeschaltetem System).

downlink
ein System, das einem anderen System untergeordnet ist (in der → FidoNet-Hierarchie).

download
im deutschsprachigen Raum auch „saugen“ genanntes „Herunterladen“ von Programmen oder Daten, die auf einem anderen Rechner gespeichert sind, auf den eigenen Rechner, → *loading*.

downstream
alle darunterliegende Ebenen, eine Ebene bzw. mehrere Ebenen tiefer (in einem Netz).

downtime
Ausfallzeit, Stillstandszeit.

down under
Australien.

downward compatibility
Abwärtskompatibilität, → kompatibel.

DOX
(*docus* oder *docs)* Dokumentationen.

DPN
→ Deutsches Provider Network.

DPSK
Differential Phase Shift Keying, differenzierte Phasenumtastung, ein Verfahren zur → Modulation, bei dem die Signale in der Phase codiert werden.

dragon
(Drache) ein Programm, das im Hintergrund arbeitet und Aufgaben durchführt,

während im Vordergrund andere Programme tätig sind. Im Unterschied zu → *daemons* werden *dragons* nicht nur auf Aufforderung bzw. bei bestimmten Ereignissen aktiv, sondern arbeiten ununterbrochen, sie verbrauchen daher ständig Systemressourcen (Rechenzeit etc.).

DRCS
Dynamically Redefinable Character Sets, frei definierbarer Zeichensatz zum Aufbau von → BTX-Seiten (→ FDZ).

DRCT
Directories and Resource Information Services.

DRI
Defense Research Internet, ein militärisches Forschungsnetz in den USA (Ersatz für das → ARPANet), Subnetz des → DDN.

drop-in
zufällig und unerwartet auftretende Bildstörungen oder plötzlich auf dem Bildschirm erscheinende Zeichen, die auf Übertragungsfehler (→ Nebensprechen, → Rauschen etc.) zurückzuführen sind, siehe → Restfehler.

drop me a line
schreib mir mal.

drop-out
zufällig und unerwartet auftretende Bildstörungen oder fehlende Zeichen bei der Datenübertragung, die auf Übertragungsfehler (Signalausfall, mangelnde Synchronisation etc.) zurückzuführen sind, siehe → Restfehler.

Druckerpuffer
ein Zwischenspeicher, der die an einen Drucker gesendeten Daten aufnimmt. Neben dem im Drucker jeweils vorhandenen Arbeitsspeicher, der außer zum Seitenaufbau auch als Daten-Puffer genützt wird, werden Druckerpuffer häufig auch mit Hilfe von → Spoolern nach Bedarf erzeugt.

Druckerschnittstelle
→ Parallel-Schnittstelle.

Druckerspooler
→ *spooler.*

Druckertechnologien
auf Papier druckende oder schreibende Computerausgabegeräte (meist kurz „Drucker“ oder "Printer" genannt) sind in unterschiedlichen technischen Varianten auf dem Markt; zu den heute gebräuchlichsten Gerätearten zählen Laserdrucker und Hochleistungslaserdrucker, LED-Drucker, Tintenstrahldrucker, Nadeldrucker (Matrixdrucker, Zeilendrukker), Thermodrucker und Plotter.

Druckertreiber
→ Treiberprogramm für den Betrieb eines Druckers.

drunken mouse syndrome
→ dms.

DSA
Directory System Agent.

DSR
Data Set Ready, Betriebsbereitschafts-Signal der → seriellen Schnittstelle.

DSVD
Digital Simultaneous Voice and Data, Standard für die gleichzeitige digitale Daten- und Sprachübertragung, vgl. → DOV.

DT
→ *dialing tone.*

DTE
- *data terminal emulation,* → Terminalemulation;
- *data terminal equipment,* → Endgerät;
- *data terminating equipment,* Konfiguration einer → seriellen Schnittstelle (Gegenstück → DCE);

DTMF
Dual-Tone Multi-Frequency Dialing, Mehrfrequenz-Wählverfahren, → MFV.

dtmsty
does this make sense to You, ergibt das einen Sinn für Dich, verstehst Du das?

DTR
Data Terminal Ready, Endgerät bereit, Signal der → seriellen Schnittstelle.

dtsl
don't talk so loud, rede nicht so laut.

DÜ
Datenübertragung.

DUA
→ *Directory User Agent.*

Dualband-Handy
ein Mobiltelefon, das sowohl im → D-Netz als auch im → E-Netz betrieben werden kann.

Dualsystem
Synonym für → Binärsystem.

Dual-Tone Multi-Frequency Dialing
kurz DTMF, siehe → MFV.

DÜE
Datenübertragungseinrichtung, → DCE.

DÜG
Datenübertragungsgerät, ein → Modem.

dumb terminal
ein bloßes (unintelligentes) Terminal (Tastatur/Monitor), ohne eigene CPU usw., kann durch → Terminal-Emulationen bei Bedarf auch auf PCs realisiert werden.

dumb user
ein User ohne eigene CPU.

dump
Ausgabe bzw. Anzeige des Inhalts eines Speicherbereichs auf dem Drucker oder dem Bildschirm, vgl. → *screen dump,* → *hex dump.*

dup killer
duplicate killer, ein Programm, das Duplikate identifiziert und löscht, also beispielsweise bei identischen und über verschiedene Routen ankommenden Datenpaketen nur ein einziges übrigläßt.

duplex
wird ein Kommunikationskanal gleichzeitig in beide Richtungen betrieben, spricht man vom Duplex- bzw. Vollduplex-Betrieb; Halbduplex- oder Pseudo-Vollduplexbetrieb findet statt, wenn abwechselnd nur in eine Richtung gesendet werden kann (wobei ggf. über einen Hilfskanal (→ *backward channel*) quittiert wird). Beim → Simplex-Betrieb kann überhaupt nur in eine Richtung gesendet werden.

DUR
duration, Dauer.

DV
→ Datenverarbeitung.

DVA
→ Datenverarbeitungsanlage.

DVE
Datenvermittlungseinrichtung.

DVSt
Datenvermittlungsstelle.

dynamic adaptive routing
automatische Auswahl der Übermittlungswege beim → *active routing* anhand der aktuell registrierten Auslastung einzelner Routen. Es ist die Art des Routings, die das Internet nicht nur gegen Ausfälle einzelner Knoten oder Verbindungen nahezu völlig immun macht, sondern auch eine möglichst optimale Auslastung der verschiedenen Routen bewirkt.

dynamic addressing
dynamische Vergabe von Adressen, → *dynamic SLIP addressing.*

dynamic SLIP addressing
dynamische Vergabe von → IP-Adressen in Netzwerken, bei denen eine ständige Veränderung der aktuell angemeldeten

User (bzw. der benutzten Hardware) vorliegt. Vor allem Online-Dienste, die überwiegend Telefonzugang zum Host via → SLIP/PPP anbieten, vergeben keine feste IP-Adresse, sondern weisen jedem gerade neu eingewählten User eine momentan unbenutzte IP-Adresse (aus einem größeren Bestand möglicher Adressen) nur für die Dauer der Sitzung zu. Hierdurch ist es möglich, auf Hardware-Änderungen flexibel zu reagieren und die Anzahl der IP-Adressen (im Verhältnis zur Zahl der potentiellen Nutzer) gering zu halten. Bei dynamischer Adressvergabe kann ein Kundenrechner allerdings nie als Internet-Host fungieren – da er keine dauerhafte (und registrierte) Adresse hat. (vgl. → DHCP, → indirekter Zugang).

dynamisches Routing
→ *dynamic adaptive routing*.

DZ
Länderkennung für *Algeria*.

E1
→ E Plus.

Eagle
→ Firewall-System der Firma Raptor.

EARN
European Academic and Research Network, europäisches akademisches Netzwerk, ein europäischer → BITNET-Ableger. EARN ist heute mit → RARE zu → TERENA verbunden, der deutsche Bereich des EARN ging im → WiN auf.

easter egg
Osterei, Bezeichnung für irgendwelche Klartext-Einträge, die vom Programmierer im Maschinencode eines Computerprogramms versteckt wurden und die meist nichts mit der Funktion des Programms zu tun haben (etwa der Name eines Programmierers, Mantras, coole Sprüche usw.).

easynet GmbH
regionaler → IAP, Erlangen. http://www.easynet.de/

EAZ
→ Endgeräte-Auswahlziffer.

EBB oder **EBBS**
Electronic Bulletin Board System, synonym zu → bbs.

EBCDIC
Extended Binary Coded Decimal Interchange Code, ein von IBM entwickelter 8-Bit-Zeichencode, der nicht ASCII- oder ANSI-konform ist und heute nur noch sehr selten verwendet wird.

EBone
European Backbone, 1991 gegründete Initiative für ein internationales → *backbone*, das hauptsächlich zur europaweiten Verbindung zwischen Forschungseinrichtungen dient.

EC
- Länderkennung für *Ecuador;*
- *European Community*, Europäische Gemeinschaft;
- ec geschrieben: Euro-Scheck.

ec ec
et cetera et cetera, (lat.) und so weiter und so weiter.

Echo
- im → FidoNet Bezeichnung für ein Brett mit → Echomails, synonym zu → *newsgroup*;
- bei der Datenübertragung auftretende Störung (Reflexion des Ausgangssignals); beim Nahecho hört der Teilnehmer sein eigenes Ausgangssignal direkt, beim Fernecho wird es von der Empfängerseite reflektiert;
- kurz für *remote echo* oder „echoplex“: beabsichtigte Rücksendung des Ausgangssignals vom Empfänger an den Sender (zu Kontrollzwecken);
- ECHO geschrieben: *European Commission Host Organization*.

Echo-Korrektur
auch Echo-Beseitigung, Echo-Kompensation oder Echo-Unterdrückung, von Modems bei gleichzeitigem Sende- und Empfangsbetrieb verwendetes Verfahren zum Wegfiltern des eigenen Echos bzw. Identifizieren der empfangenen Signale. Die gesendeten Signale werden dabei für kurze Zeit im Modem gespeichert und vom empfangenen Frequenzgemisch subtrahiert, so daß nur die Signale der Gegenstelle übrigbleiben.

Echomail
im → FidoNet Bezeichnung für eine öffentlich verbreitete Nachricht (synonym zu → *news article*).

Echosperre
bei der Datenfernübertragung über Satelliten wird die Entstehung laufzeitbedingter Echos dadurch unterdrückt, daß nur in eine Richtung geschaltet wird (möglichst vom sprechenden Teilnehmer

zum Zuhörer). Wird von beiden Teilnehmern ein Dauergeräusch gesendet, bleibt die Echosperre ausgeschaltet (vgl. → Antwortton).

Echtzeit
ein aktuell, live, ohne (erkennbare) Verzögerung stattfindender Prozeß (etwa eine Datenübertragung oder die Steuerung eines Gerätes) findet „in Echtzeit" statt.

ECM
error correction mode, bei Faxgeräten verwendeter Fehlerkorrektur-Standard.

ECRC GmbH
überregionaler → IAP, EBONE-Verbindungspunkt, München. http://www.ecrc.de

EDI
Electronic Data Interchange, Konzept zur Festlegung der Datenstruktur beim elektronischen Datenaustausch.

EDIFACT
Electronic Data Interchange for Administration, Commerc and Transport, → EDI für Verwaltung, Handel und Transport, Standardisierung des internationalen Datenaustauschs in den genannten Bereichen.

Editor
Texteingabe- bzw. → Texterfassungsprogramm.

EDP
Electronic Data Processing, elektronische → Datenverarbeitung.

EDS
- Elektronisches Datenvermittlungssystem;
- *Excessive Daytime Sleepiness,* exzessive Schläfrigkeit zur Tageszeit (trifft auf das Tempo einiger Datennetze teilweise genauso zu wie auf Hacker, vgl. → *day mode*).

edu
education, → Bereichsname im Internet, → *top-level-domains.*

EDV
Elektronische Datenverarbeitung, engl. → EDP, → Datenverarbeitung.

EE
Länderkennung für *Estonia.*

EFF
Electronic Frontier Foundation, Organisation von Computeranwendern, die sich mit ethischen, juristischen, politischen und sozialen Aspekten des Umgangs mit Computern und Datennetzen beschäftigt und für Meinungsfreiheit und andere Rechte von Usern gegenüber staatlichen Einrichtungen eintritt.

EFNet
das größte → IRC-Netz. In Deutschland stehen hierfür an verschiedenen Universitäten Server zur Verfügung: fu.berlin.de, informatik.rwth-aachen.de, uni-kl.de, uni-erlangen.de, uni-karlsruhe.de, tu-muenchen.de, uni-paderborn.de, uni-rostock.de und uni-stuttgart.de

EFT
Euro File Transfer, ein → Zmodem-Protokoll für Filetransfer über → ISDN-Verbindungen.

EG
Länderkennung für *Egypt.*

e.g.
auch kurz eg, *exempli grata* (lat.), zum Beispiel.

EGP
→ *Exterior Gateway Protocol.*

EH
Länderkennung für *Western Sahara.*

EIA
Electronic Industries Association, Vereinigung der Elektronik-Industrie, eine der → DIN entsprechende amerikanische Normungsinstitution, die nationale Standards festlegt (etwa für → Schnittstellen, → RS232).

E-IDE
→ IDE.

EInet Galaxy
→ Suchdienst. http://www.einet.net/www/www.html

Einloggen
→ *Log in.*

Einsteckkarte
→ Steckkarte.

Einwahlknoten
auch Einwählpunkt, → *local node* oder → POP, der Rechner oder Server eines Online-Dienstes oder → ISP, zu dem der Teilnehmer eine direkte ISDN- bzw. Telefonverbindung herstellt. Ein solcher Knoten sollte möglichst zum City-Tarif erreichbar sein (auch wenn er – etwa bei bundeseinheitlicher Rufnummer zum Citytarif – geographisch u. U. weit entfernt ist), und sollte zugleich eine möglichst hohe Übertragungsgeschwindigkeit anbieten. Wer viel unterwegs ist und mobilen Internet-Zugang benötigt, sollte sich vor der Entscheidung für einen → ISP vergewissern, daß dieser auch bundesweit (oder ggf. weltweit) preisgünstige Einwahlmöglichkeiten bietet.

Einwählpunkt
→ Einwahlknoten.

Einzelverbindungsnachweis
kurz EVN, von der Telekom erstellte exakte Auflistung aller Gespräche im Abrechnungszeitraum mit Angaben zu Zielrufnummer (unvollständig, ohne die letzten drei Ziffern) und Verbindungskosten.

EISA-Bus
Extended Industry Standard Architecture-Bus, erweiterter → ISA-Bus.

e-journal
electronic journal, elektronisches Journal, ein nur in einem Netz oder im Internet verbreitetes (akademisches) Journal.

ELAP
EtherTalk Link Access Protocol, EtherTalk Datenübertragungsprotokoll, siehe → EtherTalk.

elapsed time
Ablaufzeit, der seitherige Zeitbedarf bzw. die gesamte → Laufzeit eines Programms.

electronic banking
Elektronisches Bankgeschäft, bezeichnet die Abwicklung der zwischen einer Bank und ihren Kunden stattfindenden kommunikativen Abläufe per DFÜ oder → beleglosen Datenträgeraustausch. Die meisten größeren Banken in Deutschland bieten Privatkunden inzwischen Möglichkeiten an, via Btx oder Internet-Zugriff Kontoauszüge abzurufen, Überweisungen zu veranlassen und Daueraufträge einzurichten oder abzuändern (→ *homebanking*), für Geschäftskunden werden ggf. weitere DFÜ-Leistungen sowie vor allem belegloser Datenträgeraustausch angeboten.

Electronic Bulletin Board
→ bbs.

electronic circuit board
kurz board, elektronische Leiterplatte, meist speziell das → *motherboard* des Computers.

electronic commerce
elektronischer Warenhandel, Angebot und Verkauf via Internet (also das Gegenstück zum → *electronic shopping*).

Electronic Data Interchange
→ EDI.

electronic data processing
kurz EDP, elektronische Datenverarbeitung (EDV).

Electronic Frontier Foundation
→ EFF.

Electronic Industries Association
→ EIA.

electronic journal
→ *e-journal.*

electronic magazine
→ *e-zine.*

electronic mail
→ E-Mail.

electronic publishing
elektronisches Publizieren, Veröffentlichen von Literatur oder Fachtexten via Internet (etwa → *Project Gutenberg,* → *MeDoc*).

electronic shopping
auch Tele-Einkauf, elektronisches Einkaufen, die Auswahl, Bestellung und ggf. auch Bezahlung von Waren über ein Datennetz, das Gegenstück zum → *electronic commerce*.

elektronische Post
→ E-Mail.

elektronischer Briefkasten
→ *mailbox.*

em
- *Electronic Mail,* → E-Mail;
- → *Expanded Memory*;
- *End of Memory,* Steuerzeichen für das Ende einer Aufzeichnung bzw. das Ende des Speichermediums (ASCII 25).

eMail
→ E-Mail.

E-Mail
electronic mail, auch eMail, e-Mail, Internet-Mail, → Mail, SMTP und so weiter, elektronische Post bzw. elektronische Nachricht in einem Computernetz von einem Nutzer zum anderen, im Unterschied zu → *netnews* nicht öffentlich. Die herkömmliche (papiergebundene) Post wird von E-Mail-Nutzern meist → sMail genannt (und ggf. per → P-net versendet). Neben den beiden Internet-E-Mail-Standards → SMTP (reine Text- bzw. ASCII-Mails, Anhänge sind ggf. mit → uuencode anzupassen) und → SMTP/MIME (Mails mit beliebigen binärcodierten Anhängen) gibt es diverse weitere E-Mail-Protokolle, u. a. → X.400. Die Umsetzung der jeweiligen Mail-Formate in ein Empfänger-kompatibles Format wird über → *gateways* bewerkstelligt, so daß im Internet zumindest Textnachrichten zwischen allen E-Mail-Teilnehmern ausgetauscht werden können (zuweilen existieren Einschränkungen bezüglich der Dateigröße). Vgl. auch → *mail,* → *message handling.*

email
- → E-Mail;
- in dieser Schreibweise auch als Verb gebraucht (Versenden einer E-Mail).

E-Mail address
→ E-Mail-Adresse.

E-Mail-Adresse
die eindeutig zuzuordnende Adresse eines Users, der an einem der E-Mail-Dienste teilnimmt. Man unterscheidet je nach Protokoll und Provider verschiedene → E-Mail-Adressierungs-Formate, am häufigsten kommt inzwischen die Adressierung nach der Form „Username @DNS-Adresse" vor, die sich aus dem registrierten → *login name* eines Teilnehmers und dem Hostnamen (in der Notation nach dem → *domain name system*) ergibt. Unbekannte E-Mail-Adressen lassen sich über verschiedene Internet-Dienste wie → finger oder → WHOIS abfragen, da Netzbetreiber oder Online-Dienste meist entsprechende Adreßverzeichnisse (→ *directory service,* → *white pages*) mit den E-Mail-Adressen ihrer User bzw. Abonnenten zur Verfügung stellen. Zusätzlich gibt es inzwischen auch im WWW spezielle → Suchdienste, die eine globale oder regionale (also nicht auf einzelne Netze bzw. Online-Dienste eingeschränkte) Suche nach E-Mail-Adressen ermöglichen, etwa http://www.suchen.de oder http://www.bigfoot.de

E-Mail-Adressierungs-Formate
in den verschiedenen Subnetzen des Internet bzw. bei den diversen → ISP und → Online-Diensten werden unterschiedliche E-Mail-Systeme eingesetzt, und entsprechend unterscheiden sich auch die Subnetz-internen E-Mail-Adressen von Fall zu Fall. Die meisten Provider bieten ihren Kunden inzwischen die Möglichkeit an, anstelle der jeweiligen Dienst-internen Adresse die im Internet standardmäßig verwendete → Domain-Adressierung zu verwenden. Wurde diese Möglichkeit zur (fast) freien Wahl einer standardisierten eigenen E-Mail-Adresse noch nicht genutzt, lassen sich die Teilnehmer aus dem Internet heraus meist durch Umwandlung des im jeweiligen Netz spezifischen Adresstyps in eine nach dem User@DNS-Schema („User@host.domain" bzw. „User@Online-Dienst") aufgebaute E-Mail-Adresse erreichen, da die meisten Netzbetreiber wenigstens entsprechende Internet-Gateways installiert haben. Adressiert wird dann beispielsweise: „Username@aol.com", „UserNr1.User Nr2@compuserve.com" oder „User Telefonnummer-0001@t-online.de". Zwischen einzelnen Online-Diensten oder Netzen besteht häufig auch noch eine direkte Mail-Verbindung (über spezielle Gateways), so daß eine beschleunigte Direkt-Auslieferung der E-Mail ohne langen Umweg über das Internet erfolgen kann. Hierbei müssen jedoch u. U. noch andere Adressierungsarten verwendet werden, die beim jeweiligen Provider bzw. SysOp erfragt werden können.

E-Mail signature
→ *signature*.

E-Mail-Spiel
ein Spiel, an dem mehrere Teilnemer via E-Mail-Dienst gleichzeitig spielen können.

e me!
E-Mail me! sende mir eine E-Mail!

emfi
excuse me for interrupting, Entschuldigung, wenn ich unterbreche.

EMI
electromagnetic interference, elektromagnetische Interferenz, die Einwirkung elektromagnetischer Felder auf Übertragungskanäle, durch die Störungen oder Unterbrechung der Datenübertragung herbeigeführt werden können.

emoticon
emotional icon, Emotions-Zeichen, ein meist aus mehreren Zeichen zusammengesetztes Bildchen, das Gefühle oder persönliche Zustände ausdrücken soll. *emoticons* werden im Text eingestreut und aus normalen (ASCII-)Textzeichen gebildet, am meisten verwendet werden die → *smileys*, also lachende (oder weinende) Gesichter, bei denen das Lachen per Klammer dargestellt wird :-) und bei denen der Text um 90° gedreht werden muß, um das Gesicht zu erkennen. Bei den → *bixies* ist diese Drehung nicht erforderlich.

EMS
Electronic Mail System, elektronisches Mitteilungssystem, E-Mail-System.

eMüll
E-Mail-Müll, der aus der Mailbox eines Users rasch eine teure *wastebox* macht, also beispielsweise unerwünschte Werbung.

Emulation
die Nachahmung der Funktion bzw. des Verhaltens einer bestimmten Soft- oder Hardware, die meist über Emulationsprogramme bzw. Treiber, bisweilen auch über spezielle Hardwarefunktionen, realisiert wird. Zu den bekanntesten Emulations-Anwendungen zählen Terminalemulationen, die einen PC dazu bringen, sich wie ein Terminal aufzuführen, Druckeremulationen, die einen Drucker dazu bringen, sich wie ein anderer Drucker zu verhalten, oder auch Betriebssystem-Emulationen, die es einem Rechner ermöglichen, Programme eines anderen Betriebssystems ablaufen zu lassen.

enabled
freigeschaltet, eingeschaltet (Gegenteil: → *disabled*).

encapsulation
Kapselung, das „Einpacken" von → Datenpaketen des einen Protokolls in die Steuerdaten (→ *data frame*) eines anderen Protokolls (des Protokolls einer nach dem → *OSI Reference Model* tiefer gelegeneren Schicht). Ein Datenpaket besteht aus einem protokollabhängigen → *header* (einleitenden Steuerinformationen) und den → Nutzdaten (ggf. noch gefolgt von einem → *Trailer*). Ist beim Übergang in eine tiefere Schicht ein zusätzliches Protokoll erforderlich, interpretiert jedes Protokoll die angelieferten Datenpakete insgesamt als Nutzdaten und versieht diese Daten seinerseits mit den eigenen Steuerinformationen. Hierdurch ergibt sich ein Schichten-Aufbau der Datenpakete bzw. eine zwiebelartige „Einkapselung" von Nutzdaten in mehrere Schichten von *Headern* (und ggf. *Trailern*). Eine solche „Datenzwiebel" könnte also beispielsweise aus einem *Ethernet-Header*, einem *IP-Header*, einem *TCP-Header*, einem Anwendungsprogramm-spezifischen *Header* und schließlich den eigentlichen Informationen bestehen. (Vgl. hierzu auch → *tunneling*).

encipher
Verschlüsseln (von Daten).

encode
Codieren (von Daten).

encryption
auch → *data encryption*, Datenverschlüsselung.

Endanwender
→ Endbenutzer.

Endbenutzer
end-user, auch Anwender, Endanwender, im Unterschied zum Entwickler, Programmierer, Beta-Tester usw. der eigentliche Anwender, also derjenige, für den ein Programm entwickelt wird. Wird scherzhaft auch als → Normalo oder → Finalo bezeichnet.

Endgerät
terminal equipment, bei Datenübertragung auch Datenendgerät (DEGt) oder Datenendeinrichtung (DEE), engl. DTE, ein Telekommunikationsgerät, das an ein Netz angeschlossen ist (Telefon, Modem, PC usw.), dabei jedoch nicht als notwendiger Bestandteil des Netzes selbst gilt (dieses endet an der Dose).

Endgeräte-Auswahlziffer
kurz EAZ, Typen-Kennziffer von → ISDN-Endgeräten, anhand derer eine Durchwahl zum entsprechenden Gerätetyp (Telefon, Fax, Modem) möglich ist. Im → Euro-ISDN wird statt der EAZ die → Mehrfachrufnummer verwendet.

end-to-end
direkt, Direktverbindung.

end-user
→ Endbenutzer.

ENET
→ Ethernet.

E-Netz
nach dem → DCS-Standard im 1800-MHz-Bereich betriebenes → Mobilfunknetz, E1 bzw. → E Plus (E2 derzeit noch im Aufbau).

engaged
bereits in Anspruch genommen, besetzt (bezieht sich hier auf einen Telefonanschluß).

engeneering changes
technische Änderungen.

engeneering constraints
technische Zwänge; technische Gründe; technische Einschränkungen.

ENQ
- *enquiry*, Steuerzeichen zur Antwortaufforderung (ASCII 5), beim *handshake* vom Sender verwendet, um die Empfangsmöglichkeiten des Empfängers zu überprüfen (erwartetes Antwortsignal → ACK oder → NAK);
- beim Chatten entsprechend verwendet,

sinngemäß etwa: ist (da jemand) frei? bist Du frei? kann ich Dir mal was sagen?.

Enter
Eingabe, Eingabetaste (auch *Return* bzw. → CR).

enterprise network
→ *corporate network*.

Entpacken
puff, das Wiederherstellen des Originalzustands von komprimierten Dateien (→ Kompression).

Entropolis
→ *virtual mall*.

Entzerrer
equalizer, ein Filter, der ungewollte Störungen bei Datenübertragungen (etwa → Rauschen oder → Nebensprechen) minimieren soll. Bei Modems kommen vor allem adaptive Entzerrer (sogenannte Adaptivfilter) zum Einsatz, die Modulation und Geschwindigkeit automatisch an die Leitungsqualität anpassen.

envelope
Hülle, Briefumschlag; bei E-Mails Bezeichnung für Zusatzinformationen zu einer Mail-Datei, mit deren Hilfe die Datei (sozusagen wie ein Brief in einem Umschlag) durch einen Netzabschnitt geleitet wird. *Envelopes* werden meist eingesetzt, wenn bei der Weiterleitung der Daten Protokollwechsel oder andere Umstände das vorübergehende Umkodieren einer Datei oder das Erweitern der eigentlichen → *Header*-Informationen erforderlich machen (vgl. → *encapsulation*, → *tunneling*) – die *envelope*-Zusatzinformationen (Adressen, Kodierungsverfahren etc.) dienen dann dazu, die Datei korrekt durchzuschleusen und den Originalzustand wiederherzustellen.

EOB
- *End of Block*, Ende des (Programm- oder Daten-) Blocks (Steuercode);
- *End of Beer*, → Pseudo-Steuercode.

EOC
End of Coffee oder *End of Coke*, → Pseudo-Steuercode.

EOF
End Of File, Dateiende-Markierung (Steuerzeichen).

EOM
- *End of Message*, Ende der Nachricht;
- *End of Money*, → Pseudo-Steuercode.

EOT
End of Transmission, Ende der Übertragung (Steuerzeichen).

EOU
End of User, → Pseudo-Steuercode.

E Plus
E1, digitales → Mobilfunknetz (die Kommunikation erfolgt über → digitale Signale) nach dem → DCS-Standard im 1800-MHz-Bereich, betrieben durch den E-Plus-Service (u. a. Thyssen Telecom und Vebacom). Die Reichweite ist gegenüber jener im → D-Netz (max. 50 km) stark eingeschränkt (max. 8 km), die Handys werden mit weniger Sendeleistung betrieben. Inzwischen gibt es → Dualband-Handys, die Zugriff auf beide Netztypen gewähren.

equalizer
→ Entzerrer.

equipment
Ausstattung, Ausrüstung, die Hardware.

ER
Länderkennung für *Eritrea*.

Eröffnungsseite
→ *homepage*.

error analysis
Fehleranalyse.

error burst
Fehlerhäufung, explosionsartiger Anstieg von Fehlern.

error byte
Fehlerbyte.

error cause
Fehlerursache.

error check
Fehlerkontrolle, Überprüfung empfangener Daten auf Übertragungsfehler.

error control
synonym zu → *error check*.

error correction
Fehlerkorrektur.

error detection
Fehlererkennung.

error handling
Fehlerbehandlung.

error interrupt
Fehlerunterbrechung.

error message
Fehlermeldung.

error rate
Fehlerhäufigkeit.

Erweiterungsbus
ein auf dem internen → Bus aufsitzendes Bus-System zum Anschluß zusätzlicher Peripheriekomponenten (Harddisk, Grafikkarten, Soundkarten, ISDN-Karten usw.).

Erweiterungskarte
→ Steckkarte, die den Computer um nicht serienmäßig vorhandene Komponenten erweitert.

ES
Länderkennung für *Spain*.

ESC
escape, flüchten, entkommen.
- Steuercode (ASCII 27) für den Abbruch eines Prozesses oder für den Beginn einer → Escape-Sequenz;
- das Escape-Signal (ASCII 27) oder das Escape-Zeichen (meist wird ^ verwendet, also ASCII 94);
- die Escape-Taste, die zum Abbruch bzw. Beenden eines Programmteils verwendet wird.

escape
→ ESC.

escape character
(seltenes) Synonym für → *control character*.

Escapen
→ *escaping*.

Escape-Sequenz
Steuerzeichenfolge, die mit dem Zeichen → ESC (ASCII 27) eingeleitet wird, u. a. zur Druckersteuerung üblich.

escaping
Codieren von unerlaubten Zeichen mit Hilfe von reservierten Zeichen bzw. Steuerzeichen (etwa Escape-Zeichen). Dies wird beispielsweise angewendet beim Übergang von 8-Bit- auf 7-Bit-Codes (jedes 8-Bit-Zeichen > 127 kann als Kombination aus (7-Bit-Steuerzeichen)+(8-Bit-Zeichen minus 127) codiert werden). Vgl. → *uuencode*.

ESPRIT
European Strategic Program for Research and Development in Information Technology, Förderprogramm der Europäischen Gemeinschaft, das die informationstechnische Forschung und Entwicklung in Europa unterstützt.

ET
- Länderkennung für *Ethiopia;*
- *Elapsed Time*, verstrichene Zeit, Nutzzeit.

ETB
End of Transmission Block, Ende des Datenübertragungsblocks, Steuerzeichen (ASCII 23), vgl. → EOT.

etc.
et cetera, (lat.) und so weiter.

e-text
electronic text, ein Buch bzw. Text, der in einem Datennetz bereitgehalten wird (vgl. → *Project Gutenberg*).

Ethernet
sehr verbreiteter, von Xerox bzw. → DIX entwickelter → LAN-Standard, ermöglicht eine Datenübertragungsrate

von bis zu 10 MB/s. Die Rechner sind über ein Koaxialkabel verbunden (vgl.→ *backbone*, → *bus topology*), der Netzbetrieb erfolgt über ein → CSMA/CD-Protokoll. Vgl. auch → *cheapernet*).

Ethernet-Adresse
6-Byte bzw. 48-Bit lange, eindeutige Hardware-Adresse für → Ethernet-Karten, weltweit vom → IEEE nach Herstellern festgelegt (→ UAA).

Ethernet-Karte
Steckkarte zum Anschluß von PCs an → Ethernet-LANs.

EtherTalk
AppleTalk-Protokoll, mit dem → DDP-Datenpakete in → Ethernet-→ *control frames* gepackt und via → Ethernet übertragen werden können.

ETLA
Extended Three-Letter Acronym, erweitertes Drei-Buchstaben-Akronym, selbstbezüglicher Scherzbegriff für ein aus vier Buchstaben gebildetes → Akronym.

ETS
European Telecommunications Standard, vom → ETSI entwickelte Norm.

ETSI
European Telecommunications Standards Institute, Europäisches Institut für Telekommunikationsstandards, von Herstellern, Anwenderverbänden, Telekommunikationsnetzbetreibern und staatlichen Einrichtungen getragenes europäisches Normungsinstitut, Nizza.

ETX
- *End of Text*, Steuerzeichen für Textende (ASCII 3);
- beim → *handshake* Steuerzeichen für das Eingabeende (Antwortsignal: → ACK).

Eule
→ Suchdienst. http://www.eule.com

EUnet
European UNIX Network, der europäische Teil des Internets, ursprünglich ein europäisches Universitäts-Netz, basierend auf dem → UUCP-Protokoll. Inzwischen von → EUnet Deutschland GmbH betrieben, arbeitet das Netz auch mit TCP/IP und bietet in vielen deutschen und europäischen Städten → POPs, die auch von → MSN als POPs mitbenutzt werden. Der deutsche Teil des EUnets wird auch als → DNet bezeichnet.

EUnet Deutschland GmbH
an der Universität Dortmund (unido) gegründeter überregionaler → IAP, Dortmund, Betreiber des EUNet. Der Zugang zu EUnet kann außer über deutsche → POPs auch über andere EUnet-Einwahlknoten erfolgen. http://www.germany.eu.net/

Eurofiletransfer
Standard für die Datenübertragung zwischen zwei PCs über ISDN (nach → X.75).

Euro-ISDN
gemeinsamer europäischer → ISDN-Standard, seit 1994 in ganz Europa verwendet. In Deutschland wird Euro-ISDN meist nur kurz als → ISDN bezeichnet, obwohl sich das vor 1994 zum Einsatz kommende „deutsche“ ISDN vom seitherigen Euro-Standard leicht unterschied (durch ein anderes Protokoll für den D-Kanal, deutsch: 1TR6, euro: DSS1).

EURONET
European Network, Datennetz der Europäischen Gemeinschaft, wird über → DIANE betrieben.

European Academic and Research Network
→ EARN.

European Center for Particle Physics
→ CERN.

European Particle Physics Laboratory
→ CERN.

EUTELSAT
European Telecommunications Satellite Organization, die Betreiber-Organisation der europäischen Telekommunikationssatelliten.

EVA
Eingabe, Verarbeitung, Ausgabe – Grundschema der Abläufe in der Datenverarbeitung.

even parity
gerade Parität, → *parity check*.

EVN
→ Einzelverbindungsnachweis.

evoke
Aufrufen (und Starten) eines Programmes oder eines Unterprogramms.

EVSt
Endvermittlungsstelle.

exchange
- Austausch, allgemeine Bezeichnung für Austauschen oder Auswechseln;
- Austausch von Daten (im Sinne von Telekommunikation);
- Vermittlungsamt, Knotenamt (im Telefonnetz).

exchange on/off
→ XON, → XOFF.

Excite
→ Suchdienst. http://www.excite.com

excl
- *exclamation*, Ausruf;
- *exclamation point*, das Ausrufezeichen, meist → *bang* genannt.

excommunication
Bann, Ausschluß eines Users vom Netz bzw. aus einem Chat (meist wegen Fehlverhaltens).

excuse me for interrupting
→ emfi.

execute
ausführen, durchführen.

expire
ablaufen, auslaufen, verfallen.

export warnings
Verbot, Daten auf die eigene Festplatte zu laden.

Extended AT-Modem Command-Set
der um die sogenannten „&-Befehle" erweiterte → AT-Kommando-Satz zur Steuerung von Modems, eingeführt von der Firma → Hayes.

extension
Datei-Endekennung, Dateinamens-→ Suffix, Benennung der durch einen Punkt vom Dateinamen getrennten Bezeichnung von Dateitypen (.HTM, .BAT, .ZIP usw.)

extension-cable
Verlängerungskabel.

Exterior Gateway Protocol
kurz EGP, ein (beliebiges) → Protokoll, das die Verbreitung von Routing-Informationen unter autonomen Netzwerken *(→ autonomous systems)* regelt; bisweilen ist auch eingeschränkt das in RFC 904 definierte EGP gemeint. Das Gegenteil eines EGP ist ein → *Interior Gateway Protocol* (IGP).

externer Cache
→ *second level cache*.

externes Modem
ein als separates Gerät ausgelegtes → Modem, das an die → serielle Schnittstelle angeschlossen wird (in Unterscheidung zum → internen Modem).

eyeball search
Augen-Suche, meint das Suchen von Informationen per Lesen (anstatt per Such-Routine).

e-zine
electronic magazine, Elektronisches Magazin, ein nur in einem Netz (bzw. nur im Internet) verbreitetes Magazin (mit nicht oder nicht ausschließlich wissenschaftlichen Inhalten, vgl. → *e-journal*).

f2f
face to face, gegenüber, von Angesicht zu Angesicht (ein Treffen im → rl, anstatt sich per Chat zu treffen).

face time
auch *f2ft* bzw. *f2ftime*, die Zeit, die man → *f2f* mit einer Person verbringt.

facsimile
exakte Kopie, Fernkopie, → FAX.

fake mail
Schwindel-Post, E-Mails mit gefälschten Absenderangaben bzw. Adressen.

fallback

- Rückfall, Rückschaltung;
- automatische Funktion von Modems, die Übertragungsgeschwindigkeit zu verringern. Diese (ggf. in Stufen erfolgende) Zurückschaltung der Baudrate dient dazu, die Übertragung auch bei schlechter Leitungsqualität oder einem entsprechend langsam arbeitenden Empfangsgerät auf der Gegenüberseite zu gewährleisten.

FAQ
Frequently Asked Questions, häufig gestellte Fragen, eine Sammlung von Fragen (und deren Beantwortung) zu technischen Details oder zum Umgang mit irgendeinem Gerät bzw. einer Software. Meistens enthält diese Sammlung typische Anfängerfragen, und bevor Hotline, Sysop oder andere User genervt werden, sollte man sich (sofern vorhanden bzw. zugänglich) erst in solchen Dokumenten nach Antworten auf eigene Fragen umsehen (sonst erhält man knappe Antworten wie "rtfm!" oder "see FAQ 14"). FAQs zu speziellen Internet-Details finden sich in den → FYIs oder in den → RFCs (etwa RFC 1883).

FAQL
Frequently Asked Questions List, Liste bzw. Inhaltsverzeichnis der → FAQ zu einem bestimmten Thema; bisweilen auch synonym zu → FAQ verwendet.

Fast Class Modem
ein Modem, das nach → V.34 betrieben werden kann (28.800 bit/s).

Fast Ethernet
→ Ethernet mit hoher Datenübertragungsrate (100 MBit/s).

fast packet
→ *Asynchronous Transfer Mode*..

Fatalo
ein Anwender ohne größere Kenntnisse, der ziemlich dicke Fehler produziert (hat). → Normalo.

faulty
fehlerhaft.

Fax
→ *facsimile*, Telefax, Fernkopie bzw. Übertragung der gescannten Kopie einer Originalvorlage via Telefonverbindungen; auch Bezeichnung für ein gefaxtes Dokument.

Faxgateway
→ *gateway* für das Versenden bzw. Empfangen von Faxen via Internet.

Faxgerät
eigenständiges Gerät, mit dem Telefaxe empfangen und versendet werden können.

Faxkarte
eigenständige Adapterkarte für PC's, für FAX-Empfang bzw. Senden (heute häufig durch fax-fähige Modemkarten bzw. → Faxmodems ersetzt).

Faxmailing
personalisierte Werbung über Fax, üblicherweise via Computer/Faxmodem gesendet.

Faxmodem
ein → Modem, mit dem auch Faxe versendet oder empfangen werden können (die meisten modernen Modems verfügen über diese Funktionalität).

Faxpolling
vom Empfänger veranlaßter (und bezahlter) Abruf von Informationen, die auf einem anderen Faxgerät bzw. einem Faxserver bereitgehalten werden.

Faxserver
ein → Server bzw. ein → Serverprogramm zur Erledigung des Faxbetriebs innerhalb eines → LAN oder zur Durchführung von → Faxmailing oder → Faxpolling.

FAXT
Far End Crosstalk, → Nebensprechen (am entfernten Leitungsende), vgl. NEXT.

Faxweiche
ein Schaltgerät, das anhand des → *calling tone*-Signals eingehende Anrufe identifiziert und auf Faxgerät oder Telefon bzw. Anrufbeantworter weiterschaltet. In kombinierten Geräten (Fax, Telefon und Anrufbeantworter in einem Gerät) eingebaut, aber auch als separates Gerät erhältlich. Nur für Analog-Anschlüsse erforderlich, da unter ISDN automatisch die → Dienstekennung übermittelt und ggf. entsprechend durchgeschaltet wird.

FCC
Federal Communications Commission, US-amerikanische Zulassungsbehörde im Fernmeldewesen, vergleichbar dem deutschen → BZT.

fcfs
first come, first served, wer zuerst kommt, wird zuerst bedient.

FD
- *Floppy Disk*, Diskette;
- *Full Duplex*, Vollduplex, → duplex.

FDDI
Fiber Distributed Data Interface, ursprünglich nur über → Glasfaserkabel, inzwischen auch mit Kupferkabeln (→ CDDI) realisierter LAN-Standard, 100 MBit/s.

fdisk
- *fixed disk*, → Festplatte;
- DOS-Befehl zur Formatierung bzw. Partitionierung von Festplatten.

FDM
Frequency Division Mulitplexer, → Multiplexer bzw. *Frequency-Division Multiplexing* frequenzbezogenes → Multiplexing.

FDX
Full Duplex Transmission, Vollduplex-Übertragung, siehe → duplex.

FDZ
frei definierbarer Zeichensatz (zum Aufbau von → BTX-Seiten, englisch siehe. → DRCS).

feature
Merkmal, Besonderheit, Charakteristikum; ein bestimmtes Ausstattungs-Merkmal, also eine spezielle Fähigkeit, Funktion oder Funktionsweise eines Programms oder eines Hardware-Bausteins (vgl. → *undocumented feature*).

Federal Communications Commission
→ FCC.

feed
→ *newsfeed*.

Fehlerdämpfung
return loss, Signalverlust durch Reflexion (am Kabelende bzw. am Stecker), wird in dB gemessen.

Fehlerkorrekturverfahren
um Datenverluste oder -Verfälschungen bei der Datenübertragung zu verhindern, sehen die meisten DÜ-Protokolle Maßnahmen zur Erkennung und Beseitigung

von Übermittlungsfehlern vor, darüber hinaus sind hardwareseitige Maßnahmen zur Sicherstellung der Übertragung möglich. Vgl. etwa → *parity check*.

Feld
zusammengehörende Bytes, ein in der Länge genau festgelegter Bereich innerhalb eines Speichers bzw. innerhalb einer Datenbank.

Fernecho
siehe → Echo.

Fernmeldetechnisches Zentralamt
FTZ, heute → Bundesstelle für Zulassungen Telefon.

Fernnetz
Long Distance Network, das Fernmeldenetz, das Ortsnetze verbindet.

Fernsprechdienst
ein Dienst, der das Fernsprechen ermöglicht, öffentlicher oder privater Telefondienst. Alle Telefondienste weltweit bilden das größte Kommunikations-Netzwerk mit knapp einer Milliarde Teilnehmern.

Fernsprechen
bidirektionale Sprachübertragung über ein Netzwerk, Telefonieren.

Fernwirken
Überwachung, Wartung oder Steuerung von Geräten per Telekommunikation. Im ISDN ist hierfür eine eigene → Dienstekennung vorhanden. Auch ISDN-Anschlüsse können unter Umständen über Fernwirken von Außen gesteuert werden (bei einigen Telefongeräten mit Freisprecheinrichtung besteht Abhörgefahr).

Festplatte
fixed disk, oder *hard disk*, ein als Plattenstapel angelegter Datenträger zur Speicherung von Massendaten (schneller Zugriff).

Festplattencontroller
Steuerelektronik zum Betrieb einer Festplatte.

Festverbindung
→ Standleitung.

fetch
eine Datei von einem entfernten Rechner auf den eigenen Host laden.

FEXT
Far End Crosstalk, → FAXT, → Nebensprechen.

FF
Form Feed, Steuerzeichen für den Seitenvorschub bzw. Papierauswurf (ASCII 12).

FI
Länderkennung für *Finland*.

Fiber Distributed Data Interface
→ FDDI.

FibNet GmbH
überregionaler → IAP, Dietzenbach, außer in Deutschland auch in Österreich und der Schweiz tätig (→ Fibronics). http://www.fibronics.de/

Fibronics GmbH
→ IAP mit Zugängen in Deutschland (→ FibNet), Österreich und der Schweiz. http://www.fibronics.de/

FidoNet
von Tom Jennings 1984 gegründetes (und nach seinem Hund benanntes) nichtkommerzielles Netz für E-Mail, Diskussionsgruppen und allgemeinen File-Transfer, hierarchisch aufgeteilt in Zonen (Kontinente), Regionen (meist einzelne Länder), Netze (regional begrenzt innerhalb eines Landes), *nodes* und *points*.

FIFO
First In, First Out,
- die Abfolge eines Programms, bei der die zuerst eingelesenen Daten auch zuerst wieder geschrieben oder in sonstiger Form bearbeitet werden, identisch mit → LILO, vgl. auch → LIFO;
- Speicher- bzw. Pufferspeicherverwaltung nach dem Prinzip, daß die zuerst gespeicherten Daten auch zuerst weitergegeben werden (etwa bei der → seriellen Schnittstelle, siehe → UART 16550).

fight-o-net
Streitnetz, Spaßbezeichnung für das FidoNet in Anspielung auf dortige Diskussionsforen.

fiktive Adresse
eine frei erfundene E-Mail-Adresse (z. B. birne@bonn.de oder papst@immer-unterwegs.org), die Internet-Neulingen zum Ausprobieren „empfohlen" oder für sonstige Albernheiten (falsche Antwortadresse bei E-Mails) eingesetzt wird. Sie hat selbstverständlich auch nichts mit einer virtuellen Adresse (→ *virtual address*) zu tun.

file
Datei; Akte.

file cabinet
Aktenschrank.

file request
Dateianforderung, Begriff aus dem FidoNet zum Download einer Datei.

file server
ein → Server, der für die zentrale Verwaltung von Datenbeständen zuständig ist.

file transfer
Übertragung von Dateien zwischen verschiedenen Rechnern über ein Datennetzwerk.

File Transfer Protocol
ein Datei-Übertragungsprotokoll, meist ist speziell das Internet-→ FTP gemeint (weitere Protokolle sind beispielsweise für Modemeinsatz u. a. → XModem, → YModem, → ZModem).

filebase
Bereich innerhalb einer Mailbox, in dem Dateien für den → Download bereitgehalten werden.

filler
Füller, Füllzeichen.

FILO
First-In Last-Out, Stapelspeicher, aus dem die zuletzt gespeicherten Daten als erste wieder entnommen werden, vgl. → FIFO.

Filter
Hard- oder Software (Filterprogramm)
- zur Umwandlung von Daten (Konvertierung in ein anderes Format) bzw.
- zum Herausfiltern unerwünschter Informationen (Übertragungsstörungen, unerwünschter → eMüll etc.).

Finalo
→ Endbenutzer. → Normalo.

FINGER
ein – häufig aus Sicherheitsgründen inaktiviertes – Dienstprogramm (*daemon*) auf Internet-Rechnern, das Informationen zum System bzw. zu angeschlossenen Teilnehmern (User-Name, Log-In-Zeitpunkt, Terminalname etc.) liefert. Mit dem Kommando FINGER @host.domain werden die bei diesem Host aktuell eingeloggten User, mit dem Kommando FINGER User@host Informationen über einen bestimmten User abgefragt. Das Protokoll zum Betreiben eines FINGER-Programms ist in RFC 1288 definiert.

fingerd
→ FINGER (daemon).

fingerprint
Fingerabdruck
- die durch beliebige Aktivitäten in einem System hinterlassenen Spuren (Adressen, Logbucheinträge usw);
- die eindeutige Signatur eines Textes, siehe → *message digest*.

firewall
- Brandmauer;
- alle Schutzmaßnahmen in einem Programm oder einem System vor unbefugten oder Schaden auslösenden Zugriffen wie Hacker-Attacken, Sabotage, Spionage und Diebstahl von Rechenzeit.

firewall machine
Programm oder Rechner (siehe → *bastion host*) zur Realisierung einer → *firewall*. Die *firewall machine* überwacht

den gesamten Datenverkehr zwischen Internet und Intranet (oder Subnetz) sowie ggf. auch Modemverbindungen, um unbefugtes Eindringen in das Netz, Einbringen von Virus-Programmen und ähnliche Attacken abzuwehren.

firmware
die in einem Prozessor oder einem → ROM-Baustein fest verankerte Basis-Software (etwa → BIOS).

first come, first served
→ fcfs.

first level cache
CPU-interner → *cache*, vgl. *second level cache*.

FITNR
fixed in the next release, der Fehler wird in der nächsten Version korrigiert (berühmt-berüchtigte Vertröstung, wenn die Software wieder mal voller Bugs steckt).

fixed disk
kurz fdisk, → Festplatte.

fix up
berichtigen, vgl. → *bugfix*.

FJ
Länderkennung für *Fiji*.

FK
Länderkennung für *Falkland Islands (Malvinas)*.

FKTO
Fernmeldekonto, das Buchungskonto der Telekom, über das die monatliche Abrechnung der Telekommunikationskosten erfolgt.

Flag
Flagge, Markierung; wird üblicherweise durch ein (auf 1) „gesetztes" Bit repräsentiert.

Flagregister
Register bzw. Liste für den Eintrag von Markierungen, wird für die Steuerung von → *interrupts* verwendet (jedes gesetzte Bit gilt als → *flag*, bei einem 16-Bit-Register sind dann 16 verschiedene → IRQs verwaltbar).

flame
- (auch *flaming*) leidenschaftliche Anmekkerei, Beschimpfung oder Beleidigung in einer E-Mail, manchmal durch ein entsprechendes Hervorheben (etwa durch: *FLAME ON*) eingeleitet;
- unsachlicher Beitrag mit persönlichen Untertönen bzw. gegenseitige Beschimpfung in einer Diskussionsgruppe.

flame session
leidenschaftliche Diskussion mit vielen persönlich gemeinten, unsachlichen Argumenten.

flame war
Status einer Diskussion, eines Chats oder eines Austauschs von E-Mails, bei dem nur noch *flaming* stattfindet.

flaming
Anmeckern, → flame.

flanking channel
Nachbarkanal.

flashpix
neues Grafikformat, das unterschiedliche Auflösungen sowie ggf. zum Bild gehörende Daten (Audiodaten, Kameraeinstellungen etc.) in einer Datei ablegt. http://www.livepicture.com

flat ASCII
auch → *plain ASCII*, 7-Bit-ASCII-Code (entspricht bei „normalem" 8-Bit-ASCII-Code dem Zeichenumfang ASCII 0 bis ASCII 127) bzw. ein Text in dieser Codierung.

Flipper
→ Suchdienst. http://flp.cs.tu-berlin.de /flipper

Flix
→ Suchdienst. http://www.flix.de

flood
fluten, im → IRC Bezeichnung für das Senden übermäßiger Textmengen.

flow control
→ Datenflußkontrolle.

flüstern
die Zusendung einer persönlichen Mitteilung an einen einzelnen Teilnehmer innerhalb eines Chats. Dies kann in einigen Chat-Systemen beispielsweise dadurch realisiert werden, daß man einer solchen „privaten" Mitteilung „/Empfängername" voranstellt.

Flußkontrolle
→ Datenflußkontrolle.

FM
- Frequenzmodulation, → Modulation;
- Länderkennung für *Micronesia;*
- *from memory,* aus dem Gedächtnis.

FMS
File Management System, Dateiverwaltungssystem.

FMT
Format (auch Textformat, Bildschirmmaskenformat).

FNC
Federal Networking Council, US-amerikanische amtliche Organisation, die Standards für die staatlichen (administrativen, militärischen, etc.) Netzwerke definiert und Domain-Namen (innerhalb der → *top-level-domains* .edu, .gov und .mil) vergibt. http://far.mit.edu/diig /Surveys/fnc.html

FO
Länderkennung für *Faeroes Islands.*

FOC
free of charge, kostenlos.

Focus Netguide
→ Suchdienst. http://netguide.de

folder
- ein Akten-Ordner;
- Dateiverzeichnis (*directory*);
- E-Mail-Ordner (Datei mit zusammengehörenden Mails).

followup
posting, bei deutschsprachigen Gruppen auch Kommentar genannt, öffentliche Antwort eines Teilnehmers auf einen Artikel, der innerhalb einer newsgroup veröffentlicht wurde. Nichtöffentliche Antworten, die nur dem Verfasser des Artikels zugesandt werden, nennt man → *reply.*

Font
ein → Zeichensatz oder Zeichenvorrat bzw. eine Schriftart-Datei, die einen solchen Zeichenvorrat enthält (ex.

fool proof
narrensicher.

foot
Fuß, englische Maßeinheit, 1 foot = 12 inches.

form
- ein auf dem Bildschirm angezeigtes und vom Benutzer auszufüllendes Formular;
- ein → *HTML-tag,* durch das Benutzereingaben realisiert werden können.

Forum
deutsche Bezeichnung bzw. CompuServe-Begriff für → *newsgroup.*

forward
- vorwärts;
- übermitteln, weiterleiten (etwa die Weiterleitung von → Datenpaketen durch einen → *router*).

FOSSIL-Treiber
Fido Opus Seadog Standard Interface Layer, ein gängiges Treiberprogramm, durch das → AT-Kommandos in → CAPI-Befehle übersetzt werden. Hiermit kann jede Software, die eigentlich für Modems geschrieben wurde, ISDN-Einrichtungen nutzen.

FPU
Floating Point Unit, Fließkommaeinheit, mathematischer Coprozessor, in heutigen

→ CPU-Chips (ab Intel 486 und kompatible) integriert.

FQA
Frequently Quested Acronym, ein → Akronym, nach dessen Bedeutung häufig gefragt wird.

FQDN
→ *Fully Qualified Domain Name*.

FR
Länderkennung für *France*.

fragmentation
Fragmentierung, bei Datenübertragungsprotokollen (etwa → IP) die Aufteilung von größeren Datenpaketen (eines anderen Protokolls) in Protokoll-konforme Bruchstücke (Fragmente), die nach der Übermittlung vom Empfängerhost wieder zusammengebaut werden.

Fragmentierung
→ *fragmentation*.

frame
(Rahmen) kurz für → *control frame* oder → *data frame*, vgl. auch → *encapsulation*.

frame relay
verbindungs-orientierte Paketvermittlung, Weiterentwicklung des X.25-Standards. Eine Fehlerkorrektur ist nicht enthalten, sie muß durch Protokolle höherer Schichten (→ OSI Reference Model) erledigt werden.

frame switching
siehe → Paketvermittlung.

freenets
Bezeichnung für die im → NPTN zusammengeschlossene öffentlichen und kostenlosen Netze, die meist von Gemeinden oder privaten Enthusiasten unterhalten werden.

free of charge
kurz FOC, kostenlos.

Free Software Foundation
→ FSF.

freeware
auch *Public Domain Software,* frei kopierbare und kostenlos nutzbare Software, die von Hobbyprogrammierern oder Firmen zur Verfügung gestellt wird. Außer über Datennetze wird *freeware* auch durch spezielle Firmen vertrieben (gegen eine geringe Kopiergebühr) oder Fachzeitschriften auf Diskette oder CD-ROM beigelegt.

Freisprechen
Telefonieren ohne Telefonhörer (über Lautsprecher und Mikrofon, die im Telefon eingebaut bzw. als spezielle Installation im Auto vorhanden sind).

Freizeichen
ringing tone, Freiton, ein Signal beim Telefonieren, das anzeigt, daß der angerufene Anschluß nicht besetzt ist.

frequently asked question
→ FAQ.

Frequenz
frequency, die Anzahl von Schwingungen (periodische Wiederholungen) pro Zeiteinheit. Bei elektromagnetischen Wellen wird als Maß → Hertz (Hz) verwendet (Schwingungen pro Sekunde).

Frequenzband
kurz Band, ein mehrere Frequenzen umfassender Bereich, dessen Umfang als → Bandbreite bezeichnet wird.

Frequenzmodulation
(FM), → Modulation.

Frequenzmultiplexing
→ Multiplexing.

Frequenzwahl
Kurzbezeichnung für das Mehrfrequenz-Wählverfahren, → MFV.

fried
gebraten, verschmort; Bezeichnung für defekte Hardware oder auch für Personen (sinngemäß: total ausgebrannt).

frob
kurz für →*frobnitz.*

frobnitz
ein Dingsbums (irgendetwas, wofür man gerade keinen Namen hat).

From:
Zusatzinformation in einer E-Mail, bezeichnet die Absenderadresse.

fry
siehe →*fried.*

FSF
Free Software Foundation, eine Organisation, die sich um die Entwicklung und Verteilung von kostenloser Software bemüht, wobei Quellcode und Dokumentation der jeweiligen Programme frei erhältlich sind und die Software somit von jedem Programmierer weiterentwickelt oder angepaßt werden kann. Eines der FSF-Projekte ist → GNU. http://www .gnu.ai.mit.edu

FSK
Frequency Shift Keying, Frequenzumtastung bzw. Frequenzmodulation, Übermittlung binärer Signale über zwei Frequenzen (etwa bei → V.21 angewandt).

ft.
→*foot.*

FTAM
File Transfer Access and Management, Protokoll für den Datenaustausch zwischen Anwendungen (Ebene 7 → *OSI Reference Model,* ISO 8571).

FTC
Federal Trade Commission, US-amerikanische Kartellbehörde.

FTP
- *File Transfer Protocol,* ein → Protokoll bzw. ein Dienst (aus →*ftp client* und →*ftp server*), mit dessen Hilfe Dateien in einem Netzwerk von einem Rechner zum anderen übertragen werden können. Das Internet-FTP ist in → RFC 959 definiert und funktioniert auch zwischen heterogenen Betriebssystemen oder Sub-Netzen, wobei Datenkonvertierungen ggf. automatisch erfolgen. Wird eine FTP-Sitzung gestartet, übernimmt der *ftp server* die Rolle eines Dateimanagers: über → FTP-Kommandos lassen sich Verzeichnisse anzeigen und wechseln oder Dateien transferieren. In → WWW-Browsern wird das Laden einer Datei (→ *download*) via FTP einfach durch Angabe der → URL (FTP://ADRESSE) veranlaßt. Vgl. auch → *anonymous FTP.*
- seltener auch allgemeine Bezeichnung für Transport-Protokolle (Internet-FTP ebenso wie XModem, YModem usw.).

ftp client
ein → Client-Programm für den Zugang zu einem →*ftp server.*

FTP-Kommandos
das FTP-Programm verfügt über eine eigene Kommando-Sprache, mit der ein umfangreicher Zugriff auf den → *remotehost* möglich ist. FTP zeigt eine Liste der zulässigen Befehle an, wenn man *help* oder ? eingibt.

ftp server
ein Programm bzw. Rechner für den ftp-Zugriff auf beliebige →*ftp sites.*

ftp site
ein → *host,* der ftp-Dateien zur Verfügung stellt.

ftp space
Gesamtheit aller *sites,* Verzeichnisse und Dateien, die per → ftp zugänglich sind.

FTS
FidoNet Technical Standard, ein → Protokoll oder ein sonstiger Standard im FidoNet.

FTZ
→ Fernmeldetechnisches Zentralamt, heute → BZT.

fu
fouled up, verfault, kaputt.

Full Duplex
Vollduplex, siehe → duplex.

Full Duplex Ethernet
→ Ethernet mit → *Twisted-Pair*-Kabeln, bei denen beide Kabel benutzt werden, 20 MBit/s.

full stop
Punkt, Satzendezeichen.

Fully Qualified Domain Name
kurz FQDN, wörtl. „voll qualifizierter Domain-Name", eine → DNS-Adresse, die einen → *host* bis in alle Einzelheiten (nach dem Muster host.subdomain3.subdomain2.subdomain1.domain) charakterisiert. Heute kann die Angabe eines FQDN meist entfallen, da die einzelnen Organisationen spezielle *name server* bzw. → *gateways* unterhalten, die eine weitere Zuordnung automatisch durchführen, so daß meist host.orgname.domain zur Adressierung ausreicht.

Funkrufdienst
ein Telekommunikationsdienst, bei dem alphanumerische Zeichen an einen sog. Funkrufempfänger (Pager) übermittelt werden können (etwa Scall, Quix).

Funkrufempfänger
auch Pager, ein Empfänger für den → Funkrufdienst.

Funkzelle
ein Sende- und Empfangs-Bereich in einem Mobilfunknetz, der von einer → BTS aufgebaut wird.

Fuß
→ *foot*.

fuzzy logic
unscharfe Logik, mathematisches Modell bzw. Programm zur Realisierung einer nicht-dualen Logik, u. a. bei der Bildverarbeitung, der Zeichenerkennung (siehe → OCR) und zur Steuerung von Prozessen eingesetzt.

fuzzy technology
Technologie bzw. ein Gerät oder ein Programm, das mit → *fuzzy logic* arbeitet.

FVst
→ Fernvermittlungsstelle.

fwiw
for what it's worth, wozu ist das gut.

FX
Länderkennung für *France, Metropolitan.*

FYA
For Your Amusement, zu Ihrem Vergnügen.

FYF
For Your Fun, zu Deinem Spaß.

FYI
For Your Information, zu Ihrer Information, wird außer beim Chatten als offizielle Bezeichnung einer Serie der → RFCs benutzt, die sich nicht mit technischen Details und Normen, sondern mit allgemeinen Informationen zum Internet bzw. zum TCP/IP-Protokoll beschäftigt.

G
→ Giga.

G3
Gruppe 3 Fax (analog), → CCITT-Norm G3.

G4
Gruppe 4 Fax (digital), → CCITT-Norm G4.

GA
- Länderkennung für *Gabon;*
- klein geschrieben: *go ahead* verschwinde.

Galaxy (EInet)
→ Suchdienst. http://www.einet.net/www/www.html

Galileo
→ Reservierungssystem.

gallery
Galerie, Bilderverzeichnis (außer *images* bisweilen anzutreffende Bezeichnung für ein *directory,* das Bilder enthält).

GAN
Global Area Network, weltweites Datennetz.

Ganzseitenbildschirm
Page View Screen, Ganzseitenmonitor; ein Bildschirm, auf dem eine ganze DIN A4-Seite angezeigt werden kann (großer, hochauflösender Monitor oder spezieller Monitor im Hochformat).

garbage in, garbage out
→ gigo.

Gast
siehe → *guest account.*

Gastgeberprotokoll
beim → *tunneling* Bezeichnung für das Protokoll jenes Netzes, das die Datenpakete durchlaufen müssen.

gate
→ *gateway.*

gateway
Übergang, Zugang, Schnittstelle; allgemeine Bezeichnung für eine Hard- bzw. Software-Einrichtung, die der Verbindung zweier Netze bzw. dem Datentransfer zwischen Netzen dient; Oberbegriff für so unterschiedliche Einrichtungen wie → *routers,* → *bridges* oder → Protokoll-Konverter. Zur näheren Unterscheidung werden vereinzelt auch Begriffe wie "*layer 7 gateway*" (ein *gateway* auf der Applikationsebene – etwa ein *E-Mail-gateway*) oder "*level 3 gateway*" (ein Transportschicht-*gateway,* etwa ein *router*) verwendet.

gateway provider
Internet gateway provider, → *provider.*

gateway requirements
eine Subreihe der RFCs, die aktuelle Gateway-Standards referiert.

GB
- Länderkennung für *Great Britain;*
- → Gigabyte.

GBG
→ Geschlossene Benutzergruppe.

GBytes
→ Gigabytes.

GD
Länderkennung für *Grenada.*

GE
Länderkennung für *Georgia.*

Gegenbetrieb
Übermittlung in beide Richtungen, → duplex.

Geheimzahl
→ PIN.

gekippte Bits
falsch eingetragene oder falsch gelesene Bits im Hauptspeicher oder auf einem Datenträger. Das Phänomen, das zu Programmabstürzen, zum Systemstillstand oder zum Abbruch von Kopier- oder Lesevorgängen (→ CRC-Error) führt, kann auf fehlerhaften RAM-Bausteinen oder Stromschwankungen beruhen oder auch durch Magnetfeldeinflüsse, Beschädigungen der magnetischen Beschichtung des Datenträgers, falsche Positionierung des Lesekopfes usw. hervorgerufen werden.

GEMA
Gesellschaft für musikalische Aufführungs- und mechanische Vervielfältigungsrechte, in Deutschland wirkende Verwertungsgesellschaft zur Wahrung von → Urheberrechten.

general purpose
→ gp.

gerade Parität
even parity, siehe → *parity check*.

Gerätetreiber
→ Treiber.

Germany.Net
deutscher → *provider*, überregionaler → IAP mit über ganz Deutschland verteilten → Einwahlknoten; Internet nur über → Proxy-Server. http://www.germany.net

Geschlossene Benutzergruppe
kurz GBG, im ISDN Bezeichnung für eine Gruppe von Teilnehmern, die nur untereinander verbunden werden können, bzw. für eine Gruppe von Teilnehmern, die zu einem bestimmten Dienst (etwa zu einem bestimmten Btx-Angebot) zugelassen sind.

get
- Empfang von Dateien;
- → ftp-Kommando zum Kopieren von Dateien (von einer *ftp site* auf den eigenen Rechner).

GF
Länderkennung für *French Guaiana.*

gfc
going for coffee, komme gleich wieder.

GH
Länderkennung für *Ghana.*

GHz
Gigahertz, Milliarden Schwingungen je Sekunde (1.000.000.000 Hz).

GI
Länderkennung für *Gibraltar.*

GIF
Graphic Interchange Format, von CompuServe entwickeltes Bild-Datei-Format.

Giga
Mengenangabe (1.000.000.000), als GBytes 1.073.741.824 Bytes.

Gigabytes
1.073.741.824 Bytes (=1024x1024x1024 Bytes).

gigo
garbage in, garbage out, wörtl. Abfall rein, Abfall raus, sinngemäß etwa: wer Unsinn eingibt bzw. fragt, bekommt auch Unsinn zurück; vgl. → siso.

Gilb
unter deutschen Hackern verbreiteter Ausdruck für den Vorläufer der Telekom, die Deutsche Bundespost (natürlich nach der unverwechselbaren gelben Farbe).

GL
Länderkennung für *Greenland.*

Glasfaserkabel
Lichtwellenleiter-Kabel, ein aus vielen Glasfasern bestehendes Kabel zur Datenübertragung mittels Lichtwellen. Im Vergleich zu Kupferkabeln weisen Glasfaserkabel geringere Kabelverluste und höhere Datenübertragungsraten auf, gegen elektromagnetische Einflüsse sind sie völlig unempfindlich.

Global Access Internet Services
→ IAP für Geschäftskunden. http://www.global.de

Global Net Navigator (GNN)
→ Suchdienst. http://www.gnn.com

GM
Länderkennung für *Gambia*.

GMT
→ UTC.

GN
Länderkennung für *Guinea*.

GNN (Global Net Navigator)
→ Suchdienst. http://www.gnn.com

G-Normen
→ CCITT-Normen.

GNU
GNU's not Unix, ein aus einem Projekt der → FSF zur Entwicklung eines kostenlosen Unix-Betriebssystems entstandenes Software-Paket für die Entwicklung von Betriebssystemen (Editoren, Compiler usw.), die damit entwickelte Unix-Variante heißt Hurd. Auch → Linux greift auf GNU zurück.

going for coffee
→ gfc.

gopher
(eigentlich nordamerikanisches Erdeichhörnchen, Ratte; übertragen auch Laufbursche) einer der → Dienste im Internet. Gopher wurde an der University of Minnesota entwickelt (definiert in RFC 1436) und stellt eine Art textorientierten Vorläufer des WWW dar (bzw. ist heute im WWW integriert): mit gopher kann auf eine Sammlung hierarchisch gegliederter und weltweit beliebig verteilter Informationen zugegriffen werden. (Vgl. → veronica, → WAIS.) http://gopher .micro.umn.edu

gopher client
ein → Client-Programm für den Zugang zu einem → *gopher server*, ermöglicht die Suche in einem baumartigen Verzeichnis oder nach Stichworten.

gopher server
ein Programm bzw. Rechner für den gopher-Zugriff auf beliebige → *gopher sites*.

gopher site
ein → *host*, der *gopher*-Dateien zur Verfügung stellt.

gopher space
Gesamtheit aller *sites*, Verzeichnisse und Dateien, die per → gopher zugänglich sind.

gov
government, → Bereichsname im Internet, → *top-level-domains*.

gp
general purpose, für jeden Zweck, allgemein verwendbar.

GP
Länderkennung für *Guadeloupe*.

GPO
General Post Office, Hauptpostamt.

GQ
Länderkennung für *Equatorial Guinea*.

GR
Länderkennung für *Greece*.

grafikorientiert
in Unterscheidung zu → zeichenorientiert (oder → textorientiert) verwendeter Ausdruck für die Darstellung, Eingabe oder Übertragung von Grafik (und Text).

Graphical User Interface
→ GUI.

Graphics Interchange Format
→ GIF.

green bytes
→ Meta-Daten, jene Informationen innerhalb einer Datei, die nicht zum eigentlichen Inhalt der Datei dienen, sondern Angaben zur Datei selbst enthalten (Dateilänge, Verwendungszweck usw.).

green machine
ein Rechner, der militärisch genutzt wird.

grid
- Gitter, Bezeichnung für das Zeichen #;
- auch Gitternetz (etwa in CAD-Programmen).

grmbl
grumble, brummen.

group
- Gruppe; Arbeitsgruppe, Team;
- Kurzbezeichnung für → *newsgroup*.

GroupMail
moderiertes → *newsgroup*-Verfahren im FidoNet, bei dem alle Nachrichten zuerst an einen Moderator gehen, der über ihre Veröffentlichung entscheidet.

groupware
Software für Team-Arbeit (vgl. → *workgroup computing*) bzw. Arbeitsteams, worunter sowohl speziell zur Koordination von Teams gedachte Software (Projektplaner, diverse Verwaltungssoftware) gerechnet wird als auch alle Programme, welche die gemeinsame Bearbeitung von Daten ermöglichen (etwa durch integrierte Überarbeitungsfunktionen, spezielle Zugriffsregelungen, Netzwerkfunktionen, etc.).

Gruppe
deutsche Bezeichnung für → *newsgroup*.

Gruppe 3 Fax
analoges Fax, → CCITT-Norm G3.

Gruppe 4 Fax
digitales Fax, → CCITT-Norm G4.

Grußrechner
spöttisch für einen leistungsfähigen Rechner (Großrechner), der vorwiegend mit dem Versenden von E-Mails oder dem Generieren von → personalisierten Mailings ausgelastet ist.

GS
Länderkennung für *Georgia and Sandwich Islands*.

GSM
Global System for Mobile Communications, internationale Norm für Mobilfunk (in Deutschland wird das → D-Netz nach GSM betrieben).

GSM-Adapterkarte
Datenfunk-Adapterkarte für Notebook-Rechner (→ PCMCIA-Karte, über die der Zugang zu einem Mobilfunknetz nach dem GSM-Standard (D-Netz) möglich ist).

GT
Länderkennung für *Guatemala*.

GU
Länderkennung für *Guam*.

gubbish
völliger Quatsch, Nonsense (gebildet aus *garbage* und *rubbish*).

guest
Gast, → *guest account*.

guest account
Gast-Zugriff auf einen *remote host*. Viele → Online-Dienste oder → bbs bieten den einfachen Zugang über eine Gast-Kennung an, beim *Login* ist hierfür als *User-ID* einfach *guest* (in Deutschland vereinzelt auch „Gast") anzugeben. Ähnlich zum → *anonymous FTP* sind die Zugriffsrechte von Gästen in der Regel beschränkt. Als Alternative zu dieser Art des Schnupperns bieten die großen → *Provider* meist auch eine zeitlich auf einige Freistunden eingeschränkte kostenlose Nutzung des ganzen Dienstes an. Hierfür muß jedoch beim ersten Login eine vollständige Anmeldung bzw. Registrierung als Teilnehmer erfolgen, und meist auch eine ausdrückliche Kündigung, wenn man Ablauf der Schnupperfrist nicht automatisch als „echter" Teilnehmer geführt werden möchte.

GUI
Graphical User Interface, Grafische → Benutzerschnittstelle, also ein Darstellungsmodus, bei dem die Darstellung

(von Zeichen) im Grafik-Modus erfolgt und ggf. andere grafische Elemente (Fenster, Bilder etc.) auf dem Bildschirm zu sehen sind. Zusätzlich ist meist eine spezielle Eingabeeinheit (etwa Maus oder Lichtgriffel) vorhanden, mit der per bewegbarem Zeiger und Tastendruck oder durch Antippen des Bildschirms Aktionen ausgelöst werden können.

guided tour
ein virtueller Rundgang innerhalb einer Reihe von WebPages oder innerhalb eines Intranets, der durch ein entsprechendes Programm realisiert wird und von Gästen (virtuellen Besuchern) aufgerufen werden kann. Häufig stehen *guides* (ein virtueller Reiseführer, bisweilen sind es auch mehrere) zur Verfügung.

guru
Meister, bisweilen auch im Sinn von → sysop gebraucht.

Gutenberg
siehe → *Project Gutenberg.*

GW
Länderkennung für *Guinea-Bissau.*

GY
Länderkennung für *Guyana.*

h
→ hex.

H
→ Hacker; → Hardware; → hexadezimal.

hack
- → hacken;
- etwas schnell zusammenpfriemeln;
- etwas in einen Computer eingeben.

Hackbrett
Tastatur.

hacken
- etwas in einen Computer eingeben;
- sich als → Hacker betätigen.

Hacker
(eingedeutscht) ein User, der die ihm offiziell eingeräumten Benutzungsrechte heimlich ausdehnt, bzw. ein Computerfreak, der sich in Datennetze bzw. Rechner einschleicht. Hacken geschieht häufig im „eigenen", also firmen- oder institutionsinternen Netz: es werden unerlaubt Programme genutzt und Daten ausgespäht, oder der Rechner wird zu privaten Zwecken benutzt (sehr beliebt ist beispielsweise, über den Firmenzugang privat im Internet zu surfen). Besonders gerne schleichen sich Hacker auch in fremde Hosts ein, um dort (unerlaubt) zu wirken. Hacker verstoßen so immer gegen vorgegebene Beschränkungen (und meist auch gegen Gesetze), halten sich jedoch (im Unterschied zu den von den Hackern so benannten → Crackern) an einige Fairness-Regeln: ein Hacker sollte keine Schäden am System bzw. an den dortigen Daten anrichten (etwa Daten zerstören oder auch nur verändern oder Viren in ein System einschleusen) und sollte auch aus seiner Tätigkeit keinen ökonomischen Gewinn ziehen (also etwa „geklaute" Daten oder Programme verkaufen).

hacking
→ hacken, siehe auch → Hacker.

Häckse
Hacker weiblichen Geschlechts (nur in Deutschland vereinzelt verwendete Bezeichnung).

Häcksel
was man so beim Hacken erhält.

hak
hugs and kisses, Umarmungen und Küsse (ein Gruß).

halbduplex
siehe → duplex.

Halbleiter
- elektronische Bauteile wie Dioden, Transistoren usw.;
- Scherzbezeichnung für Führungskräfte der zweiten Führungsebene (Abteilungsleiter, Schichtführer usw.).

halfduplex
halbduplex, siehe → duplex.

halten (einer Verbindung)
hold, die Möglichkeit zur Gesprächsunterbrechung ohne aufzulegen (also mit später stattfindender Weiterführung des Gesprächs), bei Mobiltelefonen, hausinternen Telefonanlagen und ISDN-Anschlüssen für die Annahme und interne Weiterleitung eines Gesprächs oder für interne Rückfrage gebrauchte Funktion.

hand
have a nice day, einen schönen Tag noch.

handle
der Name, unter dem ein Teilnehmer in einem Netz bzw. beim Chatten geführt wird (Login-Name, Spitzname, Username).

handover
die automatische unterbrechungsfreie Übergabe eines laufenden Mobilfunk-Ge-

sprächs von einer → BTS zur nächsten, wenn der Teilnehmer seinen Standort wechselt und damit die aktuelle → Funkzelle verläßt.

hands off!
Hände weg!

Handscanner
ein kleiner Scanner, der manuell über die Vorlage gezogen werden muß.

handshake
wörtl. Händeschütteln, wechselweise zwischen zwei Rechnern oder einem Rechner und einem Peripheriegerät (Drucker, Scanner usw.) ausgetauschte Signale (→ Steuerzeichen) zur Steuerung der Datenübertragung. Erfolgt dieser Signalaustausch über eine eigens dafür reservierte Leitung (Steuer- oder Signalleitung), spricht man von *hardware-handshake* (vgl. → RTS/CTS), als *software-handshake* bezeichnet man jene Verfahren, bei denen die Steuersignale gemeinsam mit den Dateninhalten über eine Leitung gesendet werden (vgl. → XON/XOFF). Die Benutzung getrennter Kanäle für Daten und Steuersignale erhöht (meist) den Datendurchsatz.

Handy
cellular phone, Mobiltelefon; ein handliches, schnurloses Telefongerät für den → Mobilfunk, auch in Ausführungen auf dem Markt, die den Anschluß eines Notebook-Computers (via → GSM-Adapter) und damit den Zugang zum Internet gestatten. (Offensichtlich stammt die Bezeichnung Handy aus dem Schwäbischen – Hen die koi Schnur?)

hang
Hänger, Aufhänger, Bezeichnung für einen Computer oder ein Programm, das nicht mehr reagiert, oder ein Modem, das die Verbindung nicht (oder im falschen Moment) unterbricht.

hang up
aufhängen, einhängen, eine Telefonverbindung beenden.

happy faces
→ *smileys*.

hardcopy
auch → *screen dump*, Druckausgabe des Bildschirminhalts.

harddisk
hd, → Festplatte.

Hardware
Eisenwaren; in der EDV alle „festen Teile" (Computer und deren Bestandteile, Leitungen, Modems usw.), im Unterschied zu den „weichen Teilen", den Programmen.

hardware address
die physische Adresse einer Schnittstelle, eines Rechners usw. (im Unterschied zur logischen Adresse, vgl. → *logical*).

hardware flow control
über Hardware gehandhabte → Datenflußkontrolle.

hardware handshake
→ handshake.

hardware-interrupt
durch Hardware-Komponenten (Festplatte, Modem usw.) ausgelöster → *interrupt*.

Hardware-Schnittstelle
siehe → Schnittstelle.

hash
das Zeichen #.

hat
das Zeichen ^.

Hauptanschluß
direkt mit einer Vermittlungsstelle verbundener Telefonanschluß (im Unterschied zu einem hausinternen Nebenanschluß).

Hauptpaßwort
→ *master password*.

Hauptplatine
→ *motherboard*.

Hauptprozessor
→ CPU.

Hauptspeicher
auch → RAM, der Speicherbereich, auf den eine → CPU direkt zugreifen kann und in dem Programme (während ihrer Ausführung) sowie Daten abgelegt werden. Der Inhalt des Hauptspeichers geht beim Ausschalten des Rechners verloren.

Hauptverzeichnis
root directory, das oberste Verzeichnis innerhalb einer Verzeichnis-Hierarchie.

Hayes
Hayes Microcomputer Products, Inc., bekannter Modemhersteller, dessen proprietäre Standards zur Datenübertragung per Modem inzwischen allgemeine Standards wurden (siehe → AT-Kommandos).

Hayes AT command set
→ AT-Kommandos.

Hayes-Befehlssatz
→ AT-Kommandos.

Hayes-kompatibel
kompatibel zu Hayes-Modems bzw. zu irgendwelchen Hayes-Standards (→ AT-Kommandos). Der Begriff ist inzwischen überflüssig geworden, da heute alle auf dem Markt befindlichen Modems (auf irgendeine Art und Weise bzw. nach irgendwelchen Hayes-Standards) Hayes-kompatibel sind.

HCF
Halt and Catch Fire, Pseudo-Steuercode.

hd
harddisk, → Festplatte.

HDLC
bisweilen auch HLDLC abgekürzt, *High Level Data Link Control*, Protokoll der → ISO für die Datentransferrate bei bitorientierter synchroner Übertragung, unterstützt variable → *frames*; entspricht dem ANSI-Standard → ADCCP.

HDR
→ *header*.

HDX
Half Duplex, Halbduplex, siehe → duplex.

head crash
Berührung des Lese-/Schreibkopfes einer Festplatte mit der Festplattenoberfläche (wobei diese in der Regel zerstört wird); ist meist mit Datenverlusten verbunden.

header
- Kopfteil, Kopfinformationen;
- zusätzliche Informationen über eine Datei (etwa eine Grafikdatei, HTML-Datei, oder eine E-Mail), die sich am Beginn dieser Datei selbst befinden;
- Informationen über ein Datenpaket, die zu Beginn dieses Pakets stehen. Die im *header* einer Internet-Mail stehenden Einträge sind in RFC 822 definiert. (Gegenstück: → *trailer*).

head exchange
Zentralvermittlungsstelle (im Telefonnetz).

heading line
Kopfzeile.

headline
Kopfzeile, Überschrift.

headphones
Kopfhörer (meist nur *phones*).

headset
beim → Freisprechen oder für Internet-Telefonie verwendete Kombination aus Mikrofon und Kopfhörer.

heartbeat
- Herzschlag;
- übertragen: Taktfrequenz einer CPU.

heavy metal
Schwermetall, übertragen: ein Supercomputer (auch → *big iron*).

heavy print
Fettdruck (Schriftauszeichnung).

he got brains
er hat Köpfchen.

hello sailors!
hallo allerseits!

hellop
hello operator, hallo.

help
Hilfe, helfen. In vielen Programmen (etwa ftp, gopher usw.) führt die Eingabe von *help* (oder alternativ: ein Fragezeichen ?) in die Hilfefunktion des Programms bzw. zur Anzeige einer Befehlsübersicht.

help Yourself
bitte, greifen Sie zu; bitte bedienen Sie sich.

Hertz
abgekürzt Hz, die Basis-Maßeinheit zur Messung von Schwingungen pro Zeiteinheit (siehe → Frequenzen). 1 Hz = 1 Schwingung pro Sekunde, davon abgeleitet 1 kHz=1.000 Hz und 1 MHz = 1000 kHz.

he's beyond help
dem ist nicht mehr zu helfen.

he's lost his marbles
(wörtl. er hat seine Murmeln verloren) er hat sie nicht mehr alle.

heterogen
- (altgriech.: von unterschiedlicher Herkunft) aus ungleichen Komponenten bestehend, also etwa: ein → heterogenes Netz besteht aus verschiedenartigen Rechnern (oder *subnets*);
- bisweilen auch im Sinne von „nicht-gleich", „unterschiedlich" angewandt (etwa: „heterogene Betriebssysteme"). Das Gegenteil von heterogen ist → homogen.

heterogenes Netz
(Gegenteil: → homogenes Netz)
- ein Netzwerk, das verschiedene Netzwerkprotokolle umfaßt (auf physischer Ebene oder Transportebene, vgl. → *OSI Reference Model*), also beispielsweise aus unterschiedlichen Subnetzen besteht, oder unterschiedliche Verbindungsarten realisiert (etwa LAN und ISDN-Telefonie);
- ein Netzwerk aus unterschiedlichen Komponenten, also beispielsweise verschiedene oder von verschiedenen Herstellern stammende und zu einem einzigen Netz verbundene Computer (PC, Großrechner).

heterogenous
→ heterogen.

heterological
sich nicht selbst erklärend (Gegenteil zu → *autological*).

hex
- hexadezimal, Zahlendarstellung in hexadezimaler Schreibweise (mit Ziffern und den Buchstaben A-F, wobei meist der Buchstabe h oder die Abkürzung hex vorangestellt wird);
- Bezeichnung für das Zeichen #.

Hexadezimal
→ hex.

Hexadezimalsystem
Zahlensystem auf der Basis 16, vgl. → hex.

hidden
verborgen, Dateiattribut zum Verstecken einer Datei oder eines Verzeichnisses (der Name und sonstige Angaben werden im Verzeichnis nicht angezeigt).

hierarchical
hierarchisch (stufenförmig bzw. nach Rangfolge aufgebaut).

hierarchical file system
hierarchisches Dateisystem, die Verwaltung von Dateien in einer baumartig verzweigten bzw. stufenförmig geschichteten Struktur (etwa der Form Domain-Subdomain-Host-Laufwerk-Verzeichnis-Unterverzeichnis-Datei).

hierarchical name
ein Name, dessen einzelne Bestandteile dem hierarchischen Aufbau von Netz-

werken entsprechen (vgl. → DNS, → IP-address).

High Level Data Link Control
→ HDLC.

high level language
höhere Programmiersprache, eine Sprache mit einem meist recht umfangreiche Befehlssequenzen repräsentierenden Vorrat an Befehlen, in der Programme für einen Computer geschrieben werden. Dieser → Quellcode wird anschließend meist durch einen → Compiler in einen Objektcode (→ *object code*) umgesetzt, der sich aus den Befehlen der jeweiligen → Maschinensprache zusammensetzt.

highlight
Hervorhebung.

Hilfskanal
→ *backward channel*.

Hintergrundprogramm
→ TSR.

history
- Auflistung der Aktivitäten oder Kommandos eines Benutzers;
- bei → gopher oder in einem → WWW-Browser die Auflistung der Menüs bzw. WWW-links (URLs), die ein Benutzer bereits im Zugriff hatte.

hit
Zugang, Zugriff, Treffer.

hit or miss
auf gut Glück.

HK
Länderkennung für *Hong Kong*.

HLDLC
→ HDLC.

HLL
→ *high level language*.

HM
Länderkennung für *Heard and McDonald Islands*.

HN
Länderkennung für *Honduras*.

H-Normen
→ CCITT-Normen.

ho!
hands off, Hände weg!

Hochgeschwindigkeitsmodem
high speed modem, nicht spezifizierter, aber umso dehnbarerer Begriff für ein Modem, das eine „sehr schnelle" Datenübertragung ermöglicht.

Hochsprache
→ *high level language*.

höhere Programmiersprache
→ *high level language*.

hold
→ halten.

holding time
Verbindungsdauer.

hold Your horses
halt Dich im Zaum.

hold Your tongue
halt den Mund.

home
Zuhause; vorne, Anfang.

homebanking
→ *electronic banking* für Privatkunden, Abwicklung von Standard-Bankgeschäften (Kontoauszüge, Überweisungen, Daueraufträge) per DFÜ.

home brew
hausgebraut, hausgemacht.

home directory
vom Netzadministrator zugewiesenes privates Verzeichnis eines Users (von dem aus weitere Verzeichnisse angelegt werden können). Bei der im WWW verwendeten Adressierung nach dem → URL-Verfahren kann das → *home directory* durch die → Tilde abgekürzt werden.

homepage

- Startseite, Eingangsseite, Eröffnungsseite;
- die erste Seite, Titelseite bzw. Anfangsseite einer WWW-Site, üblicherweise → index.html. Ist in der → URL-Adresse keine andere Datei angegeben, wird diese Seite automatisch aufgerufen. Von dieser *homepage* aus läßt sich in der Regel auf weitere HTML-Dokumente oder andere *homepages* verzweigen.
- im weiteren Sinn Bezeichnung für die WWW-*homepage* eines einzelnen Teilnehmers sowie auch für ganze Reihen zusammengehörender HTML-Dokus, die von einer *homepage* aus erreichbar sind. Nahezu alle → Provider bieten auch Privat-Account-Inhabern die Möglichkeit an, relativ umfangreiche (2 MB und mehr) *personal home pages* ins Netz zu stellen.

Home Pages Broker
→ Suchdienst. http://www.town.hall.org /brokers/www-home-pages/query.html

homogen
(altgr.: von gleicher Herkunft) aus gleichen Elementen bestehend (Gegenteil: → heterogen).

homogeneous
→ homogen.

homogenes Netz
mit einem einheitlichen Protokoll betriebenes Netzwerk oder ein Netz, das aus gleichen Komponenten besteht, Gegenteil zu → *heterogenous network*.

hop
ein Hüpfer: die jeweilige Übertragung eines Datenpakets zwischen zwei → *routern*. Meist sind mehrere *hops* erforderlich, um die Daten vom Sender zum Empfänger zu befördern. Vgl. → *routing*.

hop count
Entfernungszähler im Internet, gibt die Anzahl der → *hops* zwischen Sender-Host und Empfänger-Host an.

hopping
etappenweise Datenübertragung innerhalb eines Netzes (von Knoten zu Knoten, siehe → *hop*).

Horizontale Verbindung
eine Verbindung zwischen zwei Rechnern (bzw. Teilnehmern) der gleichen Netzwerkebene (ohne Verlassen der Ebene, vgl. → LAN, → WAN, → GAN)

host
(eigentlich Gastgeber, Wirt) zentraler Rechner in einem Netzwerk, der den angeschlossenen Computern oder Terminals allgemeine Kapazitäten (Rechenleistung, Speicherplatz) und spezielle Dienstleistungen (Programme und Dateien) anbietet (in diesem Sinn synonym zu → *server*); in der DFÜ meist allgemeine Bezeichnung für einen beliebigen (auch fremden) Netzrechner, auf den vom eigenen Rechner aus zugegriffen werden kann.

Hostadapter
kurz für → SCSI-Hostadapter.

host address
die → DNS-Adresse oder IP-Adresse (→ *IP address*) eines Rechners.

host mode
→ Hostmodus.

Hostmodus
Betriebsart eines Rechners, bei der automatisch und ohne Operator Anrufe entgegengenommen und ggf. Kommandos des Anrufers ausgeführt werden.

host name
alphanumerische Bezeichnung des Hosts in der Adressierung nach → DNS, vgl. → DNS-Adresse, → *Fully Qualified Domain Name*.

host number
→ IP-Adresse.

Hostrechner
→ *host*.

host requirements
Subserie der → RFCs, in der die erforderliche Ausstattung von Internet-Hosts (Protokolle etc.) beschrieben wird.

Hotbot
→ Suchdienst. http://www.hotbot.com

HotJava
- ursprüngliche, vollständige Bezeichnung für die Programmiersprache → Java;
- eine → VRML-kompatible → Java-Variante, mit der 3D-Szenarien von Browsern geladen und generiert werden können.

hotkey
eine Taste oder Tastenkombination zum Auslösen von Programmfunktionen oder Aufrufen von Hintergrundprogrammen.

Hotline
Notrufdienst, Servicetelefon, telefonischer Kundendienst.

hotlist
eine Liste mit → URLs, vgl. → *bookmark*.

hotspot
spezieller Text- oder Bildbereich innerhalb eines Hypertext-Dokuments oder auf dem Bildschirm, der meist besonders hervorgehoben wird und dessen → Anklicken Aktionen auslöst.

how did You hit on that
wie bist Du darauf gekommen?

how do You feel about that
was hältst Du davon?

HP
die Firma Hewlett-Packard Inc.

HPO
Head Post Office, Hauptpostamt, → GPO.

HPPI
High Performance Parallel Interface, ANSI-Standard für die direkte lokale Verbindung von Supercomputern mit anderen Computern, *routern*, Speicher- oder Ausgabegeräten.

HPUX
Hewlett Packard Unix.

HQ
headquarters, Hauptquartier, Firmensitz.

HR
- Länderkennung für *Croatia (Hrvatska);*
- *high resolution*, hohe Auflösung (bei Monitoren).

HS
high speed, Hochgeschwindigkeit.

hsik?
how should I know, woher soll ich das wissen?

HS-LAN
High Speed Local Aerea Network, Hochgeschwindigkeits-LAN.

HST
- *High-Speed Transmission*, Hochgeschwindigkeits-Datenübertragung;
- *High Speed Technology*, proprietäres DÜ-Protokoll der Firma U.S. Robotics, nur auf Robotics-Modem verfügbar, bis 16800 bps, asymmetrisch.

HT
- Länderkennung für *Haiti;*
- *horizontal tabulator*, Tabulator, Steuerzeichen für den Tabulator (ASCII 9).

hth
hope, this helps, hoffe, das hilft.

HTML
Hypertext Markup Language, Sprache zur Auszeichnung von → Hyptertext, inoffizieller weltweiter Standard für die Erstellung und Darstellung von → Hypertext-Dokumenten, aus denen das → WWW besteht. HTML ist eine von allen → WWW-Browsern unterstützte → Dokumentenbeschreibungssprache (nach → SGML), die nur die logische Struktur von Dokumenten fest

legt – die Darstellung der Dokumente kann daher von Browser zu Browser (und je nach Benutzer-spezifischen Vorgaben) unterschiedlich ausfallen. Neben reinen Formatierungsfunktionen verfügt HTML als → Scriptsprache u. a. auch über Funktionen zum Aufruf von Binärdateien oder zur Herstellung von → *hyperlinks*; die Sprachelemente nennt man (→ *HTML-tags*).

HTML-Dateien
→ HTML-Dokumente.

HTML-Dokumente
Dateien, die dem HTML-Standard entsprechen, die Grundelemente des → WWW. HTML-Dokumente sind Textdateien (reiner ASCII-Code, ohne Steuerzeichen) mit einer vorgegebenen Struktur (grob: HTML-ID, *Header* mit Titelangaben, *Body* mit den eigentlichen Informationen, HTML-Endemarke). Durch → *HTML-tags* werden neben der Grundstruktur des Dokuments Textauszeichnung- und Strukturierung, Formatierungensmerkmale, die Einbindung von Binärdateien (Audio-Dateien, Bilder, Videos) oder → *hyperlinks* definiert. HTML-Dokumente werden durch → Browser (→ WWW-Browser) dargestellt, je nach Browser kann die Darstellung unterschiedlich ausfallen. Durch die Einbindung von (teils Browser-spezifischen) HTML-Spracherweiterungen oder zusätzlichen → Scriptsprachen (→ Active-X, → JavaScript) hat sich der ursprüngliche Charakter von HTML-Dokumenten (vorwiegend Text-bezogenes Hypertext-Präsentationsmedium) stark gewandelt: HTML-Dokumente können inzwischen fast ganz bzw. zu großen Teilen aus Scriptprogramm-Code bestehen, der vom Browser interpretiert wird. Waren solche Programme anfänglich hauptsächlich zur Erweiterung der Darstellungsmöglichkeiten (im Hypermedia-Sinn) eingesetzt worden, dienen sie inzwischen zunehmend zur Generierung von komplexeren → Anwendungsprogrammen, die aus dem Internet (oder einem intranet) geladen und auf dem angeschlossenen PC ausgeführt werden.

HTML-Editor
ein Programm zum Erzeugen und Manipulieren von → HTML-Dokumenten. HTML-Dokumente können mit jedem beliebigen Editor oder Textverarbeitungsprogramm, ggf. mit entsprechenden Makros zur Arbeitserleichterung, leicht erstellt werden (als ASCII-Text mit den entsprechenden *HTML-tags*), die Verwendung eines HTML-Editors kann die Arbeit jedoch wesentlich beschleunigen.

HTML-Files
→ HTML-Dokumente.

HTML-Kommando
→ *HTML-tag*.

HTML-tag
ein in <Winkelklammern> eingeschlossenes Sprachelement in HTML-Dokumenten, beispielsweise Formatier-Anweisungen, Dialogbefehle *(→ form)* oder Festlegungen von → *links*.

HTTP
Hypertext Transfer Protocol, das auf TCP/IP aufsetzende Protokoll (definiert in RFC1945) bzw. der über → HTTP-Server und → HTTP-Clients realisierte Internet-Dienst für den Zugriff auf die im WWW vorhandenen Ressourcen (→ HTML-Dokumente) und auf sonstige Internet-Dienste wie → FTP, → gopher, → mailto und → news. Zwischen Client und Server wird (im Unterschied etwa zu → FTP) keine Dauerverbindung aufgebaut: Dateien oder Dienste werden vom HTTP-Client in einer Anfrage (→ *request*) mittels → URLs genau bezeichnet und vom HTTP-Server an den Client übertragen (→ *response*), danach wird die Client-Server-Verbindung sofort wieder geschlossen. Es bleibt so beim

HTTP völlig dem Client überlassen, weitere Anfragen zu starten bzw. sich die aktuelle Position im WWW zu merken – die Navigation im Netz wird ausschließlich vom Client kontrolliert bzw. durchgeführt. Da jedoch im WWW die von HTTP benötigten URLs meist als → *hyperlinks* in → HTML-Dokumenten definiert sind, reicht es für eine solche Navigation aus Sicht des Users normalerweise aus, eine erste Adresse von Hand einzugeben (oder von einer → *hotlist* aus zu starten), alle weiteren HTTP-Aufrufe können dann in der Regel per Mausklick geschehen.

HTTP client
Programm, mit dem Anfragen an einen → HTTP server gerichtet werden können.

HTTP server
ein Programm, das Anfragen eines → HTTP clients bearbeitet (und danach die Verbindung wieder abbricht).

HTTPS
→ HTTP über → SSL.

HTX
→ *hypertext*.

HU
Länderkennung für *Hungary*.

Hub
- Konzentrator, ein Bauteil, das es gestattet, verschiedene Geräte an einem einzigen Punkt an ein Netz anzuschließen (Anschlußbündelung);
- der zentrale Rechner innerhalb eines sternförmig aufgebauten Netzes, vgl. → *active star*, → *passive star*;
- auch allgemein für Rechner oder Hardwarebauteile, die der Weiterleitung von Daten innerhalb eines internets dienen (vgl. → *bridge*, → *gateway*, → *node*, → *repeater*).

huff
→ Datenkompression per → Huffman-Codierung, Gegenteil zu → *puff*.

Huffman-Codierung
kurz huff, auch *squeezing* genannt, oft verwendetes Verfahren zur Datenkompression, bei dem die Zeichen in einer Datei nach der Häufigkeit ihres Vorkommens sortiert und dann in Bitfolgen unterschiedlicher Länge codiert werden (je häufiger das Zeichen, desto kürzer die Bitfolge).

human engeneering
Ergonomie.

humanities
Menschliches und Zwischenmenschliches (Name der → *news hierarchy* im → UseNet, die sich auf entsprechende Themen bezieht).

human-machine-interface
Mensch-Maschine-Schnittstelle.

HURD
eine aus → GNU entwickelte Unix-Variante, ähnlich → Linux.

HV
High Voltage, Hochspannung.

HVSt
Hauptvermittlungsstelle (im Telefonnetz).

hwambo (auch hwmbo)
- *he who (always) must be obeyed*, der, dem (immer) gehorcht werden muß (häufig der Vater, oder der Chef;
- auch ironisch für einen anderen Chat-Teilnehmer); → swambo.

hx
Halbduplex, siehe → duplex.

HYP
- → *hypertext*;
- *hyphenation*, Silbentrennung.

hyperlink
auch *anchor* oder *hypermedia link* bzw. *hypertext link*, in Hypertextdokumenten eine durch Adress- und Aktionsparameter bestimmte Verzweigung zu einer anderen Stelle des Dokuments oder zu einem anderen Dokument (oder einer

sonstigen Datei oder einem Programm). Eine solche Verbindung kann fest vorgegeben sein (so daß die entsprechende Datei, etwa eine Grafikdatei, automatisch geladen wird) oder durch Benutzereingabe aktiviert werden (→ *hotspot*, → *living link*). Vgl. auch → HTML-Dokument, → URL, → WWW.

Hypermedia
auch Hypertext, Konzept des Aufbaus und der Organisation von Computer-Dateien und des Umgangs mit den in → Hypertext-Dokumenten enthaltenen Daten. Wesentliches Merkmal ist die Verknüpfung unterschiedlicher technischer Komponenten sowie unterschiedlicher Daten (neben Texten sind auch Bild- oder Toninformationen sowie Filme integrierbar) bzw. Dateien. Der Zugriff auf Hypermedia- bzw. Hypertextdaten kann nicht nur sequentiell oder satzweise erfolgen, sondern durch im Hypertextdokument vorgegebene (und teils durch den jeweiligen Nutzer erst aktivierte) Sprünge (→ *hyperlinks*); die Daten können sich dabei auch in einem Netzwerk oder Internet und auf völlig unterschiedlichen Rechnern (mit unterschiedlichen Betriebssystemen, Zeichensätzen usw.) befinden.

hypermedia link
→ *hyperlink*.

hyperspace
- Hyperraum (Science-Fiction-Ausdruck);
- übertragen für: irgendwo ganz weit weg, unerreichbar (meist im Hinblick auf Daten); vgl. → nirvana.

Hypertext
Synonym für → *hypermedia*, bisweilen nur auf Text-Anwendungen (ohne Einbindung von binären Daten) bezogen, in denen Texte nicht nur sequentiell, sondern mit Querverweisen bzw. -Sprüngen verbunden sind oder der Text auf mehrere untereinander verbundene Dateien oder Computer verteilt ist.

Hypertext-Dokument
Datei, die Kriterien des Hypermedia- bzw. Hypertext-Konzeptes (Verbindung unterschiedlicher Daten und Dateien, Sprünge etc.) erfüllt; meist speziell für WWW-Dateien im → HTML-Format (HTML-Dokumente) gebrauchter Ausdruck. Vgl. auch → *homepage*, → Webseite.

Hypertext Markup Language
→ HTML.

Hypertext Transfer Protocol
→ HTTP.

hyphenation
Silbentrennung.

Hz
→ Hertz.

IA-5
Internationales Alphabet 5, 7-Bit-codiertes Standard-Alphabet für E-Mails, ohne Umlaute oder spezielle Sonderzeichen (entspricht dem 7-Bit-ASCII-Alphabet).

iaaa
I am an accountant, ich nehme es ganz genau.

IAB
Internet Architecture Board, früher *Internet Activities Board,* die für die technische Weiterentwicklung des Internets zuständige Interessengemeinschaft innerhalb der → ISOC. Der Interessengemeinschaft gehören in erster Linie Vertreter (amerikanischer) Hard- und Software-Firmen an (Microsoft, AT&T usw.). → IETF und → IRTF sind die mit den Forschungsaufgaben befaßten Unterabteilungen des → IAB; daneben ist das IAB u. a. mit → IANA in Kontakt, überwacht die Bereitstellung von → RFCs und veröffentlicht regelmäßig die aktuellen Internet-Standards (in der RFC-Subreihe → *IAB Official Protocol Standards*). http://www.iab.org

iac
in any case, jedenfalls.

iae
in any event, in jedem Fall.

IAE
ISDN-Anschluß-Einheit, Bezeichnung für eine der am → ISDN-Basisanschluß bzw. → NT befindlichen Steckdosen.

IAF
Internet Adress Finder, → Suchdienst für E-Mail-Adressen. http://www.iaf.net/

IAHC
Internet Ad Hoc Committee, ein zur → IANA gehöriges Gremium, das Vorschläge für neue → *top level domains* erarbeitet. http://www.iahc.org

iamos
in a manner of speaking, quasi, sozusagen.

iamtt
I am moved to tears, bin zu Tränen gerührt.

ian
in a nutshell, kurz gesagt, zusammengefaßt.

IANA
Internet Assigned Numbers Authority, von der → ISOC (→ IAB) und dem → FNC beauftragte Institution für die Zuweisung einheitlicher Parameterwerte für Internetprotokolle. Die IANA befindet sich am Information Sciences Institute (→ ISI). http://www.iana.org

ianaa
I am not an accountant, ich nehme es nicht so genau; vgl. → iaaa.

IAONet
→ IRC-Netz, europäischer Server: de.eu.iao.net

IAP
Internet access provider, kommerzieller oder als Verein organisierter Dienstleister, der Internet-Zugang ermöglicht und gegebenenfalls damit verbundene Service-Leistungen erbringt (jedoch nicht oder nur in geringem Umfang die Leistungen eines → Online-Dienstes anbietet).

iaw
- *in accordance with,* in Übereinstimmung mit;
- *in accountance with,* mit etwas rechnen.

IBM
International Business Machines Corporation.

IBM Global Network
die → IAP-Abteilung der Firma IBM. http://www.ibm.com/globalnetwork/germany.htm

ibtd
I beg to differ, tut mir leid, aber ich bin da anderer Meinung.

IC
- → *incoming call* ankommender Ruf;
- *independent carrier,* unabhängiger (privater) Telekommunikationsdienstleister, vgl. → AC;
- *Integrated Circuit,* integrierter Schaltkreis, ein Chip;
- → Internet café.

icme
it caught my eye, mir ist aufgefallen.

ICMP
Internet Control Message Protocol, im Internet-Protokoll (IP) enthaltenes Nachrichtenprotokoll (definiert in RFC 792), das Fehlermeldungen und Kontrollangaben an den Absender leitet (wird u. a. auch von → PING benutzt).

ID
- Länderkennung für *Indonesia;*
- *Identification,* Benutzer-Identifikation (vgl. → *user ID*).

I-D
Internet-Draft, → RFCs im Entwurfsstadium, auch Kurzbezeichnung für die Vorschläge der → IETF (→ IDEAS).

IDE
Integrated Drive Electronics, oder *Integrated Device Equipment,* eine inzwischen normalerweise bereits auf dem → *motherboard* integrierte Schnittstelle für den Anschluß von Festplatten bzw. Floppy-Laufwerken, heute meist zu E-IDE *(Enhanced IDE)* erweitert oder durch → SCSI-Schnittstellen ersetzt.

IdealNet
→ IRC-Netz, norwegischer Server: http://norway.ideal.net

IDEAS
Internet Design, Engineering and Analysis Notes, → I-Ds bzw. Arbeitsberichte der → IETF.

Identifizieren
im ISDN vorhandene Möglichkeit, die Rufnummer eines Anrufers festzustellen und anzuzeigen (intern immer möglich, extern nur nach Freischaltung durch die Telekom).

IDN
Integrated Digital Networks, integriertes Text- und Datennetz. Früher Bezeichnung für Telex, Datex-L und Datex-P, heute im ISDN integriert.

IE
Länderkennung für *Ireland.*

i.e.
id est (lat.), das heißt.

IEC
International Electrotechnical Commission, Internationale elektrotechnische Kommission, eine Institution zur Erstellung elektrotechnischer Normen.

IEEE
- *Institute of Electrical and Electonics Engineers,* Institut, das Standards für die Datenübertragung entwickelt;
- in der Schreibweise "ieee" UseNet-Name der → *news hierarchy* mit IEEE-spezifischen Inhalten.

IEEE 802.x
IEEE-Standards für Netzwerke.

IEN
Internet Experiment Notes, Arbeitspapiere zu Internet-Themen, Vorläufer der → RFC.

IEPG
Internet Engineering Planning Group, freie und offene Interessengemeinschaft (vorwiegend SysOps) zur Entwicklung weltweit einheitlicher Operating-Bedingungen für Internet-Rechner.

IESG
Internet Engineering Steering Group, die technischen und organisatorischen Leiter der → IETF.

IETF
Internet Engineering Task Force, eine Unterabteilung des → IAB, die sich mit der Koordination des Betriebs, der Verwaltung und der Weiterentwicklung des Internets beschäftigt und bei aktuellen Problemsituationen eingreift. Die IETF-Vorschläge für neue Protokolle sind die → IDEAS. http://www.ietf.org

ignore
im → IRC der Befehl, mit dem man das Anzeigen der Beiträge eines bestimmten Teilnehmers abschalten kann (/ignore name).

IGP
- *Internet gateway provider*, synonym zu → IAP (*Internet access provider*), siehe → *provider*;
- → *Interior Gateway Protocol*.

IGRP
Interior Gateway Routing Protocol, synonym zu IGP, → *Interior Gateway Protocol*.

iiab
it is a bargain, abgemacht!

iihmy
if I had my way, wenn es nach mir gehen würde.

IL
Länderkennung für *Israel*.

ily
I love You, ich liebe Dich.

image communication
Bildübertragung.

image library
Bild-Bibliothek (meist → *images* oder → *gallery*).

images
Bilder (häufig Bezeichnung für ein *directory* mit Abbildungen).

IMAP
Internet Message Access Protocol, E-Mail-Protokoll, das selten anstelle von → POP eingesetzt wird. Mails können auf Anfrage auf den Client übertragen werden, auch Teilübertragungen sind möglich; nur während der Übertragung ist eine Client-Server-Verbindung erforderlich.

ime
in my experience, nach meiner Erfahrung.

imho
in my humble opinion, meiner bescheidenen Meinung nach.

imnsho
in my not so humble opinion, meiner nicht bescheidenen Meinung zufolge.

imo
in my opinion, meiner Meinung nach.

Impedanz
Gesamtwiderstand (eines elektrischen Leiters).

implemented
implementiert, eingebaut, eingeführt, realisiert.

impov
in my point of view, aus meiner Sicht.

Impuls
Stoß bzw. kurzer Stromstoß.

Impulsmodulation
Modulationsart, bei der Informationen durch Impulsfolgen übertragen werden, wie etwa beim → IWV.

Impulswahl
→ IWV.

IMR
Internet Monthly Report, Informationsmedium für die → IRG.

IN
- Länderkennung für *India;*
- → Individual Network e.V.

in.
→ Inch.

inch
Zoll, englische Maßeinheit, entspricht 2,54 cm, wird meist durch das Zeichen " dargestellt oder *in.* abgekürzt. Während bei der Angabe von Diskettengrößen durchaus noch das Zoll-Maß üblich ist, wird die Bildschirmdiagonale bei Computermonitoren in Zentimeter gemessen (oder, bei Zoll-Angabe, um entsprechende Zentimeter-Angaben ergänzt).

include
- einschließen;
- zitieren (einer Nachricht, vor der eigenen Stellungnahme).

incoming call
ankommender Ruf, durch das RI-Signal (→ *ring indicator*) angezeigter Status einer → seriellen Schnittstelle, der am Beginn des Aufbaus einer Datenübertragungsverbindung steht.

INCOTERMS
International Commercial Terms, international gültige Geschäftsbedingungen.

Indexdatei
eine Datei mit → Verweisdaten.

Indexdaten
→ Verweisdaten.

index.html
Standardbezeichner für die → *homepage,* die von → HTTP-Systemen automatisch aufgerufen wird, wenn keine (andere) Datei spezifiziert ist (vgl. → URL).

index-sequentiell
index-sequential, siehe → ISAM.

indirekter Zugang
zu einem Netz liegt immer dann vor, wenn ein Rechner nicht auf Dauer im entsprechenden Netz eingebunden ist, also nicht über eine eigene, permanente Hardware-Adresse innerhalb dieses Netzes verfügt. Ist ein PC beispielsweise in einem LAN fest eingebunden, ist der Zugang zum LAN direkt, sein Zugang zum Internet kann jedoch durchaus indirekt sein – meist ist nur ein einziger Rechner des LANs (falls überhaupt) als Internet-Rechner definiert (also als Internet-Host mit einer eigenen IP-Adresse registriert). Der Zugang zu einem Netz per Telefon, also beispielsweise über Internet-Provider ins Internet, ist fast immer indirekt, da eine Netzadresse (normalerweise) nur vorübergehend vergeben wird (siehe → *dynamic SLIP addressing*).

Individual Network e. V.
als privater Verein organisierter überregionaler → IAP, Oldenburg. http://www .rhein.de/IN/index.html

indoor
im Hause, innerhalb der eigenen vier Wände.

inedited
unveröffentlicht.

INET
- Abkürzung für das Internet;
- von der → ISOC alljährlich abgehaltene Konferenz.

INFO
- Information;
- im → UseNet Bezeichnung der → *news hierarchy,* die Internet-Informationen bereithält bzw. diskutiert.

Infobahn
anderer Ausdruck für → Datenautobahn.

Information Highway
Infobahn, → Datenautobahn.

Information Science Institute
→ ISI.

Informationsreduktion
Verringerung des Informationsgehaltes, beispielsweise bei Bildern durch Verrin-

gerung des Farbdarstellungsmodus (von 24-Bit auf 8-Bit) oder durch Wahl einer geringeren Auflösung (weniger Bildpunkte) erzielbar; wird meist zur → Datenreduktion eingesetzt und läßt keine Wiederherstellung des Originalzustandes mehr zu.

Infoseek
→ Suchdienst. http://www.infoseek.com :80/Home oder http://ultra.infoseek.com

initial conditions
Ausgangsbedingungen, Startbedingungen, ursprüngliche Bedingungen.

Initiative „Schulen ans Netz“
→ Schulen ans Netz.

Initiator
einleitendes Zeichen eines Btx-Befehls (*); Gegenteil → Terminator.

Inktomi
→ Suchdienst. http://www.inktomi.com

inline graphic
eine in ein HTML-Dokument direkt eingebundene Grafik (im Unterschied zu einer Grafik, die per → Link aufgerufen wird).

input
Eingabe; → Dateneingabe.

Integrated Services Digital Network
→ ISDN.

Intel
Integrated Electronics Corporation, marktführender amerikanischer Mikroprozessor-Hersteller.

interactive session
Dialogverkehr, wechselseitige Kommunikation mit einem Rechner im → *dialog mode*.

Interessenvereinigung Deutsches NIC
→ IV DENIC.

Interface
→ Schnittstelle.

Interior Gateway Protocol
kurz IGP, ein → Protokoll, das die Verbreitung von Routing-Informationen innerhalb eines unabhängig betriebenen Netzwerks (→ *autonomous system*) festlegt. Die Verteilung von Routing-Infos zwischen autonomen Systemen wird durch ein → *Exterior Gateway Protocol* (EGP) definiert.

International Standardisation Organisation
→ ISO.

International Telecommunications Union
→ ITU.

International Telecommunications Union – Telecommunications Standards Sector
→ ITU-TSS.

Internationale Organisation für Normung
→ ISO.

interner Cache
in der CPU eingebauter Pufferspeicher, → *first level cache*.

internes Modem
ein Modem, das als → Steckkarte konstruiert ist. Bei PCs, die nicht mit einer gepufferten → seriellen Schnittstelle (siehe→ UART 16550) ausgerüstet sind, können → externe Modems nicht mit hohen Übertragungsraten (über 2400 Bit/s) betrieben werden; der Einbau eines internen Modems ist daher bei solchen Rechnern die einfachste Möglichkeit, höhere Datenübertragungsraten zu erzielen.

internet
ein als Netz anzusehender Datennetz-Verbund, also ein Meta-Datennetz, das aus mehreren unabhängig voneinander betriebenen Datennetzen (Subnetzen) besteht, die über → *router* untereinander verbunden sind, so daß von jedem Rechner in jedem Netz zu jedem anderen Rechner eine Verbindung hergestellt

werden kann. Ein internet als übergeordnetes Netz-der-Netze entsteht dabei (außer durch die physikalische Verbindungen) durch die Verwendung einheitlicher → Protokolle für die Verbindung zwischen den Netzen, also durch standardisierte Methoden des Zugriffs auf Daten und ihres Transports durch das Netz sowie der Adressierung von Ressourcen (Rechnern, Daten) und Teilnehmern. Das weltweit größte internet ist das → Internet.

Internet
bisweilen auch INTERNET geschrieben, das größte → internet. Es wird auf Basis der → TCP/IP-Protokolle betrieben, ist aus dem → ARPANet entstanden und umspannt längst die ganze Erde. 1969 wurden die ersten vier Rechner im Rahmen des ARPANet miteinander verbunden, 1989 wurden mehr als 100.000 Rechner im Internet gezählt, und 1996 waren bereits über 9 Millionen Hosts dem Internet angeschlossen (http://www.nw.com/zone/WWW/dist-bynum.html). Die Grundlagen für das TCP wurden erstmalig 1974 vorgestellt, seit 1982 wird → TCP/IP als das Internet-Protokoll verwendet. Als Internet-Host gilt ein Rechner mit einer eigenen → IP-Nummer und der Fähigkeit, über TCP/IP mit anderen Rechnern zu kommunizieren, und als „echter" Internet-User kann jeder gelten, der mit einem solchen Host eine Verbindung aufnehmen kann und dort über eine eigene E-Mail-Adresse verfügt, die ihn im Netz adressierbar macht (1997 geschätzt: mehr als 50 Millionen Teilnehmer weltweit).

Internet access provider
→ IAP.

Internet Activities Board
früherer Name des *Internet Architecture Board* (→ IAB).

Internet Ad Hoc Committee
→ IAHC.

Internet address
→ IP address.

Internet-Adresse
- die → IP address bzw. → DNS-Adresse;
- im erweiterten Sinn jede im Internet verwendete Adresse (u. a. → E-Mail-Adresse, → URL).

Internet Architecture Board
→ IAB.

Internet Archive Listing Service
→ archie.

Internet Assigned Numbers Authority
→ IANA.

Internet café
ein Kaffeehaus (oder auch eine Ecke in einem Café oder Kaufhaus) mit PCs, über die auf das Internet zugegriffen werden kann.

Internet Control Message Protocol
→ ICMP.

Internet Design, Engineering and Analysis Notes
→ IDEAS.

Internet-Draft
→ I-D.

Internet Engineering Planning Group
→ IEPG.

Internet Engineering Steering Group
→ IESG.

Internet Engineering Task Force
→ IETF.

Internet Experiment Notes
→ IEN.

Internet gateway provider
kurz IGP, Synonym für *Internet access provider* (→ IAP).

Internet Monthly Report
→ IMR.

Internet Network Information Center
→ InterNIC.

Internet number
→ IP-Nummer.

Internet Protocol
kurz IP, das in RFC 791 definierte → Protokoll, durch das der Transport von → Datenpaketen (→ Adressierung, → *routing* usw.) im Internet geregelt wird. Die Daten werden im Internet → verbindungslos → paketvermittelt, die Sicherheit der Übertragung wird durch das → TCP (*Transmission Control Protocol*) geregelt (daher die Bezeichnung → TCP/IP). Die (derzeit aktuelle) Version 4 des IP (kurz IPv4 genannt) verwendet Adressen von 4 Byte Länge, die Version 6 (IPv6, auch → IPng genannt, definiert in RFC 1883ff.) adressiert mit 16 Bytes (vgl. → *IP address*).

Internet-Protokoll
- speziell das Internet-Basis-Protokoll, also das → *Internet Protocol* (IP) bzw. das → TCP/IP;
- auch allgemein für irgendein im Internet verwendetes Protokoll (wie etwa → AFTP, → FTP, → HTTP, → IRC, → MAILTO, → POP, → RIP, → SLIP, → TELNET usw.).

Internet provider
→ IAP.

Internet-Registrierung
Um am Internet teilnehmen zu können, muß jeder Rechner eine individuelle Adresse *(→ IP address)* erhalten. Die Registierung in einem zentralen *Internet Registry* stellt sicher, daß keine Überschneidungen auftreten und daß die Adressen weltweit abgefragt bzw. konvertiert werden können (siehe → DNS). Die Anmeldung von *Hosts* erfolgt bei der → IANA bzw. einer von ihr beauftragten Stelle, etwa einem nationalen → NIC wie → IV DENIC, oder über → InterNIC.

Internet Registry
kurz IR, → Internet-Registrierung.

Internet Relay Chat
→ IRC.

Internet Research Steering Group
→ IRSG.

Internet Research Task Force
→ IRTF.

Internet Schichtenmodell
Beschreibung des Internets anhand des → *OSI Reference Models*.

Internet service provider
kurz ISP, → *provider*.

Internet-Services GmbH
überregionaler → IAP, Hamburg. http://www.maz.net/

Internet-Shopping
Einkauf via Internet, das Gegenstück zum → *electronic commerce*.

Internet Society
→ ISOC.

Internet Society News
vierteljährlich erscheinende Informationsschrift der → ISOC.

Internet-Telefon
- Bezeichnung für alle Verfahren, die es erlauben, über das Internet Ferngespräche zu führen (→ WebCall). Mit entsprechender Ausrüstung ist es möglich, die Audio-Daten zu digitalisieren und via TCP/IP zwischen den Teilnehmern zu übertragen. Dabei fallen (auf beiden Seiten) nur die Kosten für die Online-Verbindung (Ortsgesprächs-Tarif, ggf. Provider-Gebühren) an.
- die Hard- und Software-Ausstattung für ein Telefongespräch via Internet; neben der üblichen Online-Ausstattung (PC, schnelles Modem, Kommunikationsprogramm) sind → Soundkarte und Mikrofon/Lautsprecher und ein Internet-Telefon-Programm erforderlich.

Internet tools
Internet-Werkzeuge, von einem → Provider zur Verfügung gestellte bzw. im

Internet allgemein verfügbare → Dienste wie → archie, → gopher, → ftp, → http, → mailto, → news, → telnet, → veronica, usw.

internetwork
ein → *internet*, also verschiedene über → *router* verbundene Netzwerke.

Internetwork Packet Exchange
kurz IPX, ein proprietäres Protokoll von → Novell zur internet-Verbindung von LANs (Datenpaketgröße 512 Bytes, bei LIPX 1024 Bytes).

internetworking
Netzwerkverbund, Zusammenschluß mehrerer eigenständiger Datennetze zu einem gemeinsamen Datennetz.

internetworking elements
Hard- und Softwareeinrichtungen, die das → *internetworking* ermöglichen.

InterNIC
Internet Network Information Center, die seit April 1993 für die weltweite Vergabe von Internet-Adressen (→ *IP address* und Adressierung nach dem → DNS, nur für die nicht nach Länderkennzeichen benannten und nicht vom → FNC überwachten → *top-level-domains* wie .com, .net oder .org.) zuständige Organisation. InterNIC entstand im Rahmen eines Projektes der → NSF und wird von AT&T und Network Solutions betrieben. Seit 1995 werden für die Registrierung jährliche Gebühren erhoben (100 US Dollar für die zwei Jahre gültige Erstregistierung, für jedes weitere Jahr 50 USD). Der Vertrag zwischen NSF und InterNIC läuft 1998 aus, danach wird die Registrierung möglicherweise an andere Firmen vergeben. http://www.internic.net

Interoperabilität
Bezeichnung für die → plattformübergreifende → Kompatibilität eines Software-Produkts.

Interpreter
ein Programm, das den Quellcode von Programmen, die in einer Interpreter-Sprache geschrieben wurden, lädt und interpretiert, d. h. Anweisung für Anweisung in Maschinencode übersetzt und sofort ausführt. Neben dem DOS-Kommandointerpreter (COMMAND .COM) und den Interpretern verschiedener Programmiersprachen wie BASIC oder PROLOG sind im weitesten Sinne auch WWW-Browser als Interpreter anzusehen – sie „interpretieren" → HTML-Anweisungen und Sprachen wie → Java oder → ActiveX.

Interpreter-Sprache
eine Programmiersprache, deren Befehle erst während der Laufzeit eines Programms von einem speziellen Programm (dem Interpreter) in Maschinencode übersetzt werden müssen, bevor sie ausgeführt werden können. Programme in einer Interpreter-Sprache sind in der Ausführung langsamer als Programme, die in einer → Compiler-Sprache verfaßt und in sofort lauffähige Programme (Maschinenprogramme) übersetzt wurden. Bei einigen Interpretersprachen wird zur Steigerung der Ausführungsgeschwindigkeit bzw. zur Code-Minimierung zuerst eine Umsetzung des Quellcodes in → Bytecode vorgenommen, so daß nur dieser fertige Bytecode vom Interpreter weiterverarbeitet werden muß (vgl. → Java). Einige Programmiersprachen (etwa BASIC oder PROLOG) sind sowohl als Interpreter- als auch als Compiler-Versionen erhältlich, vereinzelt können auch Programme, die zunächst in einer Interpreter-Umgebung entwickelt wurden, nachträglich compiliert werden. Vgl. auch → Script-Sprache.

interrupt
Unterbrechung eines laufenden Prozesses, die durch einen Hardware-Baustein *(hardware-interrupt)* oder ein Programm *(software-interrupt)* herbeigeführt wird. *Interrupts* werden in Computern bzw.

bei Programmen dazu benutzt, auf aktuelle Ereignisse zu reagieren und die einzelnen Komponenten untereinander abzustimmen. Ein spezieller → *Interrupt-Controller* bzw. → *Interrupt-Handler* verwaltet zur Steuerung dieser Abläufe eine Liste *(→ flagregister),* in die durch jede Unterbrechungsanforderung (vgl. → IRQ) an der entsprechenden Stelle eine Markierung (→ *flag*) angebracht wird. Diese Liste wird ständig abgefragt, bei gesetztem *flag* wird der aktuelle Ablauf unterbrochen, und mit Hilfe einer weiteren Liste (→ Interruptvektortabelle) wird auf die gewünschte → Interruptroutine verzweigt. Nach Ausführung dieser Routine wird das *flag* wieder gelöscht und der vorige Prozess fortgesetzt.

interrupt-controller
Hardwarebaustein zur Verwaltung von → *interrupts,* leitet durch → IRQs entstehende Forderungen als Steuersignale an den Prozessor weiter.

interrupt-handler
Programm oder Hardwarebaustein zur Verwaltung von → interrupts.

Interrupt Request
Unterbrechungsanforderung, → IRQ.

Interruptroutinen
Programme oder hardwareseitige Abläufe, die durch eine Unterbrechungsanforderung (→ IRQ) ausgelöst werden.

Interruptvektor
Adresse der → Interruptroutine, auf die bei einem Interrupt verzweigt wird. Das „Verbiegen" eines Interruptvektors bedeutet, daß die ursprüngliche Adresse durch eine andere ersetzt wird (wodurch dann beim entsprechenden Interrupt eine andere Interruptroutine durchgeführt wird).

interspace
Zwischenraum.

in the long run
→ itlr.

Intranet
globales, regionales oder lokales internes Datennetz eines Unternehmens, einer Behörde oder einer sonstigen Institution, das mit denselben Übertragungsprotokollen (→ TCP/IP), Netzbestandteilen und → Diensten (→ E-Mail, → WWW usw.) wie das Internet betrieben wird. Die Internet-Technologie bietet eine weltweit standardisierte Verbindung → heterogener und/oder räumlich weit verteilter Systeme und kann vor allem aufgrund der großen Verbreitung von preiswerten Internetdiensten und Internet-Anwendungen (Server, Browser etc.) zu Kostenvorteilen gegenüber anderen Lösungen führen.

IO
Länderkennung für *British Indian Ocean Territory.*

I/O
Input/Output.

IOU
- *I owe You,* ich schulde Ihnen;
- im Zahlungsverkehr: Wechsel bzw. Wechselschuldverschreibung).

iow
in other words, anders ausgedrückt, mit anderen Worten.

IP
→ *Internet Protocol,* vgl. auch → Internet-Protokoll.

IP address
IP-Adresse, die in RFC 791 festgelegte 4-Byte-Adresse im Rahmen des → *Internet Protocols* (IP). Jeder Internet-Host muß als ein solcher registriert sein, er erhält dabei eine eindeutige *IP address* zugewiesen. Jedes Datenpaket, das einem solchen Rechner über das IP zugesendet wird, enthält im *header* die IP-Adressen des Absenders und des Empfängers, die den jeweiligen *host* genau spezifizieren

und so das → *routing* überhaupt erst ermöglichen. Die einzelnen Bytes der „Internet-Adresse" werden in → Dezimalnotation geschrieben und durch Punkte voneinander getrennt (daher nennt man sie auch *dot address*). Die zunehmend verwendeten alphanumerischen → DNS-Adressen müssen für das → *routing* immer zuerst in IP-Adressen umgesetzt werden. Durch die gewaltige Ausdehnung des Internets in den letzten Jahren werden die IP-Adressen knapp, in der zukünftigen Version 6 des IP (IPv6) werden daher 16 Bytes (128 Bit) zur Adressierung verwendet werden.

IP-Adresse
→ *IP address.*

IP Aliasing
über Netzwerk-Betriebssysteme bzw. WWW-Server-Programme realisierbare Funktion, bei der einem Rechner über das → DNS gleich mehrere IP-Adressen (→ *IP address)* zugewiesen werden können, so daß auf ihm auch mehrere Internet-Server (sogenannte → virtuelle Server) zur gleichen Zeit betrieben werden können.

IP datagram
kurz → *datagram,* ein → Datenpaket nach *Internet Protocol*-Spezifikation.

IPDU
Internet Protocol Data Unit, siehe → PDU.

IPF.NET GmbH
überregionaler → IAP, Frankfurt. http://www.ipf.net

IPng
→ *Internet Protocol Version 6,* (Spitzname *"next generation"* nach der StarTrek-Nachfolgeserie).

IP-Nummer
eine nach dem *Internet Protocol* spezifizierte Nummer bzw. Adresse eines Rechners in einem Netz. Da solche Nummern auch in → Intranets verwendet werden, gilt eine IP-Nummer nur dann als → Internet-Adresse, wenn sie auch als offizielle → *IP address* registriert wurde.

IPv4
→ *Internet Protocol Version 4,* die derzeit im Internet verwendete Version des IP.

IPv6
→ *Internet Protocol Version 6,* die zukünftige Version des IP.

IPX
→ *Internetwork Packet Exchange.*

IQ
Länderkennung für *Iraq.*

IR
- Länderkennung für *Iran;*
- *Internet Registry,* → Internet-Registrierung.

IRC
Internet Relay Chat, auch *party line* oder Quasselbude genannt, das Internet-Protokoll bzw. der Dienst (→ *IRC Server* bzw. → *IRC Client*), der die gemeinsame „Unterhaltung" zwischen mehreren Usern ermöglicht (vgl. → Chatten, → *newsgroup*). Eine Unterhaltung findet schriftlich (in Echtzeit) statt und wird über meist nach Themen benannte Kanäle (→ *channels*) abgewickelt, die von irgendeinem Benutzer (vgl. → *channel operator*) geöffnet werden und meist so lange offen bleiben, bis der letzte Teilnehmer den Kanal verläßt – über → ircbots ist es auch möglich, Kanäle permanent offenzuhalten (sie simulieren einen Teilnehmer).

IRC Channel
thematisch eingegrenztes Unterhaltungs-Forum im → IRC. Ein WWW-Übersicht bekannter *Channels* kann man u. a. unter

folgender Adresse finden: http://urth.acsu.buffalo.edu/irc/WWW/ircdocs.html

IRC Client
ein Programm, das den Zugang zu einem → *IRC Server* bzw. das → Chatten ermöglicht.

IRC-Kommandos
Chatten wird heute meist über eine Werkzeugleiste (bei den weitverbreiteten IRC-Clients unter Windows) gesteuert, man kann jedoch auch Kommandos eingeben, die durch einen vorangestellten Schrägstrich als Befehle markiert werden. Eine Übersicht über verfügbare Kommandos erhält man durch Eingabe von /help.

IRC-Netz
ein Netzwerk, das IRC-Service anbietet, u. a. → EFNet, → IAONet, → IdealNet, → Undernet.

IRC Server
ein *IRC-Server*-Programm bzw. der *host*, auf dem dieses Programm läuft. *IRC-Server* sind im jeweiligen Netz untereinander verbunden, die *IRC-Channels* sind daher netzweit erreichbar. Zur Einwahl sollte nach Möglichkeit der geographisch nächstgelegene *host* benutzt werden.

ircbot
IRC-Roboter, ein Programm, das im → IRC bestimmte Dienste ausführt (Kanäle offenhalten, Datentransfer etc.).

IRCOP
IRC Operator, der Betreiber eines → *IRC-Servers*.

IrDA
Infrarot-Datenaustausch, eine Infrarot-Schnittstelle zum Anschluß von Peripheriegeräten (Maus) oder für die Kopplung von PCs untereinander.

iron
- Eisen;
- übertragen: Hardware, Computer.

IRQ
- *Interrupt Request*, Unterbrechungsanforderung (wird gefolgt von der Nummer der jeweiligen Unterbrechung), das im Zusammenhang mit → *interrupts* benützte Signal;
- beim Chatten auch Aufforderung zur (kurzen) Unterbrechung.

IRQ-Konflikt
ein Fehler, der vorwiegend bei bzw. nach der Installation einer neuen Komponente auftritt: verschiedene Anwendungen bzw. Geräte versuchen, denselben → *interrupt* zu benützen (Soundkarte, Maus, Modem usw. kommen sich gegenseitig in die Quere). In den meisten Fällen kann eine Änderung der Setup-Einstellungen, eine Änderung der Einträge in den jeweiligen Konfigurationsdateien (win.ini, system.ini, config.sys, usw.), oder auch eine Neuinstallation der jeweiligen Treiber den Fehler beheben.

IRSG
Internet Research Steering Group, die administrative Leitung der → IRTF.

IRTF
Internet Research Task Force, eine dem → IAB unterstellte Internet-Forschungsgruppe (ähnlich der → IETF), die sich mit der langfristigen Weiterentwicklung des Internet beschäftigt.

IS
Länderkennung für *Iceland*.

ISA-Bus
Industry Standard Architecture-Bus, Industriestandard-Bus, auch AT-Bus, inzwischen veraltetes → Erweiterungsbus-System.

ISAM
index-sequential access mode, indexsequentielles Zugriffsverfahren. Bei diesem Standard-Verfahren der Organisation von (und des Zugriffs auf) Datenbank-Daten werden die eigentlichen Inhalte der Datenbank (oder bestimmte, ausgewählte Felder der jeweiligen Datensätze)

in einer bestimmten Reihenfolge nacheinander (sequentiell) abgelegt (häufig einfach in der Reihenfolge der Dateneingabe). Zusätzlich werden sogenannte Indexdateien angelegt, in denen einzelne Datenfelder (oder Duplikate von Datenfeldern) in stets aktuell sortierter Reihenfolge vorliegen, wobei jeweils „Zeiger" auf die anderen Daten (die Adressen bzw. Reihenfolge-Nummern der Datenbank-Sätze) mitgeführt werden. Der Zugriff auf die Daten erfolgt dann über den Index auf die sequentiell gespeicherten Inhalte.

ISAPI
Internet Server Application Programming Interface, ein von Microsoft und Process Software entwickelter Standard zur Kopplung von Server-Software und externer Software, Alternative zu → CGI.

ISDN
Integrated Services Digital Network, digitale Dienste integrierendes Kommunikationsnetz, im Unterschied zum herkömmlichen (analogen) Telefonnetz digital betriebenes Netz zur Übertragung von Sprache oder beliebigen Daten. Neben Telefonen können damit auch beliebige sonstige Geräte zur Datenübertragung untereinander verbunden werden. Das in Deutschland von der Deutschen Telekom betriebene ISDN entspricht seit 1994 dem → Euro-ISDN und arbeitet mit einer Übertragungsgeschwindigkeit von 64 Kbit/s, mit → Kanalbündelung und → Datenkompression können bis zu 300 Kbit/s erreicht werden.

ISDN-Anschluß
unterschieden werden → ISDN-Basisanschluß (2 Nutzkanäle, 1 Steuerkanal) und → Primärmultiplexanschluß (bis zu 30 Nutzkanäle und ein Steuerkanal).

ISDN-Anschlußeinheit
→ IAE.

ISDN-BA
→ ISDN-Basisanschluß.

ISDN-Basisanschluß
auch S_0-Anschluß, beim Anwender installierte Schnittstelle (NT, → *Network Terminator,* mit → S_0-Schnittstellen) für den Zugang zum ISDN-Netz der Telekom, umfaßt drei Kanäle (zwei Nutzkanäle und einen Steuerkanal) und ermöglicht so die gleichzeitige Kommunikation auf zwei Leitungen oder die gemeinsame Nutzung beider Nutzkanäle gleichzeitig (→ Kanalbündelung).

ISDN-Endgeräte
Kommunikationsgeräte (Fax, Telefon, Modem u. a.), die an ISDN angeschlossen werden können. Sie verfügen über eine → Dienste-Kennung und werden über die Mehrfachrufnummer (frühere Bezeichnung: → Endgeräte-Auswahlziffer) direkt angesprochen.

ISDN-Karte
eine PC-Steckkarte, die den Anschluß an ISDN ermöglicht. Aktive ISDN-Karten verfügen über einen eigenen Prozessor, bei passiven Karten muß die → CPU alle Verbindungsaufgaben erledigen.

ISDN-Terminaladapter
auch A/B-Terminaladapter, A/B-Wandler oder TA, Geräte zum Anschluß von Kommunikationsgeräten an die → S_0-Schnittstelle, die eine Signalwandlung (analog/digital) bewerkstelligen sowie die Dienste-Kennung übermitteln.

ISH
Information Super Highway, amerikanisches → Datenautobahn-Modell.

ISI
Information Science Institute, University of Southern California (USC, in Marina del Rey), offizielle → IANA-Institution.

ismo
I steady myself on, ich stütze mich dabei auf … (eine Norm, ein Zitat, etc.).

ISO
International Standardisation Organisation, Internationale Organisation für Normung, Sitz Genf. Nach dem zweiten Weltkrieg als internationaler Zusammenschluß von inzwischen knapp hundert nationalen Normungsinstitutionen (wie etwa → DIN oder → ANSI) aufgebaut, um international gültige Normen zu entwickeln. http://www.iso.ch

ISO Development Environment
→ ISODE.

ISO/OSI Reference Model
→ *OSI Reference Model.*

ISOC
Internet Society, 1992 gegründete nichtkommerzielle Internet-Gesellschaft, sozusagen Dachorganisation des Internet, unterstützt und betreibt die Weiterentwickung des Internets (legt Standards fest, vergibt Adressen, usw.). Die ISOC wird von einem *Board of Trustees* (Vorstand) mit 15 Mitgliedern (davon 9 US-Amerikaner) geleitet, ist dem → IAB übergeordnet und richtet gemeinsam mit dem → FNC die → IANA ein, veröffentlicht vierteljährlich die *Internet Society News* und hält eine jährliche Konferenz (INET) ab. Die → DIGI ist der deutsche Ableger der ISOC. http://www.isoc.org

isochron
→ synchron.

ISODE
ISO Development Environment, Entwicklungsumgebung für die Verbindung von OSI-Diensten und → TCP/IP.

ISONET
World-wide Information Network on Standards, von der → ISO betriebenes weltweites Informationsnetz über Normen.

ISORM
ISO/OSI Reference Model, siehe → *OSI Reference Model.*

ISOSYS
→ Suchdienst. http://www.isosys.de

ISP
Internet Service Provider, → *provider.*

IT
- Länderkennung für *Italy;*
- *Information Technology,* bzw. Informationstechnologie (alle mit EDV und DFÜ zusammenhängenden Technologien).

ITC
International Trade Commission, Internationale Handelskommission.

itfa
in the final analysis, letzten Endes.

itlr
in the long run, auf Dauer gesehen.

it's a bargain
→ iiab.

ITU
International Telecommunications Union, internationales, den Vereinten Nationen unterstelltes Gremium mit Sitz in Genf, aus der früheren → CCITT hervorgegangen. ITU erarbeitet Empfehlungen für internationale Telekommunikationsstandards. Für die Weiterentwicklung der CCITT-Normen ist die → ITU-TSS zuständig.

ITU-Normen
die von der → ITU-TSS erstellten Normen, meist noch nach dem alten Namen der ITU als → CCITT-Normen bezeichnet.

ITU-TSS
International Telecommunications Union – Telecommunications Standards Sector, die für die Erstellung von Telekommunikationsnormen (ITU-Normen) zuständige Unterorganisation der → ITU.

IUAP
Internet User Account Provider, etwas umständliche Bezeichnung für → *Provider.*

IVD
Integrated-Voice-Data, gemeinsame bzw. gleichzeitige Behandlung (etwa Übertragung) von Sprache und Daten. Vgl. → DSVD, → DVD.

IV DENIC
Interessenvereinigung Deutsches → NIC, eine der → RIPE zugeordnete Organisation deutscher Provider, der u. a. die Adressvergabe im deutschen Bereich des Internet obliegt. http://www.nic.de/iv-denic.html

I-WAY
→ *Information Highway.*

iwbni
it would be nice if, es wäre nett, wenn ...

IWV
Impulswählverfahren. Jeder Ziffern-Taste des Telefons bzw. jeder Ziffer der Wählscheibe ist ein Impulscode zugeordnet, die Übermittlung der gewünschten Telefonnummer erfolgt über elektrische Impulse (die als „Knacken" hörbar sind). Die meisten Ortsnetze in Deutschland sind auf das Mehrfrequenz-Wählverfahren (→ MFV) umgestellt, das auch international das gebräuchlichere Verfahren ist.

iyfeg
insert Your favorite ethnic group, füge hier Deine bevorzugte ethnische Gruppe ein (in Witzen auf Kosten ethnischer Minoritäten verwendeter Platzhalter).

jack
Buchse, Steckdose (*phone jack*: Telefonsteckdose).

jaggies
→ *aliasing*.

jam
- Marmelade;
- Durcheinander;
- Dreck (etwa: *it's all jammed inside!* es ist innen völlig verdreckt!).

jam!
just a minute!, einen Moment! auch höflich als → jampl!

jampl!
just a minute, please!, einen kleinen Augenblick, bitte! Siehe auch → mompl.

Java
von Sun Microsystems/Javasoft entwikkelte Programmiersprache (Hot Java), mit der eigenständige Programme oder sogenannte → Java-Applets für Internet-Anwendungen erzeugt werden können. Als Script-Variante von Java gibt es → Java Script. Java ist eine Interpreter-Sprache, die inzwischen in allen gängigen Web-Browsern implementiert ist. Eine komplette und überdies selbst in Java geschriebene Entwicklungsumgebung (Java Workshop) kann kostenlos via Internet von Sun bezogen werden, daneben gibt es viele weitere Entwicklungstools. http://www.javasoft.com, http://java.sun .com, ftp://ftp.javasoft.com/pub

Java-Applet
ein in → Java geschriebenes und in einen Bytecode übersetztes Programm, das aus einer Web-Page heraus über das Netz geladen wird und vom → WWW-Browser ausgeführt wird. Da die Umsetzung des Java-Bytecodes in den jeweiligen Maschinencode vom Browser übernommen wird, sind die Java-Applets selbst maschinenunabhängig und daher auf allen Plattformen einsetzbar. Für viele Standard-Zwecke stehen bereits fertige, kostenlos nutzbare Java-Applets zur Verfügung. http://www.gamelan.com

Java Beans
Softwaremodell bzw. Komponentenmodell für in → Java geschriebene Software-Komponenten (eines größeren Programmpakets oder eines Betriebssystems).

JavaScript
von → Netscape entwickelte und zuerst nur in → Netscape Navigator implementierte → Script-Sprache auf der Basis von Java (Subset des Sprachumfangs von → Java), deren Befehle in → HTML-Dokumente integrierbar sind und inzwischen auch von anderen WWW-Browsern interpretiert werden können. Die Ausführung von Script-Befehlen nimmt mehr Zeit in Anspruch als die Ausführung von Java-Applets (die Interpretation des Applet-Bytecodes geschieht bedeutend schneller), ein Script-Programmcode ist zudem vollständig Bestandteil der *Web-Page* und kann im Quelltext beliebig eingesehen bzw. kopiert und verändert werden. Gerade diese Code-Transparenz ist jedoch vielfach erwünscht. Da der Script-Code ohne viel Aufwand erzeugt werden kann und viele fertige Scripts über das Internet bezogen und frei verwendet werden können, erfreut sich Java-Script einiger Beliebtheit. http://www.gamelan.com

Java VirtualMachine
ein → Interpreter-Programm zur Übersetzung des → Bytecodes von → Java-Applets in → Maschinencode. Eine Java VirtualMachine ist meist kein eigenständiges Programm, sondern in einem → WWW-Browser (etwa dem → Netscape Navigator) oder in einem Betriebssystem (etwa → OS/2 Warp 4) integriert.

JEIDA
Japanese Electronics Industry Development Association, Verband der japanischen Elektronik-Industrie.

jitter Effekt
(wörtl. Zitter-Effekt) zeitliche Versetzung von Signalen bei der Datenübertragung, häufig durch zu lange Übertragungswege hervorgerufen.

JM
Länderkennung für *Jamaica*.

JO
Länderkennung für *Jordania*.

job
auszuführende Anweisung bzw. Programm (auf Betriebssystemebene).

Joint Pictures Experts Group
→ JPEG.

Jojo-Modus
ein Systemzustand, bei dem irgend etwas (Spannungsversorgung, Datenübertragungsrate etc.) dauernd rauf und runter geht; übertragen auch bei entsprechenden Gemütszuständen angewandt.

joker
Bezeichnung für das Zeichen * (es wird häufig als Platzhalter verwendet).

Jokerzeichen
Zeichen, die als Platzhalter für andere Zeichen oder Zeichenketten eingesetzt werden können, also *?~.

JP
Länderkennung für *Japan*.

JPEG
Joint Photographic Experts Group
- ein aus ISO- und ITU-Mitgliedern bestehendes Gremium zur Erarbeitung von Grafik-Normen;
- ein Codierungs- bzw. Kompressionsverfahren, das von diesem Gremium erarbeitet wurde und vor allem im → WWW häufig genutzt wird. Abbildungen werden beim JPEG-Verfahren in Pixel-Quadrate einheitlicher Größe aufgeteilt, je nach Wahl dieser Größe kann eine hohe Kompression (bei entsprechender → Informationsreduktion) erzielt werden. Bild-Dateien, die nach diesem Standard codiert sind, werden (nach ihrer → *extension*) auch → JPG-Dateien genannt.

JPG
Dateiendekennung für Bild-Dateien, die nach dem → JPEG-Verfahren komprimiert wurden.

JRN
J. Random Nerd, Pseudo-Username.

jrst
- *jump restore flag*, springe und stelle Flag wieder her (Begriff aus der Programmierung, → *interrupt*);
- übertragen: Themawechsel.

JUGHEAD
Jonzy's Universal Gopher Hierarchy Excavation and Display, ein Verzeichnis von → gopher-Menüs.

Jumper
eine kleine Steckbrücke (meist als ein miniaturisierter Stecker ausgelegt), über die Kontakte auf elektronischen Bauteilen miteinander verbunden werden; trotz aller → *Plug and Play*-Bemühungen noch immer häufig auf Steckkarten, Festplattenlaufwerken usw. zur Festlegung bzw. Veränderung der Konfiguration verwendet. Häufig gilt: falls Jumper auf einem neu erworbenen Bauteil vorgesehen sind, müssen sie entweder umgesteckt werden, oder der für den Betrieb erforderliche Stecker wurde nicht mitgeliefert; falls keine Jumper vorgesehen sind, treten nach dem Einbau des Bauteils automatisch → IRQ-Konflikte und sonstige unerwünschte Nebeneffekte auf (daher: *Plug and Pray*).

K
→ Kilo.

Kabeltypen
siehe → Glasfaserkabel, → Koaxialkabel, → *Twisted Pair*.

Kabelverlust
cable loss, die im Kabel erfolgende Abschwächung der Signale.

Kanal
→ *channel*.

Kanalbündelung
auch Zweikanalbetrieb, die Zusammenfassung beider ISDN-B-Kanäle zur Erzielung einer höheren Datenübertragungsrate. Kanalbündelung ergibt nur in günstigen Fällen eine Verdoppelung der Datenübertragungsrate bzw. eine Halbierung der Übertragungszeit, ist jedoch selbstverständlich immer mit einer Verdoppelung der während der (kürzeren) Übertragungszeit entstehenden Telefongebühren verbunden.

Kanalo
Kanalarbeiter, DFÜ-ler, Onliner. Vgl. → Normalo.

KB
→ Kilobytes; selten auch → *keyboard*.

KBD
→ *keyboard*.

KBit/s
Kilobit (1024 Bit) je Sekunde, wird zur Angabe der → Datenübertragungsrate oder des höchstmöglichen Datendurchsatzes (der in einem Medium oder mit einem Modem erzielbar ist) verwendet.

KBPS
→ KBit/s.

KBS
→ KBit/s.

KBytes
→ Kilobytes.

KE
Länderkennung für *Kenya*.

keep me posted
→ kmp.

keep this private
→ ktp.

Kermit
ein nach „dem" Frosch benanntes Programm bzw. Modem-Protokoll für die Übertragung binärer Dateien, entwickelt an der Columbia Universität (NY). Es ist praktisch auf allen Rechnern bzw. Hosts verfügbar, wird heute jedoch meist durch schnellere Verfahren (→ Xmodem, → Z-Modem) ersetzt.

kernel
der Kern, die elementaren Funktionen des → Betriebssystems (bei UNIX-Systemen). Vgl. → *shell*.

key entry
Tastatureingabe.

keyboard
Tastatur.

KG
Länderkennung für *Kyrgyzstan*.

KH
Länderkennung für *Cambodia*.

Khacker
deutsch für einen minderjährigen Hacker, vgl. → Knhacker.

kHz
Kilohertz (1000 Hz), Frequenzmaß (1000 Schwingungen pro Sekunde).

KI
- Länderkennung für *Kiribati*;
- → Künstliche Intelligenz.

KIBO
knowledge in, bullshit out, vgl. → BIBO.

kick off
Anfang, Beginn, Start (auch verdeutscht, etwa zu: Kick-Off-Veranstaltung); fang an, leg los; komm zur Sache, komm zu Potte.

killfile
Filter-Datei im USENET. Einträge in diese Datei führen zum Ausschluß von E-Mails oder Nachrichten (die mit bestimmten Schlüsselworten, von definierten Absendern usw. ankommen).

Kilo
Mengenangabe (1000), als Kilobytes 1024 Bytes.

Kilobit/s
→ KBit/s.

Kilobytes
1024 Bytes.

KIS
→ *knowbot.*

kiss
keep it simple, stupid, halt es einfach, Doofmann.

Kiste
der Computer.

KIT
„Kernsoftware für Intelligente Terminals", ein Btx-Standard (Btx Plus) für die Darstellung von Bildschirmseiten. Bei einer Sitzung werden für den Bildaufbau nur noch die Daten angefordert, die noch nicht auf dem Client-Rechner vorliegen. Die Technik kann u. a. auch dazu benützt werden, Grafiken oder andere dauerhaft verwendbaren Daten via CD-ROM zu verteilen und nur variable Daten aus dem Netz dazuzuladen – so lassen sich beispielsweise Preislisten für Produktkataloge aktuell aus dem Netz abfragen, während die Produktdarstellungen und Produktbeschreibungen auf einer CD-ROM verfügbar sind.

Klammeraffe
das Zeichen @ (→ *commercial at*).

klicken
kurz die Maustaste drücken; vgl. → anklicken.

KM
Länderkennung für *Comoros.*

kmp
keep me posted, halte mich auf dem Laufenden.

KN
Länderkennung für *Saint Kitts and Nevis.*

knacken
etwas aufbrechen bzw. ein Problem lösen (einen Code entziffern, einen Schutzmechanismus überwinden, etc.).

Knhacker
deutsch für einen schon etwas älteren Hacker, vgl. → Khacker.

Knoten
→ *node*, → PSN.

knowbot
- *knowledge robot*, wörtl. „Wissens-Roboter", allgemein für ein Internet-Suchprogramm, das Informationen im Netz anhand vorgegebener Kriterien aufspürt;
- geschützter Programmname für die Suchmaschine der *Knowbot Information Services (Corporation for National Research Initiatives).*

Koax
→ Koaxialkabel.

Koaxialkabel
ein Kabel aus einem Leiter, der von einer Isolierung, einem weiteren Leiter (zur Abschirmung) und einer weiteren Isolierung umschlossen ist. Solche Kabel sind wenig anfällig für Störungen und werden u. a. für → LAN-Verbindungen (etwa → Ethernet) verwendet.

Kode
→ Code.

Kolibri
→ Suchdienst. http://www.kolibri.de

Kollision
→ *collision* Zusammenstoß.

Kollisionserkennung
collision detection, Erkennung von Datenpaket-Zusammenstößen und Rückmeldung an die betreffenden Sender, die das Paket nach einer kurzen Pause (mit zufälliger Dauer) erneut senden; vgl. → CSMA/CD. Kollisionen können auftreten, wenn zwei Stationen (bei freier Leitung) gleichzeitig zu senden beginnen.

Kollisionsvermeidung
collision avoidance, Vermeidung von Datenpaket-Zusammenstößen (die Leitung wird abgehört, es wird generell nur gesendet, wenn kein Zusammenstoß stattfinden kann); vgl. → CSMA/CA.

Komfortanschluß
ISDN-Anschluß mit zusätzlichen Leistungen.

Kommandointerpreter
auch Befehlsprozessor, ein → Interpreter-Programm auf Betriebssystem-Ebene. Auf PCs ist COMMAND.COM (unter DOS) ein solcher Interpreter, der Betriebssystemkommandos von der Tastatur einliest, aus → *batch files* übernimmt oder von Anwendungsprogrammen erteilt bekommt und ausführt. Bei UNIX-Systemen wird der Kommandointerpreter als → *shell* oder *command shell* (csh) bezeichnet.

Kommandozeile
Eingabezeile.

Kommentar
→ *comments*; → *followup*.

Kommunikation
- der Austausch von Informationen;
- kurz für → Telekommunikation (→ Datenübertragung).

Kommunikationsprogramm
- ein Programm, das den Datenaustausch bzw. die Datenübertragung steuert;
- ein → Terminalprogramm.

Kommunikationsprotokoll
synonym zu → Übertragungsprotokoll.

Kommunikationsschicht
session layer, die 5. Schicht des → *OSI Reference Model*.

kompatibel
passend, vereinbar, verträglich; der Begriff bezeichnet das Zusammenpassen verschiedener Hardware-Komponenten zueinander bzw. ihre Austauschbarkeit untereinander, bei Software spricht man von kompatibel, wenn Programme die Daten anderer Programme (oder eigener früherer Versionen) verarbeiten können. Abwärtskompatibel bedeutet Kompatibilität zu früheren (meist im Funktions- oder Leistungsumfang „kleineren") Geräten oder Programmen, von Aufwärtskompatibilität wird gesprochen, wenn die entsprechenden Bauteile oder Programme Möglichkeiten für zukünftige Aufrüstung bzw. Erweiterungen vorsehen.

Kompatibilität
siehe → kompatibel.

Kompression
Datenkompression
- Verfahren zur Reduzierung des Umfangs von Dateien, um eine effiziente Speicherung auf Datenträgern oder aber eine Reduzierung des Übertragungsvolumens bei der DFÜ zu ermöglichen. Text-Daten können mittels spezieller Programme (→ Packer) in → Datenformate mit geringerer Redundanz umgesetzt und bei Bedarf wieder vollständig in die Originalformate verwandelt werden (je nach Inhalt, ursprünglichem Datenformat und Kompressionsverfahren kann bis auf 20 Prozent der ursprünglichen Größe komprimiert werden). Bei Bild- oder Videodaten werden meist schon bei der Herstellung der Dateien Kompressions-Verfahren (und häufig auch Verfahren der → Datenreduktion) angewandt, die eine vollständige Herstellung der Ausgangsdaten nicht mehr möglich machen (etwa → JPG oder → MPEG), solcherart vorkomprimierte Grafikdateien lassen sich durch den weiteren Einsatz von Packern auch meist nicht mehr sonderlich verkleinern.

- durch Protokolle festgelegte und in Datenübertragungseinrichtungen (etwa Modems) integrierte Verfahren zur Reduzierung des Umfangs der Datenübertragung (etwa → MNP5, → V.42bis). Bei bereits komprimierten Dateien (ZIP-Files, JPG-Bildern etc.) lassen sich normalerweise keine weiteren Kompressionen vornehmen, die Anwendung eines solchen Modem-internen Protokolls kann im Gegenteil zu einer erheblichen Vergrößerung des Datenvolumens führen und sollte daher ggf. durch entsprechende Steuerbefehle unterbunden werden (MNP5 muß abgeschaltet werden, V.42bis schaltet Kompression ggf. automatisch ab).

Komprimierung
jede Art der → Kompression, bei der keine Informationsverluste entstehen bzw. die Originaldaten wieder vollständig hergestellt werden können.

Konfiguration
Gestaltung, Ausgestaltung; Ausstattung (einer Anlage), Einstellung von Ausstattungsmerkmalen (Treiber, Parameter etc.).

Kontrollzeichen
Zeichen, die der Überwachung und Sicherung dienen, etwa Prüfbits bei der Datenübertragung.

Konventionen
siehe → netiquette.

Konvertierung
Umgestaltung, Umwandlung von Daten bzw. Dateien in andere Codes oder Formate.

Konzentrator
→ Hub.

Koppler
→ Akustikkoppler.

kow
knock on wood, klopf auf Holz.

KP
Länderkennung für *Korea (North).*

KR
Länderkennung für *Korea (South).*

Krypto-Programm
ein Programm zum Verschlüsselung von Daten bzw. Nachrichten, weit verbreitet ist beispielsweise → PGP.

Kryptographie
technische Verfahren zur Datenverschlüsselung.

Kryptologie
der Wissenschaftszweig, der sich mit Datenverschlüsselung beschäftigt.

ktp
keep this private, halte das geheim.

Künstliche Intelligenz
kurz KI, Forschungsbereich innerhalb der Informatik, der sich damit befaßt, Maschinen die Verrichtung von Arbeiten beizubringen, zu deren Erledigung üblicherweise Menschen benötigt werden, sowie Maschinen mit allgemein „geistigen“ Fähigkeiten wie Mustererkennung, unscharfe Logik usw. zu entwikkeln.

Kurznachrichten
→ SMS.

KVSt
Knotenvermittlungsstelle.

KW
Länderkennung für *Kuwait.*

KY
Länderkennung für *Cayman Islands.*

Kybernetik
Wissenschaft von der Steuerung und Kommunikation in Lebewesen und Maschinen (Definition nach Norbert Wiener), die funktional und behaviouristisch alle organisierten, determinierten oder reproduzierbaren Verhaltensformen untersucht (Ergänzung frei nach W. R. Ashby).

KZ
Länderkennung für *Kazakhstan.*

L2-cache
→ *second level cache*.

l8r
later, später.

LA
Länderkennung für *Laos*.

labatyd
life is a bullshit and then You die, das Leben ist beschissen – und am Ende stirbst Du auch noch.

LabCam
eine → WebCam, die ein Labor oder einen Seminarraum einer Universität oder Schule zeigt, etwa http://buckman.pps.k12.or.us/picturecam.html oder http://www.scp.caltech.edu/~mep/WSCP.html. Die erste WebCam überhaupt war, so spricht die Sage, die in Cambridge im Computer-Labor installierte Kamera, mit der man auch heute noch nachschauen kann, ob in der Kaffeemaschine auch ausreichend Kaffee da ist: http://www.cl.cam.ac.uk/coffee/coffee.html

lag
Zeitunterschied, Verzögerung.

LAN
Local Area Network, lokales Netzwerk von geringer räumlicher Ausdehnung (Abteilung, Gebäude, Grundstück). Vgl. → ARCnet, → ATM, → CDDI, → Cheapernet, → FDDI, → Ethernet; → GAN, → WAN.

Länderkennung
ein geographischer bzw. nach Ländern vergebener → Bereichsname in der → IP-Adresse bzw. → DNS-Adresse. Diese → *top level domain*-Benennung erfolgt im → DNS mit zwei Buchstaben, die den in ISO 3166 definierten Ländercodes entsprechen (ch für Schweiz, au für Austria, de für Deutschland, gb für Großbritannien, usw.).

landscape
Quer- bzw. Breitformat, das Gegenteil ist → *portrait*.

LAP
Link Access Protocol, Datenübertragungs-Protokoll unter → AppleTalk.

LAPB
Link Access Procedure, balanced, ISO-Datenübertragungs-→ Protokoll für die bitsynchrone Datenübertragung, bei dem Sender und Empfänger gleichberechtigt (*balanced*) sind; meist in Verbindung mit → HDLC implementiert.

Laplink
geschützter Programmname für ein Programm der Firma *Travelling Software*, das die einfache Verbindung zweier PCs via → Nullmodem oder über die parallele Schnittstelle realisiert.

LAPM
Link Access Procedure for Modems, eine Anpassung des LAPB-Protokolls für Modems, wird von CCITT V.42 verwendet.

lase
etwas "Lasern", also auf dem Laserdrukker ausgeben.

Laser
Light Amplification by Stimulated Emission of Radiation, wörtl. Lichtverstärkung durch Anregung der Aussendung von Strahlung, erzeugt einen stark gebündelten (und unter Umständen hochenergetischen) Lichtstrahl (*laser beam*).

latalq
lucid answer to a lucid question, klare Antwort auf eine klare Frage.

latency
Latenzzeit, Wartezeit, Verzögerungszeit, die Zeit zwischen einer Aktion und einer darauf folgenden Reaktion, vgl. → Laufzeit.

Laufzeit
- die Zeitspanne, die ein Signal oder ein → Datenpaket benötigt, um vom Sender zum Empfänger zu gelangen (→ *propagation time*);
- die durch die Zeitspanne der Übertragung (*propagation time*) entstehende Verzögerung (→ *propagation delay*);
- die Zeit, während der ein Programm abläuft (→ *runtime*);
- die Zeit, die ein Prozess bzw. Programm insgesamt zur vollständigen Ausführung benötigt (→ *elapse time*) oder bislang benötigt hat (*elapsed time*).

Laufzeitfehler
ein zur → Laufzeit auftretender Fehler.

Lauschen
lurking, Mithören in einem Chat, ohne sich aktiv am Gespräch zu beteiligen.

Lauthören
Telefonfunktion: das Gespräch kann über einen Lautsprecher mitverfolgt werden; vgl. → Freisprechen.

layer
Schicht, Ebene, vgl. → *OSI Reference Model*.

layman
Laie.

Layoutmodus
Darstellungsmodus, bei dem ein Text genau so auf dem Bildschirm erscheint, wie er später gedruckt wird (Schriftarten und -Größen, Absatzformate etc. werden exakt angezeigt). → WYSIWYG.

LB
Länderkennung für *Lebanon*.

LBL
label, Etikett, Markenzeichen.

lbt
listen before talk, hör' erst mal zu, bevor Du losredest.

LC
Länderkennung für *Saint Lucia*.

LCD
- *Liquid Cristal Display*, Flüssigkristallanzeige;
- Kommando unter → FTP für lokalen Verzeichniswechsel.

LCP
Link Control Protocol, in → PPP enthaltenes Protokoll zur Verbindungskontrolle.

LCR
Least Cost Routing, → *routing* unter besonderer Berücksichtigung der günstigsten Übertragungskosten.

leased line
Mietleitung, → Standleitung.

Least Cost Routing
→ LCR.

LED
Light Emitting Diode, Leuchtdiode.

left adjusted
→ linksbündig.

left handed
- linkshändig;
- auch übertragen: linkisch.

Leiter
- elektrisch leitfähiges Material;
- ein Kabel, durch das Strom oder Lichtwellen geleitet werden können.

Leitseite
→ Btx-Leitseite.

Leitungsgeschwindigkeit
→ *line speed*.

Leitungsschicht
data link layer, die 2. Schicht im → *OSI-Reference Model*.

Leitungsvermittlung
- *cable switching*, *circuit switching* oder *connection switching*, Prinzip des Betriebs von Datennetzen (Telefonnetz) bzw. Begriff für Datenübertragungen, bei

denen für die Dauer der Kommunikation zwischen den Teilnehmern eine stehende Verbindung geschaltet wird, über welche die Datenströme direkt vom Sender zum Empfänger geleitet werden. Die Kommunikation über Leitungsvermittlung erfolgt in der Regel sehr rasch, da die Daten auch ohne nennenswerten → *overhead* versandt und ohne Umwege oder verkehrsbedingte Pausen zugestellt werden, sie kann jedoch im Unterschied zur → Paketvermittlung leicht unterbrochen werden.

- *connection oriented routing*, bisweilen synonym zu *circuit switching*, meist Bezeichnung für → *routing* unter Berücksichtigung bestehender Leitungs-Verbindungen bzw. unter Herstellung einer solchen Verbindung (Wählverbindung).

Leitweg
transmission path, auch Übertragungsweg, die Strecke, die Daten zwischen Sender und Empfänger zurücklegen bzw. die physikalische Verbindung, über die Daten ihren Weg nehmen. Bei einer Festverbindung oder unter → Leitungsvermittlung entspricht der Leitweg der Kabel-Verbindung zwischen Sender und Empfänger. Bei der → Paketvermittlung besteht in der Regel kein fester und dauerhafter physikalischer Kontakt zwischen Sender und Empfänger. Der Datenaustausch erfolgt über Zwischenstationen, wobei der jeweilige (weitere) Leitweg der Daten an jeder Zwischenstation erneut ermittelt wird (siehe → *routing*).

Leitweglenkung
→ *routing*.

LEO
(Link Everything Online) → Suchdienst. http://www.leo.org

less than no time
sofort, unverzüglich.

let the cat out of the bag
laß die Katze aus dem Sack.

let the smoke out
lass es rauchen.

LF
line feed, Zeilenvorschub, Steuerzeichen (ASCII 10) zur Druckersteuerung (meist in Verbindung mit → CR) bzw. zur Absatzendemarkierung (in Textverarbeitungsprogrammen).

LHARC
verbreitetes → Packer-Programm.

LI
Länderkennung für Liechtenstein.

Lichtwellenleiter
kurz LWL, ein Glasfaserkabel.

LIESMICH
→ README.

LIFO
Last in, First Out, Bezeichnung für die Abfolge eines Programms, bei der die zuletzt eingelesenen Daten zuerst ausgegeben werden, umgekehrt zu → FIFO.

light
- leicht;
- im Zusammenhang mit Software häufig Bezeichnung für Programme mit eingeschränktem Funktions- oder Leistungsumfang, die bei Gefallen und gegen Bezahlung gegen eine → Vollversion eingetauscht werden können *(→ upgrade)*.

LightNet
deutschspachiges → Mailboxnetz.

like enough
wahrscheinlich.

LILO
- *Last In, Last Out*, anders herum gedacht für → FIFO;
- *Linux Loader*, Name des Programms für das → *booting* von → Linux.

line feed
→ LF.

Line Mode Browser
der erste am → CERN entwickelte Web-Browser.

line speed
Leitungsgeschwindigkeit, Schrittgeschwindigkeit; die in → Baud oder → KBit/s angegebene generelle bzw. maximale Leistungsfähigkeit eines Datenübertragungskanals bzw. einer Leitung. Bisweilen wird sie mit der (tatsächlich erreichten) Datentransferrate (→ *data transmission rate)* verwechselt.

line spoofing
Vortäuschen einer Kommunikationsverbindung; den Rechnern wird (beispielsweise von den → *routern*) ein aktiver Kanal vorgetäuscht, obwohl die Leitung bzw. der Kanal abgeschaltet wurde oder vorübergehend für andere Zwecke genutzt wird. Vgl. → *spoofing*.

link
- beim Programmieren die Verknüpfung verschiedener Module zu einem Programm;
- sonst die Verbindung zu einer anderen Datei oder einem anderen Computer (→ auch *hyperlink*) oder Herstellung dieser Verknüpfung.
- Nicht mehr aktuelle *links* werden als → *dead links* bezeichnet, dynamisch während des Programmablaufs erzeugte bzw. aktivierte Verknüpfungen nennt man → *living links*.

linken
eingedeutscht für die Herstellung oder Aktivierung eines → *links*.

Link Layer
Verbindungsschicht, zweite Schicht des → *OSI Reference Model*.

linksbündig
eine Satz- bzw. Textanordnung, bei der die Zeilenanfänge in Reihe untereinander stehen.

Linux
eine von dem Norweger Linus Torvalds entwickelte → *freeware*-Variante von → UNIX, die zunehmend als Internet-Server-Umgebung eingesetzt wird. Linux wird auch von der → FSF unterstützt (vgl. → GNU). http://www.linux.org. Komplette CD-Distributionen sind u. a. erhältlich über http://www.delix.de

LIPX
Large → *IPX*.

LISP
List Processing Language, Programmiersprache, hauptsächlich im Bereich der → Künstlichen Intelligenz im Einsatz.

listener
(Zu-)Hörer; auch Bezeichnung für Geräte, die Daten ausschließlich empfangen (etwa Drucker).

listing
- Liste, Drucker-Output;
- Bezeichnung für den Ausdruck oder die Bildschirmdarstellung eines Programmcodes.

listserv
List Server, Programmname für ein Programm, das eine BITNET- bzw. EARN-Variante von → *newsgroups* darstellt und über E-Mail-Service funktioniert. Die in einer → *mailing list* erfaßten Teilnehmer erhalten jeden Beitrag automatisch per E-Mail zugestellt, jede eigene Einsendung wird an alle anderen Teilnehmer weitergeleitet.

little-endian
siehe → *big-endian*.

liveware
im Unterschied zu Hard- und Software: ein Lebewesen oder ein Mensch, vgl. auch → *wetware*.

living links
dynamische Verknüpfungen, siehe → *link*.

LK
Länderkennung für *Sri Lanka*.

LNB
Low-Noise Block Converter, die Empfangselektronik bei Parabolspiegeln (Satelliten-Empfang).

loading
laden
- die Übertragung von beliebigen Programmen oder Daten (Dateien oder etwa auch Fonts) von einem Peripheriegerät oder einem Datenträger in den Hauptspeicher eines Rechners, bisweilen auch als *uploading* (Heraufladen) bezeichnet;
- das „Herunterziehen" von Daten von einem größeren Rechner (etwa → *host*) auf einen angeschlossenen Client-Rechner, meist mit → *downloading* bezeichnet);
- eine Datenübertragung, die auf Aufforderung eines (späteren) Empfängers hin erfolgt (der sich beispielsweise von einem Anbieter Software oder Daten per → ftp holt).

lobotomy
eine Gehirn-Operation (Durchtrennung der Stirnhirn-Thalamus-Verbindung), übertragen für: Austausch einer CPU.

Local Area Network
→ LAN.

local bus
- internes → Bus-System;
- häufig Abkürzung für → *local bus connector*.

local bus connector
ein → Erweiterungsbus zur schnellen Verbindung von zusätzlicher Hardware (Grafikkarten, Soundkarten, etc.) mit dem internen Bus-System bzw. der CPU eines PC, wie etwa → VESA-Bus oder PCI-Bus.

local call
Ortsgespräch.

local chinaman
Außenstehender, Ausgeschlossener.

local exchange
Ortsvermittlung.

local host
der *Host*, zu dem ein User gerade Zugang hat, auf dem er sich gerade (virtuell) befindet bzw. dessen Dienste er gerade in Anspruch nimmt. Dies ist nicht immer der Rechner, zu dem eine direkte Telefonverbindung besteht (also der → Einwahlknoten, → *local node*), sondern kann auch ein, von diesem *local node* aus gesehen, → *remote host* sein.

local node
Der Einwahlknoten, also jener Rechner im Netz, mit dem ein User direkt per Telefonleitung verbunden ist.

locative domain name
eine Domainbezeichnung, die sich vom Ort ableitet, vgl. → Länderkennung.

log file
eine Logbuch-Datei bzw. → Protokoll-Datei.

logical
logisch; übertragen im Sinne von „nicht physisch" gebraucht. In der EDV wird nahezu immer so vorgegangen, daß zunächst „logisch adressiert" bzw. definiert wird und erst in einem weiteren Schritt die Zuordnung zum tatsächlichen, aktuell physisch gegebenen Rechner, Speicherbereich, Ausgabegerät usw. erfolgt. Diese Zuordnung erfolgt beispielsweise über eine Liste, die zu jeder logischen Adresse die derzeit gültige „echte" Adresse verzeichnet (vgl. → AMT, → DNS). Eine solche Entkopplung von logischem und physischem Bereich kann u. a. dazu dienen, Operationen oder Daten durch einen einfachen Adressenaustausch auf beliebige Geräte oder Adressen umzulenken (so kann etwa die Druckausgabe in eine Datei gelenkt werden), oder Programme bzw. Daten im Speicher nach Belieben zu verschieben (oder auch auszulagern). Durch eine solche Trennung ist es auch möglich, die Handhabung von Daten, Adressen oder Computersystemen so bequem und einfach wie möglich zu gestalten: alle Dateinamen, URLs, E-Mail-

Adressen usw. sind „logischer“ Natur und müssen für den eigentlichen Ablauf der entsprechenden Prozesse erst durch passende Verfahren übersetzt werden.

logical address
logische Adresse, eine vom User oder vom System vergebene relative Adresse, die erst durch verschiedene Transformationen in eine „tatsächliche“, physikalisch definierte Adresse umgesetzt wird. Vgl. → *logical.*

logical device
logisches Gerät, die vom System vergebene Gerätebezeichnung bzw. Adresse, im Unterschied zur „realen“ physikalischen Adresse bzw. Verbindung zu diesem Gerät. Vgl. → *logical,* → *port.*

logical link
logische Verbindung, eine über logische Adressen, Codes usw. definierte Verbindung (im Unterschied zur realen Kabel-Verbindung und Bitströmen); eine Verbindung auf der 2. Ebene (*data link layer*) des → *OSI Reference Model.* Vgl. → *logical.*

login
auch *log in, log on, logon* oder eingedeutscht „einloggen“, aktivierendes Anmelden eines Terminals bzw. eines Users beim → *Server,* Eröffnen der Verbindung zu einem → *Host.* Die Bezeichnung hat damit zu tun, daß ein solcher Vorgang immer in einer Logbuch-Datei protokolliert wird. Das Gegenstück zum *login* ist der → *logoff.*

login name
der Name, unter dem sich ein *User* beim Server anmeldet und der meist nicht mit seinem realen Namen, jedoch mit den User-Angaben in seiner → E-Mail-Adresse übereinstimmt.

login script
eine Datei, die alle für den → *login* bei einem bestimmten *host* erforderlichen Angaben enthält und für einen automatischen *login* verwendet wird.

logisch
→ *logical.*

logische Adresse
→ *logical address.*

logisches Laufwerk
Bezeichnung für den Speicherbereich einer Festplatte, der als „zusätzliche“ Festplatte formatiert wurde und wie ein weiteres Laufwerk angesprochen werden kann. Vgl. → *logical.*

logoff
auch *log off, log out, logout* oder eingedeutscht „ausloggen“, die korrekte Abmeldung eines Terminals oder die Beendigung einer *remote*-Verbindung, also das Gegenteil von → *login.*

logon
auch *log on,* → *log in.*

logout
auch *log out,* → *logoff.*

Lokales Netzwerk
→ LAN.

lol
- *lots of luck,* viel Glück;
- *laughing out loud,* lautes Lachen.

Long Distance Network
→ WAN.

loopback
Rückwärtsschleife, der Weg eines zu Testzwecken gesendeten Signals, das wieder zum Sender zurückgeschickt wird. Im IP ist die Standardadresse des *local host* beim *loopback* immer mit 127.0.0.1 bestimmt.

LoS
Loss of Signal, Signalverlust, führt zum Abbruch einer Datenübertragung.

lparen
left parenthesis, das Zeichen (, linkes Klammerzeichen; Klammer auf.

LPT

- *lineprinter*, (Zeilen-)Drucker;
- auch Bezeichnung für die Schnittstelle zu einem Drucker (→ Parallelschnittstelle). Da in der Regel mehrere solcher Schnittstellen vorhanden sind, wird nach LPT 1, LPT 2 usw. unterschieden.

LR

Länderkennung für *Liberia*.

LRC

Longitudinal Redundancy Check, ein Längsparität-Prüfsummenverfahren zur → Fehlerkorrektur.

LS

Länderkennung für *Lesotho*.

LT

Länderkennung für *Lithuania*.

LTE

Line Terminating Equipment, Leitungsendeinrichtung, eine Anschlußeinheit ans Telefonnetz (im ISDN → NT bzw. → NTBA).

LU

- Länderkennung für *Luxembourg;*
- *Logical Unit*, logisches Gerät, eine Station bzw. ein Knoten in einem SNA-Netz.

lurker

Lauscher, siehe → *lurking*.

lurking

lauschen, zuhören, meint die passive Teilnahme an einer *newsgroup* bzw. einem *chat*, wird meist positiv eingeschätzt.

luser

(aus *User* und *Looser*) Versager, User ohne Durchblick, Störenfried.

LV

Länderkennung für *Latvia*.

LWL

Lichtwellenleiter, ein Glasfaserkabel.

LY

Länderkennung für *Libya*.

Lycos

→ Suchdienst. http://www.lycos.de oder http://www.lycos.com oder http://lycos.cs.cmu.edu/

Lynx

- Übertragungsprotokoll, Vorläufer von → Puma;
- ein WWW-Browser für Unix-Systeme, entwickelt an der *University of Kansas*.

LZ77/LZ78

siehe → LZW.

LZW

ein nach den Initialen der Entwickler (Lempel, Ziv und Welch) benanntes Verfahren zur → Datenkompression. Im Unterschied zum → Huffman-Verfahren werden nicht einzelne Zeichen, sondern ganze Zeichenfolgen bearbeitet bzw. durch eine kurze Verweisangabe ersetzt. Dieser Verweis erfolgt auf eine vorangehende Original-Stelle in der zu komprimierenden Datei (ergänzt um eine Angabe, wieviele Zeichen ersetzt wurden). Dieses ursprüngliche Verfahren wird heute mit LZ77 bezeichnet, da es weitere Veränderungen erfuhr: in der LZ78-Variante der LZW-Kompression wird auf eine in der bearbeiteten Datei speziell angelegte Liste von häufig in der Datei auftretenden Zeichenfolgen verwiesen.

M
→ Mega.

MA
Länderkennung für *Marocco.*

MAC
- → *Media Access Control*;
- → MacIntosh.

MAC address
Media Access Control Address, die physikalische Adresse eines Gerätes innerhalb eines Netzwerks, meist eine → Ethernet-Adresse.

machinable
machine readable, maschinenlesbar; von Maschinen zu verarbeiten.

MacIntosh
kurz Mac, ein Personalcomputer der Firma Apple, proprieteräres Konkurrenzgerät zu Industriestandard-PCs, vorwiegend im Multimedia-Bereich (Grafikanwendungen, DTP, Audio) eingesetzt. Macs können relativ problemlos untereinander verbunden werden (→ AppleTalk-LAN).

macro
→ Makro.

macro recorder
spezielles Programm, mit dessen Hilfe beliebige Eingaben (über Tastatur, Trackball oder Maus) aufgezeichnet und bei Bedarf wiedergegeben werden können. Solche Programme werden benutzt, um in Programmen ohne eigene Makro-Funktion → Makros zu realisieren.

macro virus
→ Makrovirus.

Magellan
→ Suchdienst. http://www.mckinley.com

MagicNet
deutschsprachiges → Mailboxnetz.

magic smoke
der „Geist" im Mikroprozessor – wenn er (wie der Geist aus der Flasche) aufsteigt, ist der Chip tot.

mail
- etwas versenden;
- UNIX- bzw. Netware-Befehl für das Senden und Empfangen von Nachrichten;
- Abkürzung bzw. Synonym für → E-Mail.

Mailadresse
→ E-Mail-Adresse.

Mail Application Programming Interface
→ MAPI.

mailbomb
jemanden mit E-Mails bombardieren, seine Mailbox mit übermäßig großen E-Mails oder übermäßig vielen E-Mails völlig zuschütten. Wurde *mailbombing* früher bisweilen noch als eine (wenn auch brutale) „erzieherische Maßnahme" angesehen, wird derartiges Verhalten heute als ernsthafte Attacke aufgefaßt und kann dazu führen, daß der Netz-Zugang des Verursachers vom Provider gesperrt wird.

mailbot
→ Mailserver.

mailbox
- elektronischer Briefkasten bzw. ein System, das einen privaten Postdienst (→ E-Mail) in einem Datennetz zur Verfügung stellt;
- der persönliche „Briefkasten" eines E-Mail-Teilnehmers, also der auf dem E-Mail-Server für eingehende E-Mails reservierte Speicher;
- im deutschen Sprachraum auch Bezeichnung für ein System, das Dateien, Nachrichten und Informationen aller Art verwaltet und öffentlich zugänglich macht (→ *bulletin board system* (BBS) oder → *newssystem*). Mailboxen (BBSs) werden oft privat betrieben und sind häufig

nur zeitweise (nachts, am Wochenende) per Telefonzugang erreichbar, da keine Verbindung zum Internet besteht.

Mailboxnetz
ein Netz aus untereinander verknüpften Mailbox-Computern, etwa → FidoNet, → MagicNet, → MausNet, oder → Zerberus. Etliche Mailboxnetze sind über → *gateways* auch wieder untereinander oder mit dem Internet verbunden.

mail bridge
(*bridge* Brücke) ein spezielles → *mail gateway*, das → E-Mails nur passieren läßt, wenn sie bestimmte adminitrative Kriterien erfüllen.

mailer
ein → MTA oder ein → MUA; vereinzelt auch für *mail exchanger* verwendet.

mail exchanger
(*exchange* austauschen, versenden, wechseln) kurz MX, ein Rechner, der E-Mails verwaltet (empfängt, versendet und für den Benutzer zur Verfügung stellt).

mail exploder
ein Programm, das Mails an verschiedene Empfänger weiterleitet. *Mail exploders* werden eingesetzt, um → *mailing lists* durchzuführen.

mail gateway
ein → *gateway*-Rechner für E-Mail-Transfer zwischen mehreren Mail-Systemen bzw. Netzen, führt ggf. erforderliche Umcodierungen oder Adreß-Übersetzungen durch.

mailing list
eingedeutscht auch Mail-Liste oder Mailing-Liste, eine über → E-Mail abgewikkelte Form der → *newsgroup* bzw. die entsprechende Liste, über die dieser Service *(→ listserv)* abgewickelt wird. Jeder Teilnehmer muß sich beim entsprechenden → Mailserver in einer Teilnehmerliste registrieren lassen *(→ subscribe)* und erhält in der Folge alle Beiträge per E-Mail zugesandt, umgekehrt wird jeder eigene per E-Mail an den Mailserver eingesandte Beitrag an alle anderen registrierten Teilnehmer weitergeleitet. Zur Beendigung der Teilnahme ist eigens eine Abmeldung *(→ unsubscribe)* erforderlich. Mailinglisten sind bisweilen → moderiert, häufig im akademischen Bereich angesiedelt und oft mit sehr spezifischen und nur eingeschränkte Benutzerkreise interessierenden Themen befaßt. Vgl. → *mail reflector*, → *mail exploder*.

Mail-Liste
→ *mailing list*.

mail order
Bestellung per Post oder E-Mail (und Auslieferung per Post oder Lieferdienst).

mail order firm
(auch *mail order house*) Versandhaus.

mail path
vollständige Pfad-Angabe zur direkten Adressierung einer E-Mail, heute kaum noch verwendet, vgl. → *bang path*.

mail program
ein Programm, mit dem E-Mails erstellt, versendet und empfangen werden können, vgl. → *mailer*, → *MUA*.

mail reader
Synonym für *mail program*.

mail reflector
auch → *mailing list*, der Service bzw. die Adresse zur Weiterleitung von E-Mails an eine Gruppe spezifizierter Teilnehmer.

mail server
→ Mailserver.

mail server oder **mailserver**
auch *autoresponder* oder *mailbot*, ein Programm für die automatische Beantwortung von Anfragen, die per E-Mail eingesandt werden. Die Anfragen werden

als Kommandos im → *Body* der E-Mail übergeben, die Antwort erfolgt per E-Mail. *Mailserver* werden u. a. für → *mailing list*-Dienste eingesetzt, zudem sind auch → FTP-Zugriffe möglich, wobei die angeforderten Dateien per E-Mail an den User übermittelt werden.

mail space
Gesamtheit aller E-Mail-Rechner, -Adressen und Abläufe.

mailto
der Befehl bzw. das Programm zum Versand von E-Mails.

mail transport agent
→ MTA.

mail user agent
→ MUA.

mainboard
häufig auch → *motherboard*, die Hauptplatine des Computers.

mainframe
Großrechner.

main memory
Hauptspeicher.

main program
Hauptprogramm.

mains
(öffentliches) Stromnetz, Haupt-Stromnetz.

mains current
Netzstrom.

mains supply
Netzstromversorgung.

main storage
Hauptspeicher.

mains voltage
Netzspannung.

maintain
warten, unterhalten.

maintained data
aktuelle Daten, die auf dem Server vorliegen (im Unterschied zu archivierten Daten).

majordomo
ein mit → *listserv* vergleichbares Programm für einen → *mailing list*-Dienst.

makeln
Umschalten zwischen Telefongesprächen (bei ISDN).

Makro
eine festgelegte Reihe von Befehlen, häufig auch von beliebigen Eingaben bzw. Tastaturanschlägen oder Mausbewegungen. Ein solches Makro läßt sich meist innerhalb eines Programms speichern (unter einem frei zu vergebenden Befehlsnamen, oder es läßt sich „auf eine Funktionstaste legen") und wieder abrufen und realisiert innerhalb des jeweiligen Programms eine Art → *batch processing*. Einige Betriebssysteme bieten eingebaute → *macro recorder*, mit deren Hilfe auch für Programme ohne interne Makro-Funktion Makros gespeichert und gestartet werden können. Lassen sich Programmfunktionen mittels einer eigens dafür geschaffenen formalisierten „Sprache" programmieren, spricht man üblicherweise nicht von Makros, sondern von → Scripts.

Makro-Sprache
- der Umfang aller → Makro-Befehle eines Programms;
- Synonym für → Script-Sprache.

Makrobefehl
- meist Synonym für → Makro;
- bisweilen auch Bezeichnung für einen speziellen Befehl, mit dem eine ganz bestimmte Taste (Funktionstaste u. dgl.) oder eine Tastenkombination innerhalb eines Makros dargestellt wird (so könnte beispielsweise <ESC> für einen Anschlag der Escape-Taste stehen).

Makrovirus
ein in einer Makro-Sprache geschriebenes → Virusprogramm, das nicht Programme befällt, sondern Dateien von Programmen, die mit Makrobefehlen arbeiten (Textverarbeitungsprogramme, Tabellenkalkulationsanwendungen etc.).

MAN
- *manual,* Handbuch;
- *Metropolitan Area Network,* wörtl. „Stadt-weites Netzwerk“, ein regionales Netz, in dem mehrere LANs zusammengefaßt sind (vgl. → MLN).

Management Information Base
→ MIB.

Management Information System
→ MIS.

mangler
Manager.

mango
- Mango;
- auch Slang für Manager.

Mannesmann Mobilfunk
Betreiber des → D2-Netzes.

manpower
(menschliche) Arbeitskraft.

manual
Handbuch, Bedienungsanleitung (eines Programms, oder einer Maschine).

manual input
manuelle Dateneingabe.

many happy returns
→ mhr.

map
Karte, Straßenkarte; ein Verzeichnis der Struktur eines Netzwerks (Knoten und Links), das für das → *routing* verwendet wird (vgl. → *routing table*).

MAPI
Mail Application Programming Interface, eine von der Fa. Microsoft entwickelte Software-Schnittstelle für den direkten E-Mail-Versand aus einer beliebigen Anwendung heraus (unter Windows), vgl. → VIM.

Markt24
→ *virtual mall.*

Markt-Standard
→ Quasi-Standard.

martian
(wörtl. ungefähr: „vom Mars stammend“), ein Datenpaket, das aufgrund von Fehlern beim → *routing* oder wegen von vornherein falscher Adressierung schlagartig irgendwo auftaucht, wo es nicht hingehört.

Maschinenbefehl
ein Befehl, der von der → CPU verarbeitet werden kann (semiotisch ein Befehl der → Maschinensprache, physikalisch ein Signal, das die CPU zu einer bestimmten Aktion veranlaßt).

Maschinencode
auch Maschinenprogramm, Binär-Code, der von einer → CPU verarbeitet werden kann (ein Programm aus → Maschinenbefehlen).

Maschinenprogramm
synonym zu → Maschinencode.

Maschinensprache
die Gesamtheit aller Prozessorbefehle bzw. Steuerkommandos für eine → CPU. Zum Programmieren einer CPU bedient man sich meist nicht direkt der Maschinensprache, sondern einer „höheren“ Programmiersprache (→ *high level language*).

Massenspeicher
Speichermedium für große Datenmengen (CD, Festplatte, Tape usw.).

master password
Hauptpaßwort, für den vollständigen uneingeschränkten Zugriff auf ein System.

Matrix
- ein gleichmäßig in diskrete Einheiten unterteilter mehrdimensionaler Bereich (Feld, Gitter, Punkt-Netz etc.);
- alle Netze bzw. Stationen, die untereinander E-Mail-Austausch zulassen.

matrixmail
→ *netmail.*

MAU
auch MSAU, *Multistation Access Unit,* ein sogenannter Ringleitungsverteiler, verbindet bei → *Token Ring*-LANs mehrere Stationen an einem Punkt mit dem Netz.

Mäuseklavier
→ *dip switch.*

Maus
- Eingabegerät;
- ein Teilnehmer des → MausNet.

Mausknopf
einer der zwei oder drei Knöpfe auf der → Maus.

MausNet
deutschspachiges → Mailboxnetz, mit Gateways zu → FidoNet, → Internet und → Z-Netz.

Mauszeiger
ein durch die → Maus zu bewegendes Symbol (Pfeil, Hand usw.) auf dem Bildschirm.

maW
mit anderen Worten.

MAX
Maximum.

Maximum Transmission Unit
→ MTU.

MB
- → Megabytes;
- *Modem Busy,* Modem beschäftigt (belegt).

MBG
money back guarantee, Geld-zurück-Garantie.

MBit/s
Megabit (1.048.576 Bit) je Sekunde, Maß für die → Datenübertragungsrate.

MBONE
Multicast Backbone, experimentelles Hochgeschwindigkeits-Netz für → Multicast-Multimedia via Internet.

MBX
→ *mailbox.*

MBytes
→ Megabytes.

MC
- Länderkennung für *Monaco;*
- *microchip;*
- im Zahlungsverkehr: MasterCard (Kreditkarte).

MD
Länderkennung für *Moldova.*

MDY
Month Day Year, Monat, Tag, Jahr (Eingabeformat für Datumsangaben).

mean access time
mittlere Zugriffszeit, durchschnittlicher Zeitbedarf für den Zugriff auf Daten bzw. auf ein Speichermedium, meist in msec angegeben.

mean value
Mittelwert, Durchschnittswert.

meatware
im Unterschied zu Hard- und Software: der Mensch.

MEB
Memory Expansion Board, Speichererweiterungskarte.

Media Access Control
kurz MAC, Medien-Zugangs-Kontrolle, umfaßt die Art der Nutzung des jeweiligen Übertragungsmediums (Codierung, Modulation) und die Steuerung des Hardware-Zugriffs innerhalb eines Netzwerks (nach → *OSI Reference Model* Ebene 2). Die physikalischen Zugriffe auf einzelne Stationen im Netz erfolgen anhand der → *MAC address.*

Medienbruch
ein Wechsel von Medien innerhalb eines Arbeits- oder Produktionsablaufs. Meist

ist der Übergang von Papier zu elektronischen Speichermedien oder umgekehrt gemeint, der durch Konzepte wie *electronic banking*, *electronic publishing* oder „papierloses Büros" vermieden werden soll.

Medium
- Datenträger (Papier, Floppy etc.);
- physikalischer Träger bei der Datenübertragung (Kabel, elektromagnetische Wellen, Funkwellen, Licht).

MeDoc
Multimediale elektronische Dokumente, ein → *electronic publishing*-Projekt, http://me-doc.informatik.tu-muenchen.de

Mega
Mengenangabe (1.000.000), als Megabytes 1.048.576 Bytes.

Megabit
MBit, 1.048.576 Bit.

Megabytes
MB, 1.048.576 Bytes.

Megahertz
→ MHz.

Mehrfachrufnummer
meist engl. mit *Multiple Subscriber Number* (oder kurz MSN) bezeichnet, eine 8-stellige Endnummer, die zur Bestimmung des Endgerätes bzw. zur Durchwahl im Euro-ISDN dient. Im früheren deutschen ISDN (vor 1994) wurde eine → Endgeräteauswahlziffer (EAZ) verwendet.

Mehrfrequenz-Wählverfahren
→ MFV.

Mehrgeräteanschluß
ein ISDN-Anschluß (2 B-Kanäle), an den bis zu 8 Geräte angeschlossen werden können; vgl. → Basisanschluß.

Mehrpunktverbindung
→ *multicast*.

Mehrwertdienst
value added service, kurz VAS, ein über das Telefonieren hinausreichender Zusatz-Nutzen-Dienst (etwa Btx, Telex), der vom Telefonnetz-Betreiber angeboten wird und den Nutzwert des Telefonnetzes für Teilnehmer und Betreiber erhöht.

meltdown
Kernschmelze; übertragen für Systemabsturz oder Netzzusammenbruch.

memory
Gedächtnis, Speicher.

memory mapping
→ *paging*.

mental computation
Kopfrechnen.

menu bar
Menüliste oder Menüleiste (eines Programms).

mesh
Masche, Raute, das Zeichen #.

message
Botschaft, Nachricht;
- eine Nachricht in einem Nachrichtensystem (→ *news* in einer → *newsgroup*);
- eine E-Mail;
- beim Chatten eine persönliche Nachricht von einem IRC-Teilnehmer an einen anderen, die von den weiteren Teilnehmern nicht gelesen werden kann (IRC-Kommando: /msg Empfängername Nachricht);
- ein → Datenpaket.

message area
der Bereich einer → *message base*, in dem, vergleichbar zu einer → *newsgroup*, Nachrichten geschrieben bzw. nachgelesen werden können.

message base
ein in → *message areas* aufgeteiltes Nachrichtensystem (→ *newssystem*) innerhalb einer → *mailbox*.

message digest
ein vorwiegend auf Texte angewandtes Verfahren zur Ermittlung einer eindeuti-

gen Signatur, also zur Herstellung einer Reihe von Zeichen, die den Text identifizieren (→*fingerprint*). Die in RFC 1319, 1320 und 1321 definierten Verfahren (MD-2, MD-4 und MD-5) erzeugen einen 128-Bit-Schlüssel, der u. a. zur Echtheitsüberprüfung (→ *authentication*, → *verification*) eingesetzt werden kann.

message handling
wörtl. „Umgehen mit Nachrichten", allgemeine Bezeichnung für alle mit dem Empfangen und Versenden, Weiterleiten, Verwalten, Konvertieren und Identifizieren von elektronischen Nachrichten (→ *news*, → E-Mails) verbundenen Tätigkeiten, Dienste oder Geräte.

Message Handling System
kurz MHS, das CCITT-X.400-Protokoll für das → *message handling*. Der plattformübergreifende X.400-E-Mail-Standard ist nicht mit dem Internet-E-Mail-Protokoll identisch, über → *gateways* können jedoch die (vorwiegend auf UNIX-Rechnern) unter X.400 erstellten E-Mails beliebig in Internet-E-Mails konvertiert werden (und umgekehrt), ebenso wie die X.400-E-Mail-Adressen in Internet-E-Mail-Adressen umgesetzt werden können (und umgekehrt), vgl. → X.400-Adresse.

message switching
Synonym für → *packet switching*, → Paketvermittlung.

meta-character
ein Meta-Zeichen, → Platzhalter.

Metacrawler
→ Suchdienst (→ Metasucher). http://www.metacrawler.com

Meta-Daten
alle Daten, die Angaben zur Organisation von Daten enthalten (Prüfsummen, Dateinamen, Dateilängenangaben usw.).

meta-language
Meta-Sprache, eine zur Beschreibung einer anderen Sprache verwendete Sprache.

Meta-Netzwerk
ein aus anderen Netzwerken bestehendes Netzwerk, sozusagen ein Netzwerk höherer Ebene. Die übliche Bezeichnung hierfür ist → *internet*.

Metasearch
→ Suchdienst (→ Metasucher). http://metasearch.com

Meta-Sprache
→ *meta-language*.

Metasucher
auch Sammeldienst, ein → Suchdienst, der nicht auf eigene Indizes zurückgreift, sondern die Suchanfrage an mehrere andere Suchdienste weiterleitet und deren Ergebnisse dann an den Benutzer ausgibt. Einige bekannte Metasucher sind:

All4One	http://www.all4one.com
All-in-One	http://www.albany.net/allinone
Metacrawler	http://www.metacrawler.com
Metasearch	http://metasearch.com
Savy Search	http://www.cs.ccolostate.edu/~dreiling/smartform.html

Meta-Zeichen
→ Platzhalter.

metronet
überregionaler → IAP, der mit → Einwahlknoten in allen größeren Städten preisgünstigen Internetzugang anbietet (nur analog, zum monatlichen Festpreis); wird allmählich zum → Online-Dienst ausgebaut. Das Internet ist nur über → Proxy-Server erreichbar. http./www.metronet.de

Metropolitan Area Network
→ MAN.

MEZ
Mitteleuropäische Zeit (Zeitzone).

MFC
Multi Frequency Code, Mehrfrequenzcode (etwa der Code des → MFV).

mfg
mit freundlichem Gruß.

Mft
Mobilfunktechnologien.

MFV
Mehrfrequenz-Wählverfahren (engl. → DTMF), Tonwahlverfahren. Jeder Telefon-Taste ist eine bestimmte Doppel-Frequenz (aus Zeilenfrequenz und Spaltenfrequenz) zugeordnet, die Übermittlung der gewünschten Telefonnummer erfolgt nicht über elektrische Impulse (wie beim → IWV), sondern über Töne. Die gewünschten Töne können nicht nur über die Zifferntasten eingegeben werden, sondern auch beispielsweise über einen → *dialer*, per Computer-Lautsprecher oder durch ein simples Tonbandgerät, das an das Mikrofon gehalten wird. In Deutschland sind die meisten Ortsnetze bereits auf das MFV eingestellt.

MG
Länderkennung für *Madagascar*.

MGR
Manager.

MH
Länderkennung für *Marshall Islands*.

mhr
many happy returns (of the day), herzliche Glückwünsche.

MHS
→ *Message Handling System*.

MHz
Megahertz (1000 KHz), Frequenzangabe bzw. (bei Computern) die → Taktrate der → CPU.

MIB
Management Information Base, → SNMP-Datenbank mit Daten, die für den Betrieb eines → TCP/IP-Netzwerks erforderlich sind (Konfiguration, Hardware-Adressen etc.), als Internet-Standard definiert in RFC 1156.

Microcom Networking Protocol
→ MNP.

Microsoft
amerikanische Softwarefirma, 1975 von Paul Allen und Bill Gates gegründet, heute marktführende (bzw. marktbeherrschende) Stellung auf dem PC-Software-Markt (Betriebssysteme, Anwendungsprogramme). Betreibt das → Microsoft Network (MSN). http://www.microsoft.de

Microsoft Network
kurz MSN, internationaler Online-Dienst, dessen Angebote in Deutschland zum Teil auch für Kunden anderer Netzwerke (etwa → T-Online) zur Verfügung stehen. In Deutschland bietet MSN → Einwahlknoten mit Analog- und ISDN-Zugang in allen größeren Städten. http://www.msn.de

Microsoft Windows
→ Windows.

Mid Level Area Network
→ MLAN.

Mid Level Network
MLN, kurz für → MLAN.

Midi
Musical Instrument Digital Interface, Schnittstellenstandard für den Anschluß von Musikinstrumenten (Keyboards, Drums, etc.) an Computer.

Mietleitung
eine für längere Zeit gemietete Leitung, → Standleitung.

mil
military, → Bereichsname im Internet, siehe → *top-level-domains*.

Millisekunde
eine tausendstel Sekunde.

MILNET
Military Network, US-amerikanisches Militär-Netz, früher Teil des → ARPA-net, heute im → DDN und Teil des Internets. Im MILNET werden nur für die Öffentlichkeit freigegebene Nachrichten angeboten.

MIME
Multipurpose Internet Mail Extensions, erweitertes E-Mail-Protokoll (definiert in RFC 1341) zum Versenden von beliebigen binär codierten Multimedia-Daten oder Programmcodes über → E-Mail. Auch im WWW wird MIME verwendet, um die mit HTML-Dokumenten assoziierten Binärdateien (Grafiken, Audio-/Video-Dateien) zu übertragen. Vgl. auch → uuencode.

min
Minute.

MIN
Minimum.

MINS
Minor in Need of Services, hilfsbedürftiger Minderjähriger (bisweilen für Netz-Neulinge gebrauchte Bezeichnung.

mirror
(wörtl. Spiegel), ein „gespiegelter" Datenbereich, u. a. beispielsweise: die Kopie der Daten einer Festplatte auf einer anderen Festplatte (ggf. auf einem anderen Rechner), oder ein → FTP-Server, der die Daten eines anderen Servers bereithält *(→ mirror site)*. Spiegelung dient außer zur Absicherung gegenüber Systemausfällen vor allem der Beschleunigung von Zugriffen und der Vermeidung von → *traffic*.

mirroring
Plattenspiegelung, eine Betriebsart, bei der permanente Kopien von Daten auf einer zweiten Festplatte bzw. einem zweiten Rechner (*twin*, Zwilling) angelegt werden. Dient der Daten- und Ausfallsicherung (etwa bei Banken, Kreditkarten-Unternehmen, Zeitungen, usw.) und ermöglicht den Austausch einzelner Komponenten (Laufwerke usw.) während des Betriebs und vor allem (nahezu) reibungslosen Fortbetrieb bei Ausfall eines Systems.

mirror site
Spiegel-Server, ein *host*, der die Daten eines anderen oder mehrerer anderer *hosts* vorrätig hält, um häufig benötigte Daten schneller und unter Vermeidung von → *traffic* zur Verfügung stellen zu können. Die gespiegelten Daten sind meist FTP-Archive oder WWW-Seiten, sie werden regelmäßig (oft täglich) abgeglichen. Spiegel-Server sind meist den Übergängen in die nächst höhere Netz-Hierarchie (von LANs zu MLANs, von Mid-Level-Netzen in WANs) vorgeschaltet – kommt eine entsprechende Anfrage, werden die Daten nicht vom Original-Host abgeholt, sondern vom Spiegel-Server geliefert. Vgl. auch → *Proxy*.

MIS
Management Information System, ein computergestütztes Informationssystem, das innerbetriebliche Daten so aufbereitet (etwa betriebswirtschaftliche Kennzahlen ermittelt), daß sie zur Kontrolle und Steuerung des Unternehmens benützt werden können.

misc
- *miscellaneous*, Sonstiges, Vermischtes;
- im → UseNet die → *news hierarchy*, in der jene Themen eingeordnet werden, die unter den anderen Kategorien nicht einzuordnen sind.

miscellaneous
Sonstiges, Vermischtes.

miscount
- Rechenfehler;
- sich verrechnen.

misdate
- falsches Datum;
- falsch datieren.

misdirection
falsche Adresse.

misentry
falsche Eingabe.

misrout
fehlleiten.

missend
fehlleiten.

Mittenfrequenz
→ Trägerfrequenz.

mittlere Zugriffszeit
→ *mean access time*, durchschnittliche → Zugriffszeit.

mixed ware
ein zusammengewürfeltes System.

miye
mud in Your eye, Hals- und Beinbruch.

MK
Länderkennung für *Macedonia.*

ML
Länderkennung für *Mali.*

MLA
Multiple Letter Akronym, ein aus vielen Buchstaben bestehendes → Akronym.

MLAN
Mid Level Area Network, auch *Mid Level Network* (kurz MLN) oder *Regional Network* (kurz *Regional*), ein Netzwerk, das mehrere → LANs zusammenfaßt. Unter geographischer Betrachtungsweise werden MLANs bisweilen auch als *Metropolitan Area Networks* (MAN) bezeichnet.

MLN
Mid Level Network, verkürzt für → MLAN.

MM
Länderkennung für *Myanmar.*

mmw
mark my words, merke Dir meine Worte.

MN
Länderkennung für *Mongolia.*

MNP
Microcom Networking Protocol, von der Firma Microcom für die eigenen Modems entwickelte Modem-Protokolle zur Sicherung der Datenübertragung bzw. zur Kompression. MNP ist eine Hardware-Lösung (im Modem fest implementiert) und inzwischen auch bei Modems anderer Hersteller fast immer integriert. MNP führt eine blockweise Übertragung der Daten durch, wobei die Blocklänge und die verwendeten Sicherungs- und Kompressionsverfahren an die Datenstruktur und die Qualität der Übertragungsmedien angepaßt werden. Man unterscheidet bei MNP bislang 10 verschiedene Leistungsklassen (MNP1 bis MNP10, wobei MNP1 und MNP8 heute kaum noch verwendet werden); die Wahl des jeweiligen Protokolls wird in der Regel durch die Modems automatisch vorgenommen: beim Verbindungsaufbau und auch während der Übertragung stimmen sie sich automatisch untereinander ab.

MO
Länderkennung für *Macau.*

Mobile Switching Center
→ MSC.

MobileCam
eine → WebCam, deren Standort immer wieder wechselt, etwa http://www.stern.de/cam

Mobilfunknetz
mobile telephone network oder auch *cellular phone net*, ein über Funk betriebenes Telefonnetz. Ein Mobilfunknetz setzt sich (möglichst flächendeckend) aus von Basisstationen (→ BTS) erzeugten → Funkzellen zusammen, innerhalb derer mit → Mobiltelefonen Verbindungen aufgebaut werden können. Eingeschaltete → Handys sind automatisch mit der BTS verbunden, beim Verlassen der Funkzelle wird ebenso automatisch der Kontakt mit der benachbarten Basisstation geschaltet *(→ handover)*. Neben dem veralteten → C-Netz werden in Deutschland vor allem die → D-Netze und das → E-Netz betrieben.

Mobiltelefon
→ Handy, ein → schnurloses Telefon für den Anschluß an ein → Mobilfunknetz.

MOD
- Modem;
- Modulation;
- Musikdatei-Format (ursprünglich auf Commodore Amigas, heute allgemein).

Modacom
Mobile Data Communication, Datex-P-Funkdienst der Telekom.

mode
- Zustand, Modus; Betriebsart;
- unter DOS Kommando zur Anpassung von Bildschirm, Druckerschnittstelle und serieller Schnittstelle.

Modem
Modulator/Demodulator, ein Gerät zum Anschluß von Computern an das analoge Telefonnetz. Ein Modem übersetzt die digitalen Signale aus dem Computer in analoge Signale, die über das Telefonnetz gesendet und vom Modem auf der Empfängerseite wieder in digitale Signale umgesetzt werden. Modems werden an die → serielle Schnittstelle angeschlossen (→ externes Modem) oder sind als Steckkartenversionen (→ internes Modem) erhältlich, meistens verfügen sie neben den eigentlichen DFÜ-Funktionen (über → CCITT-V-Normen bzw. → MNP international genormt) zusätzlich über Fax- oder Anrufbeantworterfunktionalität. Für den Anschluß eines Computers an das ISDN-Netz wird sinnvollerweise eine → ISDN-Karte verwendet, die Anbindung von Modems via → a/b-Wandler ist weniger leistungsfähig.

Modem-Befehle
→ AT-Kommandos.

Modem Server
ein Server, der externen Teilnehmern den Zugang zum Netz via Telefon ermöglicht.

Modem-Standards
→ AT-Kommandos, → MNP, → V-Normen.

Moderator
einzelne Person oder Gruppe, verantwortlich für das Moderieren von → *newsgroups*, → *mailing lists* usw. Häufig besteht die Aufgabe nur in der Auswahl von Beiträgen, evtl. in der Zusammenstellung von Beiträgen zu einem → *digest*, vereinzelt werden jedoch auch weitergehende Entscheidungen, Beratungen, Betreuungen usw. vom Moderator erledigt.

Modul
ein einzelnes, abgeschlossenes System (Hard- oder Software), das über definierte Schnittstellen in ein anderes System eingebunden bzw. eingebaut werden oder mit anderen Systemen kommunizieren kann.

Modulation
- in der DFÜ Bezeichnung für die Umwandlung digitaler in analoge Signale (Gegenteil: → Demodulation); siehe → Modem;
- allgemein Begriff für alle Verfahren zur Datenübertragung, bei denen das → Nutzsignal als Veränderung einer → Trägerfrequenz codiert wird (wodurch diese „moduliert“ wird).

modulo
außer, ausgenommen.

mof
matter of fact, tatsächlich, faktisch gesehen.

MOL
machine-oriented language, maschinenorientierte Programmiersprache

mompls
moment, please, einen Moment, bitte, vgl. → jampl.

MON
Monitor; → *monitoring*.

monitoring
Überwachung von Netzwerkfunktionen.

morf?
male or female?, männlich oder weiblich? (passende Antworten u. a.: → motas, → motos, → motss, oder einfach → xx oder → xy).

Morsealphabet
von Samuel Morse (1791-1872) entwickelter Binär-Code für die Telekommunikation (kurze und lange Impulse bzw. Töne, etwa: ... — ... S O S).

Mosaic
NCSA-Mosaic, der erste → WWW-Browser mit grafischer Oberfläche, entwickelt am → NCSA und für nahezu alle Plattformen als *freeware* oder *shareware* erhältlich. Inzwischen von → Netscape Navigator und → Microsoft Internet Explorer in den Hintergrund gedrängt.

motas
member of the appropriate sex, vom gewünschten Geschlecht.

MOTD
message of the day, Meldung des Tages.

motherboard
auch *mainboard*, Systemboard oder Systemplatine genannte Hauptplatine (des PC), also jene zentrale Leiterplatte, auf der Prozessor, Bus- und Erweiterungsbussystem, Speicherbausteine usw. angebracht sind.

Motion Pictures Experts Group
→ MPEG.

motos
member of the opposite sex, vom anderen Geschlecht.

motss
member of the same sex, gleichgeschlechtlich.

mozilla
ehemaliger Produktname (heute noch als Slang-Ausdruck gebraucht) des → Netscape Navigator.

MP
Länderkennung für *Northern Mariana Islands*.

MP2
→ MPEG-Audio (Dateikennung).

MPDU
Message Protocol Data Unit, → PDU.

MPEG
Motion Pictures Experts Group,

- ein → ISO-Gremium zur Erarbeitung von Audio- und Video-Normen;
- die von diesem Gremium erarbeiteten Codierungs- bzw. Kompressionsverfahren, die zunehmend auch im → WWW eingesetzt werden. MPEG-Videos setzen für die *full-screen*-Darstellung eine spezielle Hardware-Ausrüstung (MPEG-fähige Bildschirmkarte) voraus; es wird nicht eine Abfolge aus Einzelbildern, sondern die Veränderung gegenüber einem Vorgängerbild codiert. MPEG-codierte Videos haben die Dateiendekennung MPG, Audio-Dateien sind durch die *extension* MP2 gekennzeichnet.

MPG
→ MPEG-Video (Dateikennung).

MPR
Multi-Protocol Router, ein → *router*, der mehrere → Protokolle unterstützt.

MQ
Länderkennung für *Martinique*.

MR
Länderkennung für *Mauritania*.

MS
Länderkennung für *Montserrat*.

MSAU
→ MAU.

MSC
Mobile Switching Center, Mobilfunk-Vermittlungsstelle (vermittelt zwischen Teilnehmern und Netzen).

MSD
Microsoft Diagnostics, im MS-DOS-Betriebssystem-Paket enthaltenes Diagnose-Programm für PCs, das die Hardware eines PCs untersucht und u. a. die vorhandenen Schnittstellen, elektronischen Bausteine und Adressen anzeigt.

msg
message, Nachricht, Botschaft; Meldung.

MSN
- → Microsoft Network;
- *Multiple Subscriber Number,* → Mehrfachrufnummer.

MT
Länderkennung für *Malta.*

MTA
- *Mail Transport Agent,* ein Programm, das Internet-E-Mails weiterleitet; vgl. → *mailer,* → MUA, → SMTP;
- *Message Transfer Agent,* ein Programm, das X.400-Mails weiterleitet.

MTBF
Mean Time Between Failures, durchschnittliche Zeit (Betriebsstunden) zwischen dem Auftreten von Fehlern, ein von Herstellern verwendetes Maß zur Angabe der Betriebssicherheit bzw. Haltbarkeit ihrer Erzeugnisse.

mtm
made to measure, nach Maß, maßgeschneidert.

MTU
Maximum Transmission Unit, die größte zulässige Länge für ein *data packet* bzw. → *frame* (gültig für ein bestimmtes Medium oder definiert durch ein → Protokoll).

MU
- Länderkennung für *Mauritius;*
- chinesisch für „Wau", eine aus einem berühmten Zen-Koan stammende Antwort, die (etwa) besagt, daß sich eine bestimmte Frage nicht vernünftig beantworten läßt.

MUA
Mail User Agent, auch kurz UA (*User Agent*), ein Programm, das einem Benutzer das Empfangen, Bearbeiten und Versenden von E-Mails ermöglicht; vgl. → *mailer,* → MTA.

MUD
Multi User Dungeon, ein Abenteuerspiel (Rollenspiel) für mehrere Teilnehmer, das textbasiert über ein Netzwerk abgewickelt wird. http://santana.uni-muenster.de/~mud/mud.de

multi-carrier-Verfahren
Vielfach-Trägerfrequenz-Verfahren, ermöglicht die simultane Nutzung vieler (etwa bei → PEP bis zu 512) Trägerfrequenzen zur maximalen Ausnutzung einer Telefon-Übertragungsleitung.

multicast
Mehrpunktverbindung; ein Datenpaket gleichzeitig an mehrere (definierte) Stationen im Netz senden.

multicast backbone
→ MBONE.

multifunction modem
Mehrfunktionsmodem, ein Gerät, das nach mehreren Standards bzw. Protokollen arbeiten kann.

MultiHoming
Betrieb mehrer → virtueller Server auf einem Host-Rechner.

Multimedia
unscharfer Begriff, bezeichnet u. a.
- die Kombination verschiedener Dienste in einem Gerät (Telefon, Fax, Internet, Fernsehen etc. im PC vereint);
- die Zusammenfassung verschiedener herkömmlicher Medien (Print-Medien, TV, Computer, Netzwerke etc.) zu einem einheitlichen und über ein Gerät bedienbaren Gesamtangebot;
- die interaktive Integration von Text, Grafik, Audio und Video in einem Programm (etwa → WWW-Browser).

Multimediagesetz
in der ersten Fassung im Juni 1997 vom Deutschen Bundestag verabschiedetes Gesetz, das u. a. die Verantwortung für die Inhalte im Internet regelt. Jeder Anbieter ist für die Inhalte selbstproduzierter Seiten voll verantwortlich, Provider werden bei der Verbreitung indizierter Inhalte zur Verantwortung gezogen, soweit sie von solchen Inhalten Kenntnis haben und es technisch möglich und zumutbar ist, den Zugriff auf diese Seiten zu unterbinden. Vgl. → Zensur.

Multiperplexer
Juxbegriff für ein vielfach überraschendes Gerät, Ereignis oder menschliches Wesen.

Multiple Virtual Storage
→ MVS.

Multiplexer
Hardware-Einrichtung, mit der die Aufteilung eines Kanals in mehrere Kanäle (oder umgekehrt) möglich ist, → Multiplexing.

Multiplexing
Aufteilung eines Übertragungskanals in mehrere Kanäle. Eine solche Aufteilung kann phasenbezogen (zeitliche Aufteilung) oder frequenzbezogen (Aufteilung der Bandbreite) erfolgen, auch die Mischung beider Formen ist möglich. Multiplexing setzt → Modulation voraus und ist seinerseits die technische Voraussetzung dafür, daß mehrere Teilnehmer eine Leitung parallel nutzen können, daß Netzwerke mit → *bus topology* aufgebaut werden können, oder daß der Empfang von Stereosendungen, Videotext usw. möglich ist.

multiprocessing
allgemeine Bezeichnung für sequentielles Abarbeiten mehrerer eigenständiger Prozesse (Tasks, Jobs, Threads), wobei die CPU jedem Prozess eine gewisse Zeitspanne zur Verfügung steht. Da dieser Wechsel zwischen den Prozessen so schnell geschieht, daß der Benutzer nichts wahrnimmt, nennt man den Ablauf → quasi-parallel (im Unterschied zu echter → Parallelverarbeitung). Betriebssysteme wie → UNIX oder Oberflächen wie → Windows gestatten die Ausführung von *multiprocessing*, wobei die den einzelnen Prozessen zur Verfügung gestellte Zeit über Zeitscheiben-Einteilung und die Vergabe von Prioritäten gesteuert werden kann. Vgl. → *multitasking*, → *multithreading*.

Multi-Protocol Router
→ MPR.

Multipurpose Internet Mail Extensions
→ MIME.

multitasking
→ *multiprocessing* auf Betriebssystem-Ebene, also quasi-parallele Durchführung mehrerer → *tasks*.

multithreading
→ *multiprocessing* auf Anwenderprogramm-Ebene, also die quasi-parallele Durchführung mehrerer → *threads*.

Multiuser-Betrieb
Mehrbenutzer-Betrieb, vor allem bei Großrechnern oder in Netzen verbreitete Betriebsart, bei der mehrere User zur gleichen Zeit einen Rechner oder ein System (Datenbank, WWW-Server etc.) nutzen. Multiuser-Betrieb setzt → *multiprocessing* bzw. → *multitasking* voraus und wird meist nach dem → *client/server*-Modell realisiert.

MUX
→ Multiplexer.

MV
Länderkennung für *Maldives*.

MVnet
regionaler → IAP, Schwerin. http://www.mvnet.de/

MVS
Multiple Virtual Storage, Mainframe-Betriebssystem der Firma IBM.

MW
Länderkennung für *Malawi*.

MX
- → *mail exchanger*.
- Länderkennung für *Mexico;*

MY
Länderkennung für *Malaysia*.

myob
mind Your own business, kümmer Dich gefälligst um Deinen eigenen Dreck.

MZ
Länderkennung für *Mozambique*.

NA
Länderkennung für *Namibia*.

NAC
Network Adapter Card, → Netzwerkkarte.

Nacamar Data Communications GmbH
überregionaler → IAP, Dreieich. http://www.nacamar.de/

Nachricht
→ *message*, *E-Mail*, → *news*.

Nachrichtenbaum
→ *thread*.

Nachrichtenforum
eine → *newsgroup*.

Nahecho
siehe → Echo.

Nahnebensprechen
→ NEXT.

nailed connection
wörtl. „genagelte Verbindung", eine Standleitung.

NAK
- *negative acknowledgement*, negative Bestätigung, Steuerzeichen (ASCII 21) beim *handshake*, das anzeigt, daß die Daten fehlerhaft empfangen wurden oder daß der Empfänger gerade nicht für eine Übertragung bereit ist;
- beim Chatten sinngemäß verwendet (ist leider nicht angekommen; bin gerade beschäftigt; kann ich nicht bestätigen). Das Gegenteil ist → ACK.

name resolution
Namens-Auflösung, die Umsetzung einer alphabetischen Adresse in die numerische Adresse, meist die Umsetzung der → DNS-Adresse in die entsprechende → IP-Adresse.

name-server
- ein Server, der die → *name resolution* im → DNS durchführt oder die Zuordnung von E-Mail-Adressen vornimmt;
- ein Server, der einen → *White Pages*-Service (etwa ein → *corporate directory*) realisiert.

naming convention
Benennungs-Vereinbarung, eine Übereinkunft über die Art der Adressierung (von Usern, Hosts oder einzelnen Stationen sowie von Programmen oder Dateien) innerhalb eines Netzwerks. Vgl. → UNC, → Internet-Adressen.

NAP
Network Access Point, Netzwerk-Zugangs-Punkt, ein Verbindungspunkt zwischen Netzen bzw. ein Zugang zum Internet.

National Science Foundation
→ NSF.

native tongue
Muttersprache.

naughty-line
Scherzbezeichnung für → T-Online (wohl aus → *no-tea-line* entstanden).

Navigation
die Steuerung der Fortbewegung (der Sprünge) in einem → Hypertext-System, etwa dem → WWW.

Navigator
→ Netscape Navigator.

nbd
no big deal, nichts besonderes, kein großes Ding.

NBP
Name Binding Protocol, ein → AppleTalk-Protokoll zur Umwandlung von → logischen Gerätebezeichnungen in Hardware-Adressen (und umgekehrt).

NC
- Länderkennung für *New Caledonia;*
- → *No Carrier.*

NCI
non coded information, unkodierte Nachricht.

NCP
- *NetWare Core Protocol,* das Betriebssystem von → *Novell NetWare*;
- früher auch *Network Control Protocol,* das im ARPAnet benutzte Vorgänger-Protokoll von → TCP/IP.

NCSA
National Center for Supercomputing Applications, an der *University of Indiana,* entwickelte u. a. den Web-Browser → MOSAIC. http://www.ncsa.uiuc.edu

NCSA Mosaic
→ Mosaic.

nd
no date, undatiert, ohne Datum.

NDA
non-disclosure agreement, Schweigevereinbarung; Vereinbarung zur Nichtveröffentlichung.

NDIS
Network Driver Interface Specification, Microsoft-Protokoll, das zur Spezifikation von → Netzwerkkarten bzw. zum gleichzeitigen Betrieb mehrerer solcher Karten dient.

NDS
Netware Directory Services, eine Datenbank unter Novell Netware mit allen Daten, die für den Betrieb des Netzes erforderlich sind (User-Adressen, Login-Daten, Netzkonfiguration, Hardware-Adressen etc.).

NDÜ
Netz- und Dienste-Übergang, Schnittstelle zwischen verschiedenen Netzen und/oder Diensten.

NE
Länderkennung für *Niger.*

Nebensprechen
crosstalk, auch Übersprechen; gegenseitiges Stören von Datenübertragungen, die auf benachbarten Leitungen oder Funk-Frequenzen stattfinden. Vgl. → *drop-in,* → FAXT, → NEXT.

negative acknowledgement
→ NAK.

NEP
never ending program, ein niemals endendes Programm (außer dem → Betriebssystem beispielsweise auch → *daemons* oder → *dragons*).

NEREN
Nebraska Research and Education Network.

NERSC
National Energy Research Supercomputer Center.

NES
National Education Supercomputer.

net
- *network,* → Bereichsname im Internet, → *top-level-domains*;
- kurz für *network,* das Netz; das Internet;
- in der Schreibweise NET Abkürzung für *Normes Européennes des Télécommunication* (frz.), die Normen der → ETSI.

net.god
jemand, der das Internet miterfunden und und bis heute miterlebt hat und alles (über das Internet) weiß.

net.personality
eine bei Internet-Usern berühmte Person. Ursprünglich waren mit dieser Bezeichnung nur Internet-intern bekannte Personen gemeint gewesen (etwa die in RFC1251/FYI9 namentlich aufgeführten Zelebritäten), inzwischen gelten jedoch neben Computer-Gurus und Internet-Methusalems auch politische oder reli-

giöse Führer, SF-Autoren, Top-Models oder Sportler zu den Internet-Berühmtheiten. Im weitesten Sinn zählen auch verschiedene virtuelle Personen (Comicfiguren wie Popey oder Werner o. ä.) oder reale Haustiere (etwa die Katze des Präsidenten der Vereinigten Staaten, die über den → *whitehouse-server* erreichbar ist, oder der Papagei aus der → PetCam) zu den *net.personalities.*

NetBEUI
NetBIOS Extended User Interface, von Microsoft entwickeltes Netzwerkprotokoll für einfache LANs, von verschiedenen Netzwerk-Betriebssystemen unterstützt.

NetBIOS Extended User Interface
→ NetBEUI.

NetCologne
regionaler → IAP, Köln. http://www.netcologne.de/

netfind
→ Telnet-Dienst zur geographisch eingeschränkten Suche nach E-Mail-Adressen.

Netguide (Focus)
→ Suchdienst. http://netguide.de

Netikette
→ netiquette.

netiquette
ein Verhaltenskodex für die Teilnehmer an einem Netzdienst bzw. am Internet, der von den meisten → Netsurfern auch freiwillig eingehalten wird. In den *Netiquette Guidelines* in RFC 1855 (FYI 28) sind die von der IETF vorgeschlagenen Regeln nachzulesen.

netlag
im Internet bzw. bei der Benutzung bestimmter Internet-Dienste (vor allem → IRC) auftretende Wartezeiten.

netmail
auch *matrixmail,* im FidoNet Bezeichnung für eine persönliche Mail an einen anderen Teilnehmer.

netnews
öffentliche Nachrichten, meist Synonym für → *newsgroups* oder das → Usenet.

Netscape Communications Corp.
von einem der → MOSAIC-Programmierer gegründetes amerikanisches Softwareunternehmen, das Internet/Intranet-Server und -Client-Produkte entwickelt und vertreibt. http://www.netscape.com (engl.) oder http:/home.de.netscape.com /de/index.html (dt).

Netscape Navigator
verbreiteter grafikorientierter → Web-Browser für diverse Plattformen, entwickelt und vertrieben durch die amerikanische Firma → Netscape Communications, in einer einfachen Version meist kostenlos durch → IAPs bzw. als → *freeware* verteilt (die erweiterte Version des Programms wird unter der Bezeichnung "Netscape Navigator Gold" vertrieben). Netscape unterstützt u. a. Sicherheitsstandards (MD2, MD5 etc.), erweiterte → HTML-*features* und → JavaScript. http://www.netscape.com

Netsurf.de Internet Services
überregionaler → IAP, ausländische Webseiten nur über → *Proxy-Server.* http://www.netsurf.de

Netsurfer
Menschen, die das → Internet (oder andere Datennetze) als Medium zur Freizeitgestaltung nutzen bzw. im WWW-Netz „surfen", also von *page* zu *page* springen.

netter
jemand, der das Netz durchwandert, erforscht.

Netto-Datentransferrate
→ *data rate.*

Netware
von → Novell 1983 entwickeltes Netzwerkbetriebssystem, führend im PC-Bereich, aber auch auf MacIntosh oder

Unix-Rechnern verwendet. Netware kann auf allen → LANs (→ Arcnet, → Ethernet, → Token Ring) eingesetzt werden.

Netware Directory Services
→ NDS.

Netware Lite
→ Personal Netware.

Netware Loadable Module
→ NLM.

Netware Management System
→ Netzwerkmanagement-System der Firma Netware.

network
Netz, → Netzwerk, → Datennetz.

Network Access Point
→ NAP.

network adapter card
kurz NAC, → Netzwerkkarte.

network address
→ *network number*.

network configuration
Netzarchitektur, Aufbau eines Netzwerks.

network congestion
Überlastung des Netzwerks, Datenstau (ähnlich *traffic congestion*, Verkehrsstau).

Network Driver Interface Specification
→ NDIS.

Network File System
→ NFS.

Network Information Center
→ NIC.

Network Information Services
→ NIS.

Network Job Entry
→ NJE.

network layer
Netzwerkschicht bzw. Vermittlungsschicht, die 3. Schicht des → *OSI Reference Model*.

Network Management System
kurz NMS, alle für ein → Netzwerkmanagement erforderlichen Programme.

network mask
→ *address mask*.

Network News Transfer Protocol
→ NNTP.

network number
auch als *network address* bezeichnet, die das Netzwerk bezeichnende Nummer innerhalb der → IP-Adresse.

Network Operations Center
→ NOC.

network operating system
kurz NOS, das Betriebssystem (Netware, Windows NT usw.), über das ein Netzwerks verwaltet und betrieben wird.

Network Services Provider
ein → Online-Dienst oder → ISP.

network termination point
Endgerät-Anschluß (beim Telefon- bzw. ISDN-Anschluß).

Network Terminator
→ NT.

Netz
- ein → Datennetz bzw. Datenübertragungsnetz;
- das Internet.

Netzabschluß
→ NT, → Abschlußwiderstand.

Netzbetreiber
→ *provider*.

Netz-Topologie
→ Netzwerk-Topologie.

Netzwerk
ein Kommunikationssystem aus untereinander verbundenen Computern. Man un-

terscheidet nach der Ausdehnung u. a. *Local Area Networks* (→ LAN), *Metropolitan Area Networks* (→ MAN) und *Wide Area Networks* (→ WAN). Ein Verbund von Netzen untereinander wird als *internet* bezeichnet.

Netzwerk-Adapter
→ Netzwerkkarte.

Netzwerk-Betriebssystem
ein → Betriebssystem bzw. eine Sammlung von Programmen für den Betrieb eines → Servers.

Netzwerkkarte
auch NAC, NIC, LAN-Karte usw., eine Steckkarte zum Anschluß eines Rechners an ein Netz.

Netzwerklaufwerk
ein auf dem zentralen Server in einem Netz allen Teilnehmern zur Verfügung gestelltes Laufwerk (oder Bereich auf einem Laufwerk), das dem jeweiligen Teilnehmer als weiteres (→ logisches) Laufwerk zur Verfügung steht, d. h. wie jedes andere Laufwerk auf dem angeschlossenen Rechner angesprochen werden kann. Vgl. → NFS.

Netzwerkmanagement
- die Steuerung und Überwachung des laufenden Betriebs eines Netzwerks (vgl. → Netware, → LAN Manager);
- vereinzelt Synonym für → Systemverwaltung.

Netzwerk-Protokoll
ein → Protokoll, das die Kommunikation innerhalb eines Netzwerks definiert, es umfaßt im allgemeinen mehrere Schichten des → *OSI Reference Model*.

Netzwerkschicht
→ *network layer*.

Netzwerksoftware
- Software für den Betrieb eines Netzes;
- Software, die netzwerktauglich ist bzw. in einem Netzwerk genutzt werden kann (etwa *workgroup*-Software).

Netzwerkterminator
→ NT.

Netzwerk-Topologie
der Aufbau bzw. die (physikalische) Struktur eines Netzwerks. Man unterscheidet Bus- (alle Rechner an einer Leitung), Ring- (ein zu einem Ring geschlossener Bus), Stern- (alle Rechner sind an einer zentralen Station angehängt) und Baumtopologie (mehrere Sterne hintereinander).

never mind!
ist schon recht!

newbie
ein Neuling (im Internet).

news
- öffentlich zugängliche Nachrichten, Neuigkeiten;
- Kurzbezeichnung für das Gesamt aller im Internet zugänglichen *newsgroups*, also das → UseNet;
- Abkürzung für → *newsgroup*;
- Name einer → *news hierarchy* im → UseNet zum Thema *news* (technische, organisatorische und sonstige UseNet-Interna).

newsadmin
newsgroup-administrator, Verwalter einer → *newsgroup*, → *admin*.

news article
Artikel, einzelner Eintrag innerhalb einer → *newsgroup* oder in einem → *newssystems*. Die Veröffentlichung eines Artikels wird als → *posting* bezeichnet, die Antwort auf einen Artikel nennt man → *followup*.

Newsartikel
eingedeutscht für → *news article*.

newsfeed
der durch → *news* erzeugte Datenverkehr, die neuen Newsartikel, die im Netz in Umlauf sind; auch der Rechner, der *news* ins Netz einspeist.

newsgroup

kurz ng, auch *area, board, bulletin board, chat, group, discussion group* Gruppe, Diskussionsgruppe, Forum, Diskussionsforum, Brett oder Schwarzes Brett genannt, jede öffentliche, thematisch eingegrenzte Sammlung von Beiträgen (aktuell gechatteten Kommentaren ebenso wie → *news articles*) zu einem bestimmten Thema innerhalb des → *newssystems* eines Datennetzes. Die Bezeichnung stammt aus dem → UseNet.

newsgroup-Themen

die → *newsgroups* sind hierarchisch nach Themen sortiert (vgl. → *news hierarchy*), u. a.:

alt	Allgemeines;
comp	Computer-Themen;
misc	(*miscellaneous*) Vermischtes;
news	*newsgroup*-bezogene Themen;
rec	(*recreation*) Entspannung, Kunst, Hobbies;
sci	(*science*) Wissenschaft und Forschung;
soc	(*social*) Politik und Soziales;
talk	allgemeine Diskussion.

news hierarchy

wörtl. Nachrichten-Hierarchie. News bzw. → *newsgroups* werden thematisch hierarchisch gegliedert, zudem unterhalten viele → *newssystems* regionale oder lokale *newsgroups* bzw. teilen die *news* nach der jeweils verwendeten Sprache (English, Deutsch usw.) ein. Im UseNet wird die Hierarchie aus folgender Grundeinteilung (die sogenannten Big7) entwickelt: → comp, → misc, → news, → rec, → sci, → soc, → humanities, → talk, daneben auch u. a. → alt, → biz, → ddn, → ieee und → info, wobei dann wiederum jede dieser Kategorien wieder hierarchisch weiter unterteilt ist. Zur Adressierung einer gewünschten *newsgroup* werden einfach die jeweiligen Kategorien bzw. Subkategorien angegeben (mit Trenn-Punkten zwischen den Ebenen), also etwa: soc.rights.tibet.

newsreader

Programm (oder in einen → Browser integriertes Teilprogramm) für den Zugang zu → *newsgroups*, das ein Lesen der einzelnen Artikel bzw. das → *posting* eigener Artikel ermöglicht.

newsserver

- ein Programm oder ein Rechner für die Verwaltung eines → *newssystems*;
- im → UseNet ein → Server, auf dem die *newsgroups* bzw. → *news articles* bereitgestellt werden, und der zudem → E-Mails senden und empfangen kann.

newssystem

ein öffentliches Nachrichtensystem innerhalb eines Netzwerks, häufig auch als *bulletin board system* oder *mailbox* bezeichnet. Ein solches System wird durch die Gesamtheit aller innerhalb des Datennetzes öffentlich zugänglichen, hierarchisch-thematisch (in → *newsgroups*) geordneten Informationen, sowie die zur Bereitstellung und Verwaltung (→ *newsserver*) bzw. zum Zugang (→ *newsreader*) erforderliche Hard- und Software gebildet. Auch einzelne Hosts innerhalb eines Netzes bzw. die darauf befindlichen Dateien und Programme werden oft als *mailbox*, bbs oder eben *newssystem* bezeichnet. Fast jedes Datennetz verfügt über mindestens ein solches Nachrichtensystem; das *newssystem* des Internets wird durch *news* bzw. das → UseNet gebildet.

newsticker

ein Programm, das regelmäßig aktualisierte und ggf. themenbezogene Nachrichten aufbereitet und für die Darstellung in → WWW-Browsern zur Verfügung stellt. *newstickers* können als → *Clients* auf dem PC eines Teilnehmers realisiert sein (sie durchforschen vorgegebene → *WebPages* nach neuen Informationen) oder als Server-basierte Leistung in frei abrufbare *WebPages* integriert werden (hierfür ist meist eine Registrierung erforderlich).

Nexor
→ Suchdienst. http://pubweb.nexor.co.uk/public/welcome.html

NEXT
Near End Crosstalk, Nahnebensprechen, → Nebensprechen (am eigenen Leitungsende), vgl. → FAXT.

NF
Länderkennung für *Norfolk Island*.

NFS
Network File System, ein von Sun Microsystems entwickeltes Dateizugriffsprotokoll, das längst Internet-Standard wurde (RFC 1094, RFC 1813) und den Zugriff auf Dateien via Netzwerk ermöglicht. Die Dateien werden nicht (wie etwa beim → FTP) übertragen, sondern die NFS-Clients (LAN-PCs) können auf Dateien eines NFS-Servers genauso zugreifen wie auf lokale, also auf der eigenen Festplatte vorhandene Dateien. Vgl. → Netzwerklaufwerk.

ng
- → *newsgroup*;
- Länderkennung für *Nigeria*.

nhoh
never heard of him/her, noch nie von dieser Person gehört.

NI
Länderkennung für *Nicaragua*.

nibble
ein Halbbyte, vier Bits.

NIC
- *Network Information Center*, ganz am Anfang des Internet bloß Kurzbezeichnung für das → DDN-NIC, mit der Ausweitung des Internet jedoch allgemein verwendet für die Instanzen, die einer → *top level domain* verwaltungstechnisch voranstehen. Ein NIC erledigt nicht nur allgemeine Informations- und Support-Aufgaben innerhalb des Internets, sondern ist auch für die Vergabe und Verwaltung von Namen (Hostnamen, Subdomains etc.) und Netzadressen zuständig bzw. betreibt entsprechende → *name-server*. Das zentrale Internet-NIC ist über http://www.internic.net zu erreichen, das für Deutschland (als Domain DE) zuständige NIC ist das → DE-NIC. Vgl. auch → NOC.
- *Network Interface Card*, → Netzwerkkarte.

nicht-dediziert
siehe → *nondedicated server*.

nickname
(falsch, aber gerne eingedeutscht: Nikolaus-Name) Spitzname, Pseudonym. Beim Chatten im → IRC wird nicht der beim *login* verwendete Name, sondern das (durch das Kommando /NICK definierte) Pseudonym angezeigt.

nickname collision
Namensüberschneidung, Fehlermeldung bei bereits vorhandenem (und zufällig auch von einem weiteren Chat-Teilnehmer gewünschten) *nickname*.

night mode
Nacht-Modus, bezeichnet bei Hackern die Aktivitätsphase (da aufgrund der Telefongebührenstruktur zumeist bei Nacht gearbeitet wird).

NII
National Information Infrastructure, das U.S.-amerikanische *data highway*-Projekt.

nil
- *no items located*, keine Einträge vorhanden;
- übertragen: nein, nichts.

nirvana
- (Sanskrit) das Erlöschen, die Leere;
- übertragen für etwas Unerreichbares, nicht mehr Auffindbares (etwa: Dateien im Daten-Nirvana); vgl. → *hyperspace*.

NIS
Network Information Services,

- Synonym für → NIC;
- die von einem → NIC angebotenen Informationsdienste (Informationsangebot über Benutzer, Rechner usw.).

NISO
National Information Standards Organisation, amerikanische Einrichtung zur Entwicklung von Normen im Bereich der Informationstechnologie.

NIST
National Institute of Standards and Technology, Normungsinstitution, die der amerikanischen Regierung unterstellt ist und u. a. Telekommunikationsnormen entwirft.

NJE
Network Job Entry, IBM-Netzwerkprotokoll (im → Bitnet und bei → EARN eingesetzt).

NK
→ Nutzkanal.

NL
Länderkennung für *Netherlands.*

NLM
Netware Loadable Module, dynamisch während des laufenden Betriebs zu ladende bzw. entladende Zusatzprogramme auf → Netware-Servern.

nm!
never mind!, ist schon recht! denk nicht weiter darüber nach, vergiß es!

NMI
Non Maskable Interrupt, nicht unterdrückbarer (abschaltbarer) → Interrupt.

NMS
- → *Netware Management System* oder → *Network Management System*;
- *Network Management Station,* oder *Network Monitoring Station,* der Rechner bzw. das Terminal für das Netzmanagement bzw. die Überwachung des Netzwerkbetriebs.

NNC
not negotiable cheque, Verrechnungsscheck.

NNTP
Network News Transfer Protocol, im Internet/UseNet zur Übertragung von Newsartikeln verwendetes Protokoll, definiert in RFC 977.

NO
Länderkennung für *Norway.*

NOC
Network Operations Center, Netzwerk-Betreiber-Zentrale.

no carrier
keine Verbindung (Modem-Meldung).

no dialtone
kein Freizeichen bzw. keine Amtsleitung (Modem-Meldung).

no mention
keine Ursache, gern geschehen.

no-op
- *no-operation,* Nulloperation, Leeroperation;
- *no-operator,* Nichtsnutz.

no parity
keine Parität bzw. keine Paritätsüberprüfung, → *parity check.*

no-tea-line
Scherzbezeichnung für → T-Online (vgl. *not-line*).

node
- Knoten, Vermittlungsknoten in einem Datennetz (→ PSN);
- Bezeichnung für eine → *mailbox* bzw. → *site* im → FidoNet.

nodelist
Liste aller in einem Netz vorhandenen Vermittlungsknoten (→ PSN).

noise
→ Rauschen.

non permissible
nicht gestattet; nicht zulässig.

non-dedicated server
ein Rechner, der im Gegensatz zu einem → *dedicated server* nicht nur für einen speziellen Zweck als Server eingesetzt

wird, sondern auch weitere Server-Aufgaben übernimmt oder als zusätzlicher Arbeitsplatzrechner dient.

noname
ein Produkt, das keinen Markennamen trägt.

nonswitched line
nicht vorübergehend geschaltete Leitung (sondern permanent geöffnete → Standleitung).

noris network GbmH
regionaler → IAP, Nürnberg. http://www.noris.net/

Normalo
der normale Benutzer (im Unterschied zu → Digitalo, → Fatalo, → Finalo, → Kanalo).

NOS
→ *network operating system*.

not negotiable cheque
→ NNC.

not-line
Scherzbezeichnung (Buchstabendreher) für → T-Online.

notwork
nicht funktionierendes Datennetz.

Novell
Netzwerksoftware-Hersteller, vgl. → Netware. http://www.novell.de

NP
- Länderkennung für *Nepal;*
- *network performance*, Leistungsfähigkeit eines Netzwerks.

NPAP
Netware Printing Alliance Protocol, Netware-Protokoll für Drucker (Statusmeldungen).

NPTN
National Public Telecomputing Network, Hauptsitz Cleveland, Ohio, ein amerikanischer Verband und Verbund von → *freenets*, unterstützt die freie Telekommunikation bzw. freien Zugang zu Informationen für jedermann.

nqa
no questions asked, keine (weiteren) Fragen vorhanden.

NR
Länderkennung für *Nauru*.

NREN
National Research and Education Network, Subnetz im → NSFnet.

nrn
no reply necessary, keine Antwort erforderlich.

NSA
National Security Agency, für die interne Sicherheit zuständiger Geheimdienst der USA. Liest diversen Verschwörungstheorien zufolge den kompletten Internet-Traffic (und auch sonst alles) permanent mit und entschlüsselt zu diesem Zweck (ebenfalls permanent) alle verschlüsselten Botschaften.

NSAPI
Netscape Server Application Programming Interface, ein von Netscape entwickelter Standard zur Kopplung von Server-Software und externer Software, Alternative zu → CGI.

NSF
National Science Foundation, amerikanische Regierungseinrichtung, die Forscher und wissenschaftliche Projekte sowie Infrastrukturmaßnahmen fördert, die der Wissenschaft dienen. Betreiber des → NSFNet.

NSFnet
National Science Foundation Network, von der → NSF betriebenes Netz, bildet gemeinsam mit dem → MILnet das zentrale amerikanische Hochgeschwindigkeits-Backbone-Netz.

NSI
Network Solutions Inc., beteiligt am → InterNIC.

NT
- Länderkennung für *Neutral Zone;*
- → *Network Terminator* (der ISDN-Anschluß).

NTG/Xlink GmbH
überregionaler → IAP, Karlsruhe. http://www.xlink.net/xlink/

NTP
Network Time Protocol, Internet-Protokoll zur Synchronisation der Uhrzeit auf den Internet-Hosts.

NU
Länderkennung für *Niue.*

NUA
Network User Adress, die Datex-P-Adresse eines Teilnehmers.

NÜ
Netzübergang *(→ bridge, → gateway).*

NUI
Network User Identification, Datex-P-Bezeichnung für das → Paßwort.

null charakter
Füllzeichen.

Nullmodem
eine einfache Kabelverbindung zwischen zwei → seriellen Schnittstellen (überkreuzte Sende-/Empfangsleitung), für einfache Dateitransfers zwischen PCs (etwa via → Laplink).

numbercruncher
Zahlenfresser (Supercomputer).

number sign
das Zeichen #.

Nutzdaten
die eigentlichen Informationen, also alle Zeichen einer Datei oder bei einer Datenübertragung, die nichts mit der Dateiverwaltung, dem Übertragungsprotokoll oder irgendwelchen Prüfsummenangaben zu tun haben.

Nutzkanal
der Kanal (bei einer Übertragung über mehrere Kanäle), der die → Nutzsignale überträgt (im Unterschied zum → Steuerkanal).

Nutzsignal
Signal, das die eigentlichen Informationen enthält (in Unterscheidung zum → Steuersignal oder zur → Trägerfrequenz).

NVRAM
non volatile RAM, nicht-flüchtiger RAM, ein batterie-gepufferter RAM (etwa zum Abspeichern von Konfigurationsangaben).

nyetwork
(aus *nyet* und *network*) nicht funktionierendes Netz.

NZ
Länderkennung für *New Zealand (Aotearoa).*

object code
Objektcode, ein Programm in seiner fertigen, vom Prozessor interpretierbare binären Form. → *source code*, → *high level language*.

obscure
tiefschwarz, unverständlich.

OCR
Optical Character Recognition, optische Zeichenerkennung, das Umsetzen von Text aus grafischen Vorlagen (eingescannte Texte, Fax-Meldungen) in Computercode bzw. in Text, der auf dem Computer weiterverarbeitet werden kann. War es früher nur möglich, spezielle OCR-Schriften auf guten Vorlagen zu erkennen, können heutige Systeme auch bei Standard-Schriften und suboptimaler Vorlagenqualität gute Resultate erzielen.

octal forty
das Leerzeichen.

octet
acht Bit.

octothorpe
das Zeichen #.

odd parity
ungerade Parität, → *parity check*.

ODI
Open Data-Link Interface, Novell-Standard zum gleichzeitigen Betrieb von → TCP/IP und → IPX/SPX (in etwa vergleichbar mit → NDIS).

OEM
Original Equipment Manufacturer, Original-Ausrüstungs-Hersteller

- ursprünglich nur Bezeichnung für Hersteller, die Original-Ausrüstung für Markengeräte fertigten (also Zulieferfirmen für Markenhersteller, die allerdings die entsprechenden Komponenten meist selbst entwickelten);
- heute fast ausschließlich Bezeichnung für Hersteller, die fertige Komponenten (etwa Motherboards, CPUs, Festplatten usw.) einkaufen und daraus größere Geräte (etwa PCs) anfertigen, die sie dann unter eigenem Firmen- oder Produktnamen vermarkten. Die eingekauften Fertigkomponenten sind häufig mit jenen Teilen identisch, die auch in den Geräten der Markenhersteller arbeiten (also „Original-Ausrüstung").

OEM-Preis
Einkaufspreis für Wiederverkäufer (ohne Mehrwertsteuer, häufig nur für größere Abnahmemengen).

of course
selbstverständlich, natürlich.

OfficeCam
eine → WebCam, die irgend ein Büro (oder einen sonstigen Geschäftsraum) zeigt, etwa http://www.kcrw.org/a

offline
auch *off line*, ohne Verbindung; abgeschaltet, nicht (mehr) im Netz.

offline-chat
eine Unterhaltung ohne Computer, außerhalb des Internets, kann bei einem → *offline-meeting* passieren.

offline-reader

- ein Programm, das zum Lesen von Daten dient, die aus einem Datennetz stammen (E-Mails, HTML-Dateien, *news*). Mit dem *offline-reader* können diese Daten gelesen und ggf. auch manipuliert werden, ohne daß eine aktuelle Verbindung zum Netz hergestellt sein müßte. Auch die gängigen → WWW-Browser können zum *offline-reading* eingesetzt werden.
- ein Programm, das (vorher spezifizierte) Daten aus dem Netz lädt, anschließend die Übertragung sofort wieder beendet und die Daten *offline* zur Verfügung stellt.

offline-reading
Lesen von aus einem Datennetz stammenden Daten ohne aktuelle Anbindung ans Netz. Solche Daten können über einen → *offline-reader* (in der zweiten Bedeutung des Wortes) aus dem Netz geladen worden sein, sie können aber auch beispielsweise auf einer CD-ROM vorliegen (vgl. → *offline-surfing*).

offline-meeting
ein Treffen außerhalb des Internet bzw. des Cyberspace, also im wirklichen Leben (in der → *real reality*).

offline-surfing
Surfen ohne Internet, meint das Surfen auf CD-ROMs, die → HTML-*files* (meist aus dem Internet bzw. dem WWW) enthalten und auf denen mit → *offline-readern* oder → WWW-Browsern (fast) wie im Netz gesurft werden kann.

offtd
only fit for the dustbin, taugt nur für den Müll.

off the record
→ otr.

off topic
außerhalb des eigentlichen Themas; am Thema vorbei.

OH
Off Hook, Abheben, bei einem Modem Signal für das Herstellen einer Amtsverbindung (→ *direct trunk call*).

oiabm
once in a blue moon, sehr selten.

oic
oh, I see, ah, ich sehe; oh, ich verstehe.

old wives tales
Altweibermärchen.

oldbie
das Gegenstück zum → *newbie*: ein Schon-seit-aller-Ewigkeit-User, sozusagen eine Netz-Opa.

Oldenbourg
R. Oldenbourg Verlag, http://www.oldenbourg.de

OLE
Object Linking and Embedding, ein von Microsoft entwickeltes → Hypermedia-Verfahren unter Windows, bei dem Daten aus fremden Anwendungsprogrammen via → link (Verknüpfung) in den Datenbestand einer anderen Anwendung eingebettet werden (etwa: eine Grafik oder eine Tabelle wird in einen Text eingebunden). Die Bearbeitung dieser eingebundenen Daten erfolgt bei Bedarf mit den Original-Anwendungsprogrammen.

OM
Länderkennung für *Oman*.

OMC
Operation and Maintenance Center, zentrale Betriebs-, Ablauf-Überwachungs- und Wartungsstelle (eines Netzwerks).

on
- an, auf, ein;
- in der Schreibweise ON: Ortsnetz.

online
auch *on line*, in Verbindung; angeschaltet bzw. im Netz.

online chat
→ *chat*.

Online-Datenbank
eine über ein Netzwerk erreichbare → Datenbank, häufig zentrale Datenbank eines → *Corporate Network*, auf die firmeninterne Nutzer zugreifen können.

Online-Dienst
online (information) service, kommerzieller Betreiber eines eigenen Netzwerks. Den Abonnenten werden üblicherweise Internet-Zugang, E-Mail-Service und viele weitere (häufig nur den eigenen Abonnenten gewährte) Dienstleistungen wie Foren bzw. → *newsgroups* in der jeweiligen Landessprache,

Nachrichten-Service, Adressen-Dienst, Online-Shopping usw. angeboten. Überregionale Online-Dienste in Deutschland sind u. a. → AOL, → CompuServe, → GermanyNet, → Microsoft Network und → T-Online.

online information service
→ Online-Dienst.

online service
→ Online-Dienst.

online service provider
→ Online-Dienst, → provider.

Onliner
jemand, der Online-Dienste bzw. das Internet nutzt.

ONK
Ortsnetzkennzahl (ehemals amtlich für: Vorwahl).

on site
vor Ort.

on the other hand
→ otoh.

oo
- *over and out*, endgültiges Ende (aus dem Funkverkehr: habe alles gesagt, schalte Funk ab).
- OO oder oO geschrieben: ordentlicher Onliner (weiterer deutscher Ausdruck für einen → Normalo, einen Nicht-→ Hacker).

ootb
out of the box, gerade aus der Kiste, völlig neu.

OPC
Originating Point Code, Code für den Herkunftsort, die einem Datenpaket bei der Vermittlung mitgegebene Adresse des (sendenden) Vermittlungsknotens.

open
offen, öffnen; zur freien Verfügung, ohne Lizenz- oder Nutzungsgebühren; als allgemeiner Standard anerkannt und verwendet (im Gegensatz zu → proprietär).

Open Shortest-Path First
→ OSPF.

open switch
- offener Schalter;
- übertragen: noch nicht geklärte Frage.

Open Systems Interconnection
→ OSI.

Open Text
→ Suchdienst. http://index.opentext.net

operating system
kurz OS, → Betriebssystem.

OPERATOR
Mailbox-Kommando, Aufforderung an den Sysop, sich einzuschalten.

optical coupler
Opto-Koppler, ein Gerät zur Umwandlung elektrischer Signale in Lichtwellen (und umgekehrt), wird zur Datenübertragung mittels Lichtwellenleiter (Glasfaserkabel) verwendet.

optimize
verbessern, optimieren.

Opto-Koppler
→ *optical coupler*.

or
- oder;
- das Zeichen |;
- Abkürzung für *own risk*, auf eigene Gefahr;
- in Lieferbedingungen Abkürzung für *owners risk*, auf Gefahr des Eigentümers.

org
- *organization*, → Bereichsname im Internet, siehe → *top-level-domains*;
- → *organization*;
- → *origin*;
- Original.

Organization:
Schlüsselbegriff im *header* einer E-Mail, bezeichnet die Organisation, welcher der Absender angehört.

origin
Herkunft.

Original AT-Modem Command-Set
der ursprüngliche → AT-Kommando-Satz, der von der Firma Hayes mit dem Smartmodem eingeführt wurde (zur Unterscheidung zum → *Extended AT-Modem Command-Set* und dem → *Superset AT-Modem Command-Set*).

originate mode
der Anrufer-Modus bei Modems, Gegenstück zum → *answer-mode*. Bei → Vollduplex-Übertragungen erfolgt die Kommunikation über zwei Frequenzen (bzw. Kanäle), wobei eine dem anrufenden Modem und eine dem angerufenen (antwortenden) Modem zugewiesen wird.

Ortsnetz
der geographische Bereich, innerhalb dessen Telefonate ohne Angabe einer Vorwahlnummer geführt werden können, bzw. der von außen unter einer einheitlichen Vorwahl erreichbar ist. Ein Ortsnetz kann durchaus mehrere Orte (Gemeinden, Städte) umfassen und ist üblicherweise in mehrere Anschlußbereiche aufgeteilt, wobei jeder dieser Anschlußbereiche durch eine Ortsvermittlungsstelle (→ OVSt) gebildet wird.

OS
Operating System, → Betriebssystem.

OS/2
ein Betriebssystem für PCs, entwickelt von der Firma IBM. Die neueste Version OS/2 Warp 4 enthält Netzwerkfunktionen, bietet → Java als Bestandteil des Betriebssystems und hat mit → *Voice Type* sogar Spracherkennung integriert.

OSF
Open Software Foundation, gemeinsame Institution einiger Hard- und Softwarehersteller (vor allem DEC, HP und IBM) zur Entwicklung gemeinsamer Standards.

os-half
Spottname für OS/2.

OSI
Open Systems Interconnection,
- Arbeitsgruppe der → ISO, für die Erarbeitung von Standards und Modellen für offene Systeme zuständig, vgl. → *OSI Reference Model*;
- → Protokolle, die von dieser Arbeitsgruppe erarbeitet wurden.

OSI-Kommittee
→ die → OSI-Arbeitsgruppe des → ISO.

OSI Reference Model
auch als ISORM, *ISO/OSI-Reference Model* oder OSI-Schichtenmodell bezeichnet, ein aus sieben Schichten (*layers*) bestehendes Referenz-Modell zur Klassifizierung und Festlegung von Strukturen, Funktionen und Prinzipien von Datenübertragungsnetzwerken. Von unten nach oben lassen sich die Schichten in 2 Hardware-Schichten, 2 Übertragungs-Schichten und 3 Anwendungs-Schichten unterteilen:
1. *physical layer*, Physikalische Schicht bzw. Bitübertragungsschicht, die Ebene der Kabel, Stecker und elektrischen Signale;
2. *data link layer*, Leitungsschicht bzw. Datensicherungsschicht, die Ebene des Transports der → Datenpakete zwischen Knoten;
3. *network layer*, Netzwerkschicht bzw. Vermittlungsschicht, die Ebene der Verbindung zwischen Systemen, des → *routings*, der Adressierung und der Verifikationsprozesse;
4. *transport layer*, Transportschicht, die Ebene der Umwandlung von Daten für die Übertragung über ein Netz;
5. *session layer*, Sitzungsschicht bzw. Kommunikationsschicht, die Ebene, auf der die Übertragungs-„Sitzung" aufgebaut oder beendet wird, auf der → *logins*, Sicherheitsüberprüfungen u. dgl. stattfinden;
6. *presentation layer*, Darstellungsschicht, die Ebene, auf der die Daten

in die erforderlichen Datenformate konvertiert und den Anwendungsprogrammen zur Verfügung gestellt werden;
7. *application layer*, Anwendungsprogrammschicht, die Ebene, auf der die Daten als „Informationen" bearbeitet bzw. einem User zur Verfügung gestellt werden.

In jeder Schicht darf nur auf Funktionen der eigenen oder der darunterliegenden Schichten zugegriffen werden, umgekehrt werden eben solche ebenen-spezifischen Funktionen jeweils als Dienste für die darüberliegende Schicht angeboten.

Die Datenübertragung im Netzwerk erfolgt physikalisch (selbstverständlich) immer auf der untersten Ebene, logisch jedoch generell schichtspezifisch, also von der jeweiligen Schicht-Ebene des einen Kommunikationspartners zur gleichen des anderen Partners. Die Festlegungen einer solchen Kommunikation zwischen identischen Schichten werden als → Protokoll bezeichnet. Häufig wird auch ein auf einer solchen Festlegung beruhendes Verfahren, Gerät oder Programm mit dem Namen des Protokolls bezeichnet (man spricht beispielsweise vom ftp-Service, oder von einem MNP4-Modem, usw.).

Da Protokolle schichtspezifisch sind, müssen zwischen den einzelnen Schichten Übergänge zwischen den Ebenen vorhanden sein. → Protokoll-Konverter sorgen dafür, daß auf jeder Schicht das entsprechende Protokoll benutzt werden kann. Da die Schichten ansonsten völlig unabhängig voneinander sind, kann in so organisierten Netzen jederzeit ein komplettes Auswechseln einer Schicht erfolgen: beispielsweise kann – bei gleichbleibender Anwendersoftware – die Netz-Hardware ausgetauscht werden, oder es kann ein anderes Transportprotokoll verwendet werden, oder es kann mit entsprechenden Konvertern ein sofortiger Übergang auf die tiefergelegene Schicht eines anderen Netzes erfolgen (vgl. → *tunneling*). Solange definierte Übergänge existieren, ist es auf einer Schicht völlig egal, wie die Vorgänge der anderen Ebenen gestaltet sind.

OSI-Schichtenmodell
→ *OSI Reference Model*.

OSPF
Open Shortest-Path First, ein → IGP-Internet-Standard (definiert in RFC 1131 1247, 1583 und 1793), legt das → Routing anhand einer aktuellen topologischen Karte des autonomen Systems fest (es wird versucht, den jeweils kürzesten Weg zu benützen).

OTL
Out To Lunch, Mittagsruhe.

otoh
on the other hand, andererseits.

otr
off the record, inoffiziell.

OUO
Official Use Only, nur für offizielle Zwecke.

outage
- Unterbrechung;
- Ausschluß eines Teilnehmers aus dem Chat bzw. aus dem Netz.

outernet
ein eigenständiges Netzwerk, das nur über E-Mail-→ *gateways* mit dem Internet verbunden ist oder das Internet ausschließlich als Zwischen-Strecke für den Datentransport benützt, jedoch aus der Sicht des Internet bzw. für Internet-Teilnehmer keinerlei Internet-Funktionen oder Dienste (ftp-archive, WWW-space etc.) zur Verfügung stellt.

output
Ausgabe, Datenausgabe.

overhead
zusätzlicher Aufwand, bei der Kommunikation spezielle Bezeichnung für die über den eigentlichen Informationsgehalt hinausreichenden und mitgesendeten Daten. Solche zusätzlichen Daten dienen beispielsweise zur Steuerung oder technischen Absicherung der Übermittlung (wie → Prüfbits oder → Steuersignale) oder sind erforderlich, um die Daten an den richtigen Empfänger zu leiten (etwa die *header*-Informationen von → Datenpaketen bei der → Paketvermittlung). Vgl. *packet overhead*.

OVSt
Ortsvermittlungsstelle, ein Vermittlungsknoten im Telefonnetz, an den einzelne Teilnehmer direkt angeschlossen sind. Der geographische Bereich, den eine solche Stelle abdeckt, wird → Anschlußbereich genannt.

P
- *packed*, komprimiert;
- *parallel*;
- *parity*, Parität;
- *power*, Strom.

P!
BTX-Zeichen, das persönlichen Daten vorangestellt wird.

PA
Länderkennung für *Panama*.

Packen
- komprimieren;
- ein spezielles Kompressionsverfahren, bei dem mehrere aufeinanderfolgende und gleiche Bytes durch 2 Bytes dargestellt werden (eines enthält die Anzahl der Stellen, das andere das Zeichen).

Packer
seltener auch *Cruncher*, ein Programm zur → Datenkompression. Auf PCs bzw. im Internet weit verbreitet sind ARC, ARJ, LHARC und PKZIP.

packet
→ Datenpaket.

Packet Assembly/Disassembly Facility
→ PAD.

Packet Burst
ein → Netware/→ IPX-Service, der mehrere Datenpakete zusammenfaßt, auf einmal überträgt und verifiziert.

Packet Internet Groper
→ PING.

packet overhead
Maßzahl bei der paketvermittelten Datenübertragung, gibt den prozentualen Anteil des → *overhead* eines Datenpakets im Vergleich zu den → Nutzdaten an.

packet receive sequence number
Paket-Empfangsfolge-Nummer, eine fortlaufende Nummer, die zusammengehörenden Datenpaketen bei der → Paketvermittlung mitgegeben wird und zur korrekten Rekonstruktion der Daten beim Empfänger benutzt wird. Eine solche Kennzeichnung ist erforderlich, da die Datenpakete auf unterschiedlichen Routen und in ungeordneter Reihenfolge eintreffen können.

packet sniffer
Datenpaket-Schnüffler, ein Programm (oder eine Person oder Institution), das bzw. die den *traffic* im Internet nach irgendwelchen Kriterien filtert bzw. abhört.

Packet Switch Node
→ PSN.

packet-switched network
ein Netzwerk, das mit → Paketvermittlung betrieben wird.

Packet Switching (Exchange)
→ Paketvermittlung.

Packetized Ensemble Protocol
→ PEP.

PAD
Packet Assembly/Disassembly Facility, technische Einrichtung für den Übergang zwischen leitungsvermittelten und paketvermittelten Daten (siehe→ Vermittlung) bzw. Netzen, zerlegt kontinuierliche Datenströme in Pakete und rekonstruiert umgekehrt Daten aus Paketen.

pad character
ein Füllzeichen.

page
- Seite (eines Textes, oder eine Bildschirmseite);
- ein → HTML-Dokument (→ *homepage*, → Web-Page);

- → ein Datenblock im Arbeitsspeicher, der bei Bedarf auf einen Datenträger ausgelagert oder von dort eingelesen werden kann (*memory mapping*, siehe → paging);
- ein Arbeitsspeicherbereich, auf den im → *paging mode* zugegriffen werden kann.
- als Verb: eine Bildschirmseite anzeigen; ein Dokument seitenweise auf dem Bildschirm darstellen.

page description language
kurz PDL, Seitenbeschreibungssprache, eine → Beschreibungssprache, mit der Ausgabeseiten (für Bildschirm oder Drucker) aus einzelnen grafischen Elementen aufgebaut werden können; sehr verbreitet (im Web) ist neben → HTML die Sprache → PostScript (für die Druckausgabe).

Page View Screen
→ Ganzseitenbildschirm.

Pager
→ Funkrufempfänger.

page views
die Anzahl der Aufrufe einer WebPage.

paging
- bei der Speicheradressierung: Zusammenfassung von fortlaufenden Datenzellen zu „Seiten", in denen die einzelnen Zellen durch einfaches Ändern der Seitennummer fortlaufend angesprochen werden können.
- bei der Speicherverwaltung: Seitenaustausch, Einlesen von Datenblöcken (*pages*, Seiten) in den Arbeitsspeicher eines Computers und Auslagern solcher Blöcke auf RAM-Module oder einen Massenspeicher; diese auch *memory mapping* genannte Technik wird dazu benutzt, den Arbeitsspeicher (nahezu) beliebig zu vergrößern. Vgl. → Auslagerungsdatei, → *virtual memory*.
- bei der Darstellung von Daten: seitenweise Anzeige von Texten. Vgl. → *paging program*.

paging mode
Seitenwechsel-Modus, Betriebsart moderner CPUs, die den direkten Zugriff auf einen beliebigen Speicherblock (im Rahmen des adressierbaren Speichers) zuläßt.

paging program
ein Programm, mit dem Dateien Seite für Seite angezeigt bzw. durchgeblättert werden können.

Paket
→ Datenpaket.

Paketformat
Bezeichnung für den in einem → Protokoll festgelegten Aufbau eines Datenpakets (*header*, Paketgröße usw.).

Paketnetz
ein DFÜ-Netzwerk, das mit → Paketvermittlung arbeitet.

Paketvermittlung
Packet Switching Exchange, auch als *frame switching* oder *message switching* bezeichnetes Datenübertragungsverfahren (vgl. → Vermittlungsverfahren), bei dem die Daten in Blöcke fester Länge eingeteilt und mit Adress- und Steuerinformationen *(→ header)* versehen werden. Solche → Datenpakete werden ins Netz eingespeist, wobei eine spezielle Route nicht vorgegeben sein muß bzw. keine Standleitung zwischen Sender und Empfänger aufgebaut werden muß (aber durchaus auch bestehen kann). Anhand der Zusatzinformationen können die einzelnen Rechner innerhalb des Netzes, bei denen die Pakete eintreffen (Paketvermittlungsrechner, → PSN, auch Knoten bzw. *nodes* oder → *router* genannt), den Empfänger identifizieren und die Pakete ggf. an andere Rechner weiterleiten. Die Entscheidung über den weiteren Weg der Pakete *(→ routing)* trifft jeder Knoten anhand verschiedener Kriterien (etwa Richtung, Auslastungsgrad, Übermittlungskosten) aktuell und selbständig, so daß aufeinander folgende Datenpakete

durchaus auf völlig verschiedenen Wegen ans Ziel gelangen können. Ist der Zielrechner schließlich erreicht, werden die zusammengehörenden Datenpakete (wieder mit Hilfe von Zusatzinformationen im *header*) identifiziert und in die richtige Reihenfolge gebracht, anschließend werden die eigentlichen Daten (Nutzdaten) wieder aus den Paketen rekonstruiert.
Da zur Übermittlung der Pakete somit nicht unbedingt nur eine einzelne, für die Dauer der Übertragung fest geschaltete Leitung, sondern das gesamte Netz zur Verfügung steht, ist die Übertragung per Paketvermittlung im Unterschied zur reinen → Leitungsvermittlung besonders ausfallsicher, bei hohem Datenaufkommen jedoch auch unter Umständen recht zeitintensiv. Daher werden zunehmend Verfahren eingesetzt, bei denen Paketvermittlung und Leitungsvermittlung kombiniert werden (vgl. → ATM).

PAP
Printer Access Protocol, → AppleTalk-Protokoll für das Ansteuern von Netzwerkdruckern.

paper-net
→ P-net.

paperwhite
- weiß;
- bei Bildschirmen der Darstellung-Modus „schwarze Zeichen auf weißem Hintergrund".

Papst
the Pope, ist ein gängiger → *nickname,* der reale Papst tritt allerdings nicht in Chats auf, sondern läßt seine Botschaften allenfalls über den Vatikan-Server verbreiten. http://www.vatican.va/index.html

parallel
nebeneinander her (und unabhängig voneinander) stattfindend, gleichzeitig. (vgl. → Parallelverarbeitung, → quasiparallel, → seriell).

parallel port
→ Parallel-Schnittstelle.

Parallel-Schnittstelle
auch *parallel port,* Druckerschnittstelle, → RS-232C-Schnittstelle oder → Centronics-Schnittstelle, eine Schnittstelle, über die Daten → bitparallel gesendet oder empfangen werden können. Außer zum Anschluß eines Druckers wird diese Schnittstelle bei PCs auch beispielsweise zum externen Betrieb von CD-Laufwerken, Streamern oder Harddisks, für die DFÜ oder zum Anbringen von → Dongles benützt.

Parallel-Übertragung
parallel transmission, gleichzeitige Übertragung von Daten, → Datenpaketen oder auch den einzelnen Bits eines Bytes (vgl. Parallel-Schnittstelle) über verschiedene Kanäle.

Parallelverarbeitung
gleichzeitig erfolgende Datenverarbeitung. Dies kann der Ablauf völlig eigenständiger Prozesse (Programme, Tasks) auf jeweils eigenen Prozessoren innerhalb eines einzigen Rechners sein, oder die Aufteilung von größeren Prozessen in Unterprozessen bedeuten, wobei diese auf mehreren Stationen (Prozessoren, Rechnern) abgearbeitet und ggf. die Ergebnisse anschließend zusammengefaßt werden. Im Unterschied zum → *multiprocessing* erfolgt der Ablauf der einzelnen Prozesse nicht → quasi-parallel, sondern tatsächlich zur selben Zeit.

param
Parameter.

PARC
kurz für *Xerox Palo Alto Research Center,* das Forschungszentrum von Xerox in Palo Alto.

paren
parenthesis, Klammerzeichen.

parent directory
das übergeordnete Verzeichnis.

parenthesis
- Parenthese, Klammerzeichen;
- in Verbindung mit → *unparenthesis* auch nur das linke Klammerzeichen (, Klammer auf.

Parität
Ausgewogenheit; Geradzahligkeit.

Paritäts-Bit
→ Prüfbit, ein zur Kontrolle der Datenkonsistenz (im Speicher, bei der DFÜ, → *parity check*) an eine Bitfolge zusätzlich angehängtes → Bit, das anzeigt, ob eine bestimmte Bitfolge in der Quersumme eine gerade oder eine ungerade Zahl ergibt.

parity
Parität, Geradzahligkeit.

parity bit
→ Paritäts-Bit.

parity check
Paritäts-Überprüfung, Überprüfung des → Paritäts-Bits. Diese Überprüfung kann dazu eingesetzt werden, eine Übertragung bereits auf Zeichen-Ebene zu kontrollieren, indem die Konsistenz der übertragenen Bitfolgen untersucht wird. Die Art des *parity checks* ist bei jeder Übertragung anzugeben bzw. durch das verwendete → Protokoll festgelegt. Man unterscheidet zwei Arten der Überprüfung: *even parity* (gerade Parität), ein Verfahren, bei dem einer festgelegten Bitfolge (meist einem Byte) ein 1-Bit angehängt wird, wenn die Anzahl der 1-Bits der Folge ungerade ist (die Bitfolge samt Prüfbit wird gerade), und *odd parity* (ungerade Parität), das Gegenteil zu *even parity*. Mit *no parity* wird definiert, daß keine Paritätsüberprüfung stattfindet.

park Yourself
setz Dich, übertragen auch: gib Ruhe.

parm
Parameter.

parse
- eine Grammatik-Analyse durchführen;
- übertragen: etwas verstehen.

participant
Teilnehmer.

party line
→ IRC.

passive routing
die Weiterleitung von Datenpaketen in einem Netz anhand exakter Pfad-Angaben, die im → *header* bereits vorgegeben sind, im Unterschied zum → *active routing*. Dieses erzwungene → *routing* ist allenfalls auf kurze Entfernungen sinnvoll, da es nicht nur die genaue Kenntnis der Zwischenstationen voraussetzt, sondern vor allem auch das aktuelle Funktionieren der angegebenen Verbindung.

passiver Bus
→ Passiver Prüf-Anschluß.

Passiver Prüf-Anschluß
kurz PPA, Bauelement in → TAE-Dosen, das ein Durchmessen der Leitung auch dann erlaubt, wenn kein Gerät angeschlossen ist.

pass-key
Hauptschlüssel.

passphrase
wörtl. Paßsatz, eine Kombination aus mehreren Paßwörtern.

password
→ Paßwort.

Paßwort
persönliches, geheimzuhaltendes Schlüsselwort, das beim → *logon* verwendet wird und sicherstellen soll, daß nur Berechtigte Zugang erhalten.

patch
flicken; Fehlerbereinigung bei Programmen, wobei gemeint ist, daß nicht der gesamte Code neu geschrieben wird, sondern nur einige Bytes an bestimmten Stellen überschrieben werden.

path control
wörtl. Steuerung des Pfades, Festlegung des weiteren Weges eines Datenpaketes im Netz. Vgl. → *routing*, → *dynamic adaptive routing*.

pause retry
wörtl. „Pause und erneuter Versuch“, sinngemäß: probier es später noch einmal.

pay down
bar zahlen.

pay in
einzahlen, einen Scheck einlösen.

Pay-on-Demand-TV
wörtl. „Zahle-nach-Aufforderung-Fernsehen“, → *Video-on-Demand*.

pay station
Münzfernsprecher.

pay telephone
Münzfernsprecher.

Pay-TV
privates Fernsehen mit besonderem Angebot (Spielfilme, Sport), für das extra bezahlt werden muß; die per TV-Kabel oder Satellit übermittelten Sendungen sind verschlüsselt und können nur mit Hilfe eines → Decoders betrachtet werden. Über das Internet sollen in Zukunft auch sog. → *Pay-on-Demand-TV*- bzw. *Video-on-Demand*-Lösungen realisiert werden.

payable
zahlbar.

payee
Zahlungsempfänger.

payer
Einzahler.

payware
Software, die gekauft werden bzw. sofort bezahlt werden muß (im Unterschied zu → *freeware* oder → *shareware*).

PBX
private branch exchange, Nebenstellenanlage.

PC
- *Personal Computer*, ein persönlicher Computer (im Unterschied zu einem großen System, das allen zur Verfügung steht); meist wird die Bezeichnung nur für die von der Firma IBM 1981 auf den Markt gebrachten Computer (PC-XT) sowie deren Weiterentwicklungen, Abwandlungen und Clones gebraucht;
- *paper change*, Papierwechsel (bei einem Drucker);
- *plug compatible*, Stecker-kompatibel;
- *political correctness*, korrektes Verhalten (bei einem Chat);
- *printed circuit*, gedruckter Schaltkreis;
- *process control*, Prozess-Steuerung;
- *program counter*, Zähler;
- *protocol converter*, → Protokoll-Konverter;
- als Vorsilbe gebraucht (PC-irgendwas) meist Kennzeichnung für Produkte (Hardware oder Software), die für den Einbau in PCs, den Anschluß an PCs oder den Gebrauch auf einem Personal Computer entwickelt wurden.

pce
present company excepted, Anwesende ausgenommen.

PCI
Programmable Communication Interface, programmierbare Kommunikations-Schnittstelle.

PCI-Bus
Peripheral Component Interconnect-Bus, ein von der Firma Intel 1994 entwickeltes → *local-bus*-System, das eine schnellere Datenkommunikation zwischen CPU und Steckkarten (als der bis dahin verwendete ISA-Bus) ermöglicht.

PCL
printer command language, Druckersteuersprache für die Drucker der Firma Hewlett Packard.

PCMCIA
Personal Computer Memory Card International Association, Internationale Vereinigung für PC-Speicherkarten
- Herstellervereinigung (u. a. Apple, Epson, IBM, Intel, Lotus, Microsoft, Toshiba) für die Entwicklung von Steckarten im Mini-Format (Scheckkartengröße);
- Bezeichnung für die von der PCMCIA entwickelten Standards für Schnittstellen bzw. die dazu passenden Steckkarten, die hauptsächlich in Notebook-Computern zum Einsatz kommen.

PCNet
regionales Mailboxnetz in Bayern.

PD
Public Domain, öffentlicher (oder öffentlich zugänglicher) Bereich.

PDD
Physical Device Driver, ein Hardware-Gerätetreiber (meist im jeweiligen Gerät eingebaut bzw. als ROM-Software implementiert), im Unterschied zu einem Software-Treiber.

PDF
Portable Document Format, von Adobe entwickelter Seitenbeschreibungs-Standard.

PDL
→ *Page Description Language*.

PDN
public data network, öffentliches, kommerzielles Netz, das von einem → Online-Dienst betrieben wird.

PD-Software
Public Domain Software, → *freeware*.

PDU
Protocol Data Unit, Protokoll-Daten-Einheit, ISO-Slang für ein → Datenpaket bzw. → *data packet*.

PE
Länderkennung für *Peru*.

peanuts
- Erdnüsse;
- übertragen: Kleinigkeiten.

peanuts-banking
→ *homebanking* (bei einer bestimmten deutschen Bank).

PEARL
Process and Experimental Application Realtime Language, eine Programmiersprache für Automaten- und Robotersteuerung (nicht zu verwechseln mit → PERL).

peer
ein Gleichrangiger; ein gleichrangiges Gerät in einem Netzwerk (→ *peer-to-peer-network*).

peer-to-peer-network
Netz zwischen gleichrangigen Teilnehmern, die je nach Erfordernissen sowohl Server- als auch Client-Funktionen übernehmen können, wodurch ein übergeordneter bzw. dedizierter Server *(→ dedicated server)* entfällt. Ein solches Netzwerkprinzip eignet sich in der Regel nur für kleine → LANs (mit wenigen Teilnehmern).

PEM
Privacy Enhanced Mail, ein E-Mail-Programm oder -System, das Datenverschlüsselungsstandards unterstützt.

peon
ein ganz gewöhnlicher User ohne besondere Zugriffsrechte (abschätzig, nach dem amerikanischen Südstaaten-Slang-Ausdruck für Tagelöhner und Saison-Arbeiter).

PEP
Packetized Ensemble Protocol, → *multi-carrier*-Übertragungsprotokoll für Hochgeschwindigkeits-Modemverbindungen (max. 19200 Bit/s), das bei → QAM mit bis zu 512 → Trägerfrequenzen gleich-

zeitig arbeiten kann und dann bis zu 23000 Bit/s erreicht (TurboPEP). Bei Veränderungen der Leitungsqualität erfolgt eine dynamische Anpassung der Anzahl der benutzten Frequenzen (siehe → DAMQAM).

PERF
→ *performance*.

performance
Ausführung, Aufführung; Ausführungsgeschwindigkeit, Leistungsverhalten.

Peripherie-Gerät
ehemals Sammelbegriff für alle Geräte außer (und außerhalb) der CPU eines Großrechners (Terminal, Drucker, Plattenspeicher, usw.), bei PCs heute meist nur noch Bezeichnung für die an einen PC angeschlossenen (separaten) Geräte (Modem, Drucker, Scanner, externe Laufwerke, usw.).

PERL
Practical Extraction and Reporting Language, eine vor allem auf UNIX-Servern häufig eingesetzte → Script-Sprache, meist zur Programmierung von → CGIs und für Textbearbeitungsaufgaben verwendet. http://www.perl.com/perl/, http://www.awu.id.ethz.ch/~didi/perl/perl_start.html

Permanentverbindung
eine Standleitung, die ununterbrochen für Übertragungen genutzt wird.

permissions
wörtl. Erlaubnisse, die vom Systemverwalter festgelegten → Zugriffsrechte eines Users.

persMail
kurz pM, persönliche (private) E-Mail.

persönliche homepage
→ *personal home page*, → *homepage*.

personal home page
persönliche bzw. einem privaten Teilnehmer gehörende → *homepage*.

Personal Netware
einfaches Novell-Netware → peer-to-peer-Netz für kleinere PC-Netze, Weiterentwicklung von Netware Lite.

personalisierte Mailings
Massendrucksachen (Drucksachen bzw. Infopost), die meist von speziellen Firmen mittels Computereinsatz mit Adressen, persönlicher Anrede usw. versehen werden und hierdurch den Anschein eines persönlichen Anschreibens erwecken sollen.

pessimize
verschlimmbessern (Scherzausdruck, als Gegenteil von *optimize*).

PetCam
eine → *WebCam*, die Tiere zeigt, etwa http://www.mcom.com/fishcam/fishcam.html oder http://www.can.net/parrotcam.html

PF
Länderkennung für *French Polynesia*.

Pflichtleistungsverordnung
→ PLVT.

PFM
Pulse Frequency Modulation.

PG
Länderkennung für *Papua New Guinea*.

PGDN
Page Down, Tastenbeschriftung („Seite nach unten" bzw. „Bild nach unten").

PGP
Pretty Good Privacy, (wörtl.: nette gute Privatheit), sehr verbreitetes → Krypto-Programm, das den → *Data Encryption Standard* benützt. http://www.ifi.uio.no/pgp

PGUP
Page Up, Tastenbeschriftung („Seite nach oben" bzw. „Bild nach oben").

PH
Länderkennung für *Philippines*.

phantom
ein im Hintergrund arbeitendes Programm (wobei nicht näher spezifiziert ist, ob es sich um einen → *daemon* oder einen → *dragon* handelt).

Phasenmodulation
PM, ein Verfahren zur → Modulation, bei dem die Signale durch Veränderungen der Phase (der Phasenlage, des Phasenwinkels) einer Trägerfrequenz übertragen werden.

phone jack
Telefon-Steckdose.

phonetic output
Sprachausgabe.

photonisches Netzwerk
ein Netzwerk (der Zukunft), bei dem sowohl die Datenübertragung als auch die Vermittlung optisch (über Photonen) erfolgen soll.

physical
- physisch;
- im EDV-Zusammenhang meist als Gegenteil zu → *logical* verwendete Bezeichnung für die tatsächlich vorhandenen Geräte, Adressen usw., vgl. → *port.*

physical layer
physikalische Schicht, die 1. Ebene des → *OSI Reference Model,* umfaßt Festlegungen bzw. Realisierungen von Steckern, Kabeln, Stromstärken usw.

physische Adresse
die auf Hardware-Ebene existierende Adressierung; eine solche Adresse kann ohne Eingriffe in die Hardware nicht geändert werden (sie bezieht sich etwa auf eine physisch existierende Festplatte). Eine → logische Adresse repräsentiert hingegen nur eine andere (logische oder physische) Adresse, sie kann gegebenenfalls geändert bzw. in eine andere Adresse übersetzt werden (so kann beispielsweise ein bestimmter Bereich der Festplatte logisch als „zweite Festplatte“ definiert werden).

piggi back
Huckepack.

piggi back board
Huckepack-Karte (Zusatzsteckkarte, die auf eine andere Steckkarte – etwa die Soundkarte – aufgesteckt wird).

pin
Kontakt, Stift.

PIN
personal identification number, persönliche Identifikationsnummer, Geheimzahl. Beim *electronic banking* wird das Konto sofort für weitere Zugriffe gesperrt, wenn die PIN dreimal in Folge falsch eingegeben wird (dies gilt übrigens auch bei der Benutzung einer ec-Karte am Automaten). Für viele Aktionen (wie Überweisungen, Buchungsaufträge etc.) ist zusätzlich noch die Angabe einer zweiten Geheimzahl (siehe → TAN) erforderlich.

pin assignment
Stecker-Zuordnung, Belegung der Steckkontakte (in einem Stecker).

PIN Panther Internet Providing
norddeutscher → IAP. http://www.pinnet.de

PING
Packet Internet Groper,
- Dienstprogramm bzw. Tool im Internet, mit dem herausgefunden werden kann, ob ein Rechner erreichbar ist. Mit dem Kommando PING RECHNERNAME wird der Rechner „angepingt“, als Reaktion erfolgt eine kurze Rückmeldung (etwa ... *alive,* oder *no answer*).
- im → IRC durch das Kommando /ctcp ping nickname gestartete Anfrage, ob ein Teilnehmer noch anwesend ist.

ping pong
wechselweise Übertragung auf einem Kanal, → Pseudo-vollduplex.

pita
pain in the ass.

Pixel
Picture Element, ein Bildpunkt, einzelner Punk in einer → Bitmap-Grafik oder auf dem Bildschirm.

PK
Länderkennung für *Pakistan.*

pkd
packed, gepackt, komprimiert; vgl. → Packer.

PKZIP bzw. **PKUNZIP**
Produktbezeichnung eines weitverbreiteten → Packers (bzw. Un-Packers) der Firma PKWARE, mit dem → ZIP-Files hergestellt bzw. dekomprimiert werden können. PKZIP wird als → *shareware* vertrieben.

PL
Länderkennung für *Poland.*

plain ASCII
auch *flat ASCII,* 7-Bit-ASCII-Code bzw. ein Text in dieser Codierung (Nur-Text, ohne länderspezifische Sonderzeichen bzw. Grafik-Zeichen).

plain text
Klartext, maschinenlesbare Schrift.

Plattform
Ausdruck für die gesamten Hard- und Softwarebedingungen (Betriebssystem, Browser), unter denen eine Anwendung läuft.

plattformübergreifend
Anwendungen, die auf Daten zugreifen können, die auf völlig unterschiedlichen → Plattformen verwaltet werden, bzw. Datenbestände, die von völlig unterschiedlichen Plattformen aus bearbeitet werden können, gelten als plattformübergreifend.

plattformunabhängig
Anwendungen, die auf unterschiedlichen → Plattformen einsetzbar sind, gelten als plattformunabhängig oder plattformunspezifisch; Voraussetzung bildet die Programmierung in einer → Script-Sprache oder Interpreter-Sprache, die auf den jeweiligen Plattformen verfügbar ist (etwa: JAVA), oder die Verwendung eines entsprechenden Protokolls bzw. Standards (etwa: HTML).

Platzhalter
ein Meta-Zeichen, ein Zeichen, das für beliebige andere Zeichen steht. Meist werden ? (für ein einziges beliebiges Zeichen) und * (diese Stelle und alle nachfolgenden Stellen beliebig) verwendet (Beispiel: mit „DIR *.ba?" lassen sich unter DOS alle Dateien anzeigen, deren → *extension* mit BA beginnt.) In → URLs ist auch die Tilde (~) gebräuchlich, sie steht für das → *home directory* eines Users.

plokta
press lots of keys to abort, Drücke viele Tasten, um abzubrechen.

plug
einstecken; Stecker.

plug and play
Einstecken und Loslegen, ein Verfahren, bei dem das Betriebssystem (etwa Windows 95) die vorhandene Hardware selbst erkennt und ggf. entsprechende Treiber lädt. Setzt modifiziertes BIOS, intelligente Bus-Systeme und passende Treiber voraus (und nach Ansicht von Spöttern zudem Glauben: *plug and pray!*).

plug and pray
Einstecken und Beten.

Plug-Compatible
kurz PC, Stecker-Kompatibel.

plug connection
Steckverbindung.

plug-in
einstecken; Stecker.

plug-in card
Steckkarte.

PLVT
Pflichtleistungsverordnung Deutsche Telekom, Festlegung der Pflichtleistungen, die von der Deutschen Telekom im Rahmen ihres sog. Infrastrukturauftrags erbracht werden müssen.

plz
- *please*, bitte;
- PLZ geschrieben meist: Postleitzahl.

p.m. oder **pm**
post meridiam (lat.), Nachmittag; wird bei 12-Stunden-Schreibweise der Uhrzeit meist zusätzlich angegeben (für den Vormittag: → a.m.).

PM
- Phasenmodulation, siehe → Modulation;
- Länderkennung für *St. Pierre and Miquelon;*
- bisweilen auch für → p.m. angewandte Schreibweise.

pM
→ *persMail.*

pMail
(auch p-Mail) Abkürzung für *pysical Mail* oder *paper Mail,* ein auf Papier geschriebener Brief (als Gegensatz zur E-Mail).

pmbi
pardon my butting in, entschuldigt, daß ich mich einmische.

pmetc
pardon my etc., Entschuldigung usw.

pmji
pardon my jumping in, Entschuldigung, daß ich dazwischenspringe (mich einmische).

PMxAS
→ Primärmultiplexanschluß.

PN
Länderkennung für *Pitcairn.*

P-net
- *paper-net* oder Post-Netz, gemeint ist die Briefpost;
- *phone net,* Telefonnetz.

P-NET
überregionaler → IAP, vor allem für MacIntosh-User, Hamburg. http://www.p-net.de/

PNP
→ *Plug and Play;* → Privater Rufnummernplan.

PO
- *Post Office*, Postamt;
- *purchase order*, Bestellung;
- *Phone Order*, telefonische Bestellung.

POF
Probability of Failure, Fehlerauftritts-Wahrscheinlichkeit.

point
ein Element der untersten Ebene des FidoNet, der einzelne Teilnehmer bzw. dessen Rechner (vergleichbar einer → *site*); *points* können von den übergeordneten → *nodes* (den sogenannten → *BossNodes*) Nachrichten abholen (→ *polling*) und dann → *offline* weiterverarbeiten.

Point-2-Point network services GmbH
überregionaler → IAP, Wesseling. E-Mail: info@p2p.de

pointer
ein Zeiger, Verweiszeiger.

Point of Presence
→ POP.

Point of Presence GmbH
norddeutscher → IAP. http://www.pop.de/

point-to-point-connection
Standverbindung, Standleitung, Telefonleitung.

Point-to-Point-Protocol
→ PPP.

policy
FidoNet-Ausdruck für die dort geltende → netiquette.

pollen
(eingedeutscht von *to poll*) → *polling*.

polling
- Sendeaufruf, zyklisches Abfragen bzw. Überprüfen des aktuellen Zustandes eines angeschlossenen Gerätes (Statusabfrage, etwa die zyklische Abfrage von Druckern oder von Terminals durch den Server);
- Verfahren zur Steuerung einer Datenübertragung, bei dem die Kommunikation im Gegensatz zum → *handshake*-Verfahren einseitig durch regelmäßiges Anfragen des Senders an den Empfänger geregelt wird;
- im → FidoNet Bezeichnung für das automatische Abholen von auf → *BossNodes* bereitgehaltenen Nachrichten per Mail-Programm;
- kurz für → Faxpolling, also das vom Teilnehmer veranlaßte Abholen von Informationen, die auf einem → Faxserver bereitgehalten werden;
- übertragen auch gleichbedeutend mit „sich dauernd wiederholen" oder „immer wieder dasselbe fragen".

POP
- *Point of Presence,* wörtl. „Punkt der Anwesenheit", ein → Einwahlknoten;
- *Post Office Protocol,* Internet-Protokoll (verschiedene Versionen, genannt POP, POP2 und POP3, letztere definiert in RFC 1725) zur Übermittlung von E-Mails von einem Server zum User;
- (*to pop*) auf den Punkt bringen.

POP3
Post Office Protocol, Version 3, → POP.

port
- logische oder physikalische Adresse einer Daten-Übergabestelle, eine → Schnittstellen-Adresse bzw. → *socket address*.
- im Internet meist Bezeichnung für den → *transport layer demultiplexing value*;
- eine Hardware-Schnittstelle (etwa Parallel-Port, oder Game-Port).

portrait
Hochformat, das Gegenteil ist → *landscape*.

positive acknowledgement
Positiv-Bestätigung, → ACK.

post
- eingedeutscht „posten", E-Mails versenden (vgl. → *posting)*;
- *power-on selftest,* Selbsttest beim Einschalten.

postage
Porto.

postal code
Postleitzahl.

poster
jemand, der postet (vgl. → *posting*).

Posthoheit
Hoheitsrechte einer nationalen Post zur Durchsetzung bzw. Verwirklichung eines → Postmonopols.

posting
eine Antwort zurücksenden, synonym zu → *followup*.

postmaster
Systemverwalter bzw. → sysop einer Mailbox (im FidoNet), an den man sich bei technischen Problemen mit E-Mails bzw. News wenden kann.

Postmonopol
Monopolstellung einer nationalen Post für die Übermittlung von Nachrichten (in Briefform ebenso wie als Telekommunikation) innerhalb des Hoheitsgebiets des jeweiligen Staates, heute vielfach abgeschafft bzw. auf Teilbereiche (etwa Briefdienst) eingeschränkt.

Post Office Protocol
→ POP.

PostScript
Seitenbeschreibungssprache (→ PDL) von Adobe, vor allem für die High-End-Ausgabe bzw. im Druck- und Verlagsbereich verwendet.

pov
point of view, Blickpunkt, Blickwinkel; Standpunkt.

power
Strom; Netzstrom; Stromstärke; Energie; Kraft; Leistung.

power cable
Netzkabel.

power connection
Netzanschluß(-kabel).

power cycle
schnelles Aus- und Einschalten.

power down
abschalten.

power failure
Netzausfall (Stromnetz).

power failure protection
Netzausfallschutz.

power frequency
Netzfrequenz.

power glitch
Stromausfall.

power input
Eingangsleistung, Stromverbrauch, Leistungsaufnahme.

power-on time
Betriebszeit.

power plug
Netzstecker.

power supply
Stromversorgung.

power supply unit
Netzteil.

power surge
Überspannungs-Stromstoß.

power switch
Netzschalter.

power user
intensiver Nutzer.

PPA
→ Passiver Prüf-Anschluß.

PPD
Portable Pointing Device, ein bewegliches Zeigegerät, eine Maus.

PPP
Point-to-Point-Protocol, Protokoll für die Übertragung von Daten über serielle Verbindungen (Telefonleitung, RS-232-Kabel) bei voller Nutzung des TCP/IP-Standards. Es ist in RFC 1661 festgelegt und ersetzt das → SLIP.

PPS
- *Packets Per Second,* Datenpakete je Sekunde, Geschwindigkeitsangabe paketvermittelte Datenübertragung oder Leistungsangabe für eine Paketvermittlung;
- *Parallel Processing System,* Parallel-Verarbeitungs-System, ein Rechner, der → Parallelverarbeitung durchführt.

PR
Länderkennung für *Puerto Rico.*

Practical Extraction and Report Language
→ PERL.

Presence Provider
ein → ISP, der seinen Kunden Leistungen anbietet, mit denen sich Internet-Präsenz verwirklichen läßt. Zu solchen Leistungen zählen beispielsweise → *Server Renting,* Einrichtung → virtueller Server, oder das Einrichten und Betreuen von → *homepages.*

presentation layer
Darstellungsschicht, die 6. Schicht im → *OSI Reference Model,* die Ebene der Daten in jener Form, in der sie den Anwendungsprogrammen zur Verfügung stehen (in ihren Original-Dateiformaten etc.).

preset
Voreinstellung (häufiger: → *default*).

Pretty Good Privacy
→ PGP.

PRI
Primary Rate Interface, → Primärmultiplexanschluß.

Primärcode
→ *source code.*

Primärmultiplexanschluß
kurz PMxAS oder PRI, ein ISDN-Anschluß mit einem Steuerkanal und bis zu 30 Basiskanälen, die für ankommende, gehende und ankommende und gehende Verbindungen frei konfigurierbar sind (für größere Telefon- bzw. Telekommunikationsanlagen).

Primärverkabelung
im LAN ein Kabel bzw. Bussystem, das größere Entfernungen (etwa zwischen Gebäuden, oder zwischen Stockwerken) überbrückt und an das die → Sekundärverkabelung angeschlossen wird.

Printer Access Protocol
→ PAP.

Printserver
Druck-Server, ein nur für den Betrieb von Druckern verwendetes Gerät in einem LAN.

Priority
Priorität, Vorrang; ein im *header* einer E-Mails zur Charakterisierung der Dringlichkeit einer Nachricht verwendetes Feld.

Privacy Enhanced Mail
→ PEM

private key
privater Schlüssel, bei → PGP der Schlüssel, der nur Sender und Empfänger zur Verfügung steht (vgl. → *public key*).

private line
nicht allgemein zugängliche, sondern für bestimmte Nutzer vorbehaltene und ständig geöffnete → Standleitung.

Privater Rufnummernplan
eine Liste mit den Telefonnummern von Anschlüssen, die an einem Virtuellen Privaten Netz (→ VPN) beteiligt sind.

PRMD
Private Mangement Domain, Teil der → X.400-Adresse.

PRN
printer, Drucker, meist synonym zu → LPT bzw. LPT 1 verwendetes Kürzel.

Prodigy
kommerzieller Provider (in den USA, 1988 gegründet).

Profil
bei → Modems Bezeichnung für die vom Benutzer frei definierbaren Grundeinstellungen.

profile
Profil, häufig Bezeichnung für eine Datei, die ein bestimmtes Profil enthält (etwa ein Benutzerprofil, also Angaben über den Benutzer und sein Wirken im System).

Programm
eine Reihe von Befehlen, durch welche die Arbeitsschritte eines Computers festgelegt werden.

Programmcode
→ *source code* oder ausführbarer → Maschinencode, die Liste der Befehle, die der Computer abarbeiten soll.

Programmiersprache
formalisierte Sprache zur Programmierung von Computern (der gesamten Hardware). Man unterscheidet zwischen sogenannten „höheren" Programmiersprachen *(→ high level languages)* und der → Maschinensprache, wobei sich die höheren Sprachen noch in → Compiler-Sprachen und → Interpreter-Sprachen einteilen lassen.

Project Gutenberg
eine Projektgruppe aus freiwilligen Teilnehmern, die lizenzfreie Welt-Literatur (Texte, bei denen die Frist für die Urheberrechte abgelaufen ist) im Internet veröffentlicht. http://info.cern.ch/roeber /misc/gutenberg.html

PROLOG
Programming In Logic, Programmiersprache, die vorwiegend für Aufgaben im Bereich der Künstlichen Intelligenz (etwa Expertensysteme) eingesetzt wird.

prompt
Eingabe-Aufforderung, Bereitschaftszeichen.
- DOS-Befehl zur Änderung der Darstellung der Eingabe-Aufforderung (die übliche Voreinstellung ist: Laufwerkskennung:\Directory:>).

ProNet
deutsches Mailbox-Netz.

propagation
Übertragung, Verbreitung.

propagation delay
- eine durch die → Laufzeit eines Signals hervorgerufene Verzögerung eines Ablaufs;
- auch Synonym für → *propagation time*.

propagation time
→ Laufzeit eines Signals.

proprietär
eigenständig; geschlossen, herstellerspezifisch, systemgebunden.

proprietäres System
ein geschlossenes System (Betriebssystem, Datennetz etc.), das intern nur mit speziellen (meist herstellerspezifischen) Programmen und Protokollen betrieben wird bzw. nicht mit allgemein üblichen Standards arbeitet (oder zu solchen kompatibel ist).

Prospero
ein Protokoll bzw. Internet-Dienst, der die Darstellung und das Durchsuchen von Dateien ermöglicht, die auf verschiedenen Rechnern verteilt sind. Der Zugang zu den jeweiligen Dateien erfolgt über → FTP oder → NFS.

protocol
→ Protokoll.

protocol converter
→ Protokoll-Konverter.

Protocol Data Unit
→ PDU, ein Datenpaket.

protocol-file
→ Protokoll-Datei.

protocol spoofing
Vortäuschen eines Protokolls, eine Modemfunktion, bei der die beteiligten Modems untereinander mit einem eigenen Protokoll kommunizieren (etwa ein herstellerspezifisches Protokoll verwenden), wobei sie gleichzeitig den angeschlossenen Rechnern eine ganz andere Kommunikation (TCP, ZModem usw.) vorgaukeln.

protocol stack
Bezeichnung für die gegenseitige Überlagerung mehrerer → Protokolle (unterschiedlicher Ebenen, nach dem → *OSI Reference Model*), die zusammen die Netzwerkfunktionen realisieren.

Protokoll
protocol, alle für den Ablauf einer Kommunikation notwendigen Festlegungen, also Vereinbarungen über Datenstrukturen (Datei- oder Datenpaketaufbau, Codierung), Steuerungs- und Sicherungsmechanismen, die benötigte Hard- und Softwarefunktionalität, die physikalischen Eigenarten der Träger oder der Übertragung etc.
Man unterscheidet bei Protokollen nach Funktionsbereichen bzw. Schichten (vgl. → *OSI Reference Model*), ein Protokoll beschreibt daher immer nur Festlegungen, die sich auf die Kommunikation zwischen identischen Funktionsbereichen bzw. Schichten beziehen (bisweilen ist allerdings die Einbeziehung der Festlegungen tieferer Schichten unvermeidlich). So wird beispielsweise von einem Schnittstellenprotokoll gesprochen, um die Festlegungen dieser Schnittstelle bzw. der Kommunikation zwischen zwei solcher Schnittstellen zu bezeichnen, oder es wird von einem → Übertragungsprotokoll (um die Festlegungen der Verbindung zweier Rechner untereinander zu bezeichnen), von einem

→ Netzwerk-Protokoll (im Hinblick auf die Kommunikation innerhalb eines Netzes), oder vom → Internet-Protokoll gesprochen. Auch Dienstprogramme oder Anwendungen folgen entsprechenden Protokollen bzw. stellen „logisch übergeordneten" Schichten protokoll-konforme Dienste zur Verfügung.
Protokolle werden meist von Herstellern, von Netzwerkbetreibern oder Standardisierungs-Institutionen (etwa der → ISO) festgelegt. Die im Internet verwendeten Protokolle wurden (und werden) freiwillig festgelegt – im Prinzip kann jeder entsprechende Vorschläge einreichen. In den → RFCs werden diese Vorschläge der Netz-Gemeinde unterbreitet, die Annahme und Installation der Protokolle erfolgt auf freiwilliger Basis durch die jeweiligen Netz- bzw. Host-Betreiber.

Protokoll-Datei
protocol-file, auch Log-Datei, eine Datei, in der etwas protokolliert wird.

Protokoll-Konverter
protocol-converter, ein Hardware-Baustein oder ein Programm, das Signale oder Daten zwischen verschiedenen → Protokollen übersetzt bzw. die Verbindung unterschiedlicher Funktionsbereiche oder Schichten (nach → *OSI Reference Model*) herstellt. Auf Hardware-Ebene sind beispielsweise Bauteile wie Analog/Digital-Wandler, Modems oder Schnittstellen-Controller für die geeignete Umsetzung der Datenströme verantwortlich, während software-seitig Code-Umwandler, Router, Server, Emulatoren, Browser usw. dafür sorgen, daß die Daten in der jeweils passenden Form und Struktur vorliegen.

provider
Dienstleistungsunternehmen, das Netzdienste offeriert, wobei bisweilen (nicht immer exakt) unterschieden wird nach:

- *Internet access provider* (IAP) oder *Internet gateway provider* (IGP), Internet-Zugangs-Anbieter, ein Unternehmen, das den reinen, passiven Zugang zum Internet anbietet (so ist beispielsweise bloßer E-Mail-Empfang möglich, nicht aber das Senden);
- *Internet service provider* (ISP), Internet-Service-Anbieter, ein Unternehmen, das Internet-Zugang offeriert und Internet-spezifische Dienstleistungen anbietet, also in erster Linie die aktive Nutzung verschiedener Internet-Dienste wie FTP, E-Mail usw. ermöglicht und gegebenenfalls weitere Dienstleistungen (Aufbereitung von WebPages, Bereitstellung → virtueller Server usw.) übernimmt;
- *online service provider*, Online-Dienst-Anbieter oder kurz Online-Dienst, ein Dienstleistungsunternehmen, das Privat- oder Geschäftskunden umfangreiche Online-Dienste (eigenes Netz, eigene Foren und Dienste, sowie Zugang zum Internet etc.) anbietet.

proxy
wörtl. Stellvertreter; eine Technik, bei der ein *host* oder → *router* die Rolle eines anderen Servers übernimmt und Anfragen beantwortet, die eigentlich direkt an den anderen Rechner gerichtet sind. Der Rechner filtert beispielsweise Anfragen eines WWW-Clients heraus, identifiziert die in den Anfragen definierten Adressen (→ URL) und leitet die Anfragen anschließend nur dann an den eigentlichen Empfänger weiter (den WWW-Server oder den Host, der die *WebPages* zur Verfügung stellt), wenn er sie selbst nicht beantworten kann bzw. wenn die Adresse nicht gesperrt wurde. Meist beantwortet er sie jedoch gleich selbst, liefert also beispielsweise die bereits in einem → *cache* oder auf einer → *mirror site* vorhandene Dateien an den Client zurück. Offensichtlich zu erkennen ist dieser Vorgang für den Benutzer nur, wenn er die Herkunftsadresse der *WebPage* (sie wird von den meisten WWW-Browsern optional angezeigt) als eine URL identifizieren kann, die er nicht angefragt hat – allerdings kann der Proxy u. U. auch diese Adresse entsprechend

verändern. Vorteile bietet diese Technik dadurch, daß der Client häufig wesentlich schneller bedient werden kann als beim direkten Zugriff auf die Original-Adresse, daß der *traffic* im Internet wesentlich verringert wird, und daß bestimmte URLs für den Zugriff ganz gesperrt werden können; Nachteile ergeben sich durch eventuell veraltete Daten (bei verzögerten *Updates* der im Proxy-Cache enthaltenen Daten).

Proxy-Server
ein Rechner (bzw. die auf diesem Rechner laufende Software), der zwischen ein → LAN und das Internet geschaltet wird und außer als → *gateway* und → *firewall* auch als → *cache* bzw. → *proxy* für häufig vorkommende Benutzeranfragen fungiert. Über den *Proxy-Server* können, neben der Durchführung der Adreß- und Protokollumwandlungen und den diversen Sicherheitsmaßnahmen zum Schutz des LAN, auch bestimmte URLs für den Zugriff gesperrt oder inhaltliche Filterungen des Datenverkehrs vorgenommen werden. Häufig benötigte Dateien aus dem Internet (etwa *Web-Pages*) können automatisch ermittelt, in einen *Cache* geladen und fortan über die Proxy-Funktion direkt an den Benutzer ausgeliefert werden. Einige Provider gestatten den Zugang zum Internet ausschließlich über Proxy-Server (etwa → metronet).

Prozessor
ein Mikroprozessor, meist ist die → CPU gemeint.

Prozessor-Cache
→ *first level cache*.

Prüfbit
siehe → Paritäts-Bit.

Prüfsumme
bei der Datenübertragung vom Empfänger errechneter Wert (etwa eine Quersumme), der mit einem übermittelten → Prüfbit oder → bcc verglichen wird.

PSDN
Packet Switching Data Network, → Paketvermittlungs-Datennetzwerk.

PSE
Packet Switching Exchange, → Paketvermittlung.

pseudo-duplex
siehe → duplex.

Pseudo-Steuercode
Scherz-Steuercodes, beispielsweise EOB (*End of Beer*), EOC (*End of Coffee/Coke*), EOM (*End of Money*), EOU (*End of User*) oder HCF (*Halt and Catch Fire*).

pseudo-vollduplex
siehe → duplex.

Pseudonym
bei Chats auch → *nickname*, im Unterschied zum → *realname* ein frei gewählter Name eines Benutzers. Obwohl die Auswahl eigentlich unendlich ist, treffen sich bei Chats häufig: J. Random, Doc Frobnitz, Popeye, the Pope, Snoopy, Boris usw. Besonders beliebte Pseudonyme führen häufig zur → *nickname collision*.

PSK
Phase Shift Keying, Phasenumtastung, siehe → Phasenmodulation.

PSN
- *Packet Switch Node*, kurz *node*, Knoten, ein Vermittlungsrechner in einem Netz, das als → Paketvermittlungsnetz betrieben wird. Seine Vermittlungsaufgaben bestehen im Empfangen (*accept*), dem Ermitteln des weiteren Weges (*route*) und dem Weitersenden (*forward*) der Datenpakete;
- *Packet-Switched Network*, Netzwerk mit Paketvermittlung;

PSPDN
Packet-Switched Public Data Network, öffentliches Netzwerk mit Paketvermittlung.

PSTN
Public Switched Telephone Network, öffentliches Telefonnetz.

PT
Länderkennung für *Portugal*.

ptmy
please to meet You, angenehm (... Sie hier zu treffen).

PTT
Post, Telegraph and Telephones, der jeweilige → Postmonopolist.

PUB
→ *public directory*.

public
öffentlich, allgemein zugänglich.

public data network
→ PDN.

public directory
öffentliches Verzeichnis, ein Verzeichnis, in dem öffentlich zugängliche Daten (→ *anonymous-FTP*, → *Web-Pages* usw.) zu finden sind. Üblicherweise trägt es in der Verzeichnisstruktur die Bezeichnung /pub.

Public Domain Software
kurz PD-Software, → *freeware*.

publication
Veröffentlichung.

publicity
Öffentlichkeit.

public key
öffentlicher Schlüssel (bei → PGP).

publishing
veröffentlichen.

puff
→ Entpacken komprimierter Dateien, also das Gegenteil von → huff.

Puffer
Pufferspeicher, → Zwischenspeicher.

Pufferspeicher
→ Zwischenspeicher.

Pulswahl
→ Impulswahl, → IWV.

Puma
Power User's Macintosh Association, Name eines Übertragungsprotokolls, das im Unterschied zu XModem oder ZModem bidirektional gleichzeitig arbeitet.

Punkt-zu-Punkt
→ *point-to-point*.

puter
Computer.

PW
Länderkennung für *Palau*.

PY
Länderkennung für *Paraguay*.

QA
Länderkennung für *Qatar*.

QAM
Quadratur-Amplitudenmodulation, siehe → Modulation.

qd
quiet down, Ruhe; beruhige Dich.

Quadratur-Amplitudenmodulation
kurz QAM, siehe → Modulation.

quasi-parallel
gleichsam parallel, scheinbar gleichzeitig; mehrere nacheinander und untereinander unabhängig ablaufende Einzelvorgänge, die aus der Sicht eines Betrachters völlig gleichzeitig zu geschehen scheinen. Siehe → *multiprocessing,* → parallel, → Parallelverarbeitung.

Quasi-Standard
auch Markt-Standard oder Verbraucher-Standard, ein Standard, der nicht von einer offiziellen nationalen oder internationalen Normungsinstitution, sondern von einem Hersteller (oder einer Gruppe von Herstellern) eingeführt wurde und sich am Markt bzw. bei den Verbrauchern durchsetzte.

Quasselbude
spöttisch für → IRC.

Quellcode
→ *source code.*

Quelle
→ Datenquelle.

Querdämpfung
anderer Ausdruck für → Nebensprechen bzw. → Nahnebensprechen.

query language
→ Datenbank-Abfragesprache.

ques
- *question,* Frage;
- das Fragezeichen;
- auch als Rückfrage (sinngemäß: was? was hast Du gesagt?) üblich.

quetschen
(eine Datei) komprimieren.

queue
Warteschlange.

Quick-B
→ B+ (Datenübertragungsprotokoll).

quiet down!
Beruhige Dich! Ruhe!

quit
Verlassen, Kommando zum Beenden einer Sitzung.

Quittung
Empfangsbestätigung, protokollabhängiges Steuerzeichen (häufig → ACK).

Quix
→ Funkrufdienst der Firma MiniRuf, der → Pager kann bis zu 80 alphanumerische Zeichen empfangen (kostenpflichtig, im kostenlosen Basic-Service nur 15 Ziffern wie bei → Scall).

QOTD
quotations of the day, Spruch des Tages, ein beim Login von manchen Systemen angezeigter Text; früher meist irgendein Zitat, heute oft eher Werbung.

quote
zitieren; Zitat.

quoting
zitieren, beim → *posting* von → *follow-ups* den Teil des beantworteten Artikels wiederholen, der beantwortet wird.

QWERTY-Tastatur
in Großbritannien oder den USA verwendete Computertastatur (benannt nach der Anordnung der Tasten).

QWERTZ-Tastatur
die in Deutschland gebräuchliche Computertastatur.

rabbit ears
Hasenohren, gemeint sind Gänsefüßchen (die Anführungszeichen).

RACE
Research an Development in Advanced Communication Technologies in Europe, EU-Forschungsinstitution, die sich mit der Entwicklung von Hochleistungs-Kommunikationseinrichtungen (auch Netzwerken) befaßt.

Rahmen
→ *frame*.

RAID
Redundant Array of Inexpensive Disks, Netware-Server-Sicherheitssystem, das den Betrieb von Speichermedien überwacht und beispielsweise den Austausch im laufenden Betrieb gestattet.

RAM
Random Access Memory, Speicherchips für den wahlfreien Lese- und Schreibzugriff, u. a. als Chips für den Hauptspeicher bzw. Arbeitsspeicher von Computern eingesetzt. Beim Ausschalten oder bei Unterbrechung der Stromversorgung gehen die Daten im RAM verloren.

RAM-Disk
→ virtuelles Laufwerk.

random
zufällig; Zufall.

RARE
frz. *Reseaux Associes pour la Recherche Européenne,* Vereinigung europäischer Forschungsnetze, heute mit → EARN zu → TERENA verschmolzen.

RARP
Reverse Address Resolution Protocol, in RFC 903 definiertes Protokoll, das umgekehrt zu → ARP funktioniert und eine Hardware-Adresse (meist die → Ethernet-Adresse) in eine → IP-Adresse umwandelt. Die nur beim Hochfahren eines → *diskless node* benutzte Funktion wird durch → BOOTP ersetzt.

RAS
Remote Access Server, ein Programm, das den Fernzugriff (Zugang über das Telefonnetz) zu einem Computersystem herstellt bzw. steuert (auf der Seite des angerufenen Computers).

rate of error
Bitfehlerrate, → BER.

ratio
Verhältnis, u. a. das Signal-Rauschen-Verhältnis, das Verhältnis zwischen *Up-* und *Downloads* (bei einigen BBS), oder bei Bildern das Verhältnis Höhe zu Breite.

Raubkopie
eine gegen den Willen bzw. ohne das Wissen der Rechtsinhaber, unter Verstoß gegen → Urheberrechte, angefertigte Kopie.

Rauschen
noise, zusätzlich zu den → Nutzsignalen und zur → Trägerfrequenz empfangene Informationen, die als Störungen bei der Datenübertragung auftreten; in der elektronischen Bildverarbeitung auch Bezeichnung für (meist farbliche) Verzerrungen im Bild.

Raute
das Zeichen #.

rave
rasen; toben; jemanden nerven.

rave on!
nur weiter so mit Deinem → *rave* (ironisch, gemeint ist natürlich das Gegenteil).

RAX
→ *remote access.*

RC
remote control, Fernsteuerung, Nutzung eines Rechners bzw. der dort vorhandenen Programme über Telekommunikationsverbindungen oder Datennetze.

rcvd
received, empfangen.

RD
- *Receive Data*, Steuerzeichen bzw. Signal der → seriellen Schnittstelle für den Empfang von Daten;
- *Remove Directory*, Befehl für das Löschen eines (leeren) Verzeichnisses.

RDA
Remote Database Access, Datenbank-Fernzugriff.

RDB
relational database, → relationale Datenbank.

RDBMS
Relational DataBase Management System.

RDY
ready, fertig, gültig (Statussignal).

RE
Länderkennung für *Reunion*.

read error
Lesefehler.

README
LIESMICH, häufig verwendeter Dateiname für Informationsdateien (Installationsinformationen usw.).

read only
Nur-Lese-Zugriff (Dateistatus bzw. Attribut).

read-only user
Chat-Teilnehmer, der nur mitliest; vgl. lurker.

read the fucking manual
→ rtfm.

real name
auch *realname*, Klarname, der wirkliche, offizielle, behördlich dokumentierte Name eines Benutzers (im Unterschied zu *login-names, nicknames* etc.)

real reality
die wirkliche Wirklichkeit (spöttisch, als Gegenbegriff zu *virtual reality*).

real time
auch *realtime*, → Echtzeit.

real user
wörtl. der wirkliche, echte User
- ein „normaler" User, der den Computer bzw. das Internet nicht (bloß) zum Spaß (oder zum Hacken) benützt, sondern fast ausschließlich zu ernsthaften Zwecken (Wissenschaft, Verwaltung, Business) einsetzt;
- ein Mensch, als Unterscheidung zur robot-software, die etwa als Pseudo-User einen Chat-Kanal offenhält.

real world
die Wirklichkeit außerhalb des Cyberspace.

realname
der tatsächliche Name eines Users (im Unterschied zum → *nickname*.

reboot
neu starten, Neustart (des Computers bzw. Betriebssystems).

rec
- → *record*, Aufnahme; aufnehmen; im Zusammenhang mit Datenbanken bedeutet Datensatz;
- *recreation*, Erholung, Entspannung, im → UseNet die Bezeichnung der → *news hierarchy* zu Freizeitthemen.

receiver
Empfänger.

receiver overrun
Überlauf beim Empfänger, der Empfänger erhielt mehr Daten, als er aufnehmen konnte (Fehlermeldung).

receiving data
kurz RD, auf Empfang geschaltet, mit Empfang beschäftigt.

rechtsbündig
eine Satz- bzw. Textanordnung, bei der die Zeilenenden auf der rechten Seite in Reihe untereinander stehen.

record
- Aufnahme;
- Datensatz innerhalb einer Datenbank (im

allgemeinen Sinne von zusammengehörenden Daten oder speziell von Daten, die in einem → Feld fester Länge abgelegt sind).

redirection
Umleitung einer Datenausgabe (etwa in eine Datei anstatt auf den Drucker).

Reduktion
→ Datenreduktion.

Redundanz
- Informationsüberfluß, bereits vorhandene oder bekannte Informationen;
- Zeichenüberfluß, die über die eigentliche Information hinausreichenden Zeichen in einer Aufzeichnung, oder der über die benötigte Zeichenzahl hinausreichende Vorrat an Zeichen in einem Code.
  Bei der → Datenkompression wird versucht, Redundanz möglichst auszuschalten (also beispielsweise reine Textinformationen von 8-Bit-Code auf 7-Bit-Code zu reduzieren – je weniger Redundanz, desto geringer ist der Platzbedarf bzw. der notwendige Umfang des Codes); bei der Datenübertragung wird Redundanz dagegen meist speziell erzeugt (etwa in Form von Wiederholungen oder Prüfzeichen), um die Übertragungssicherheit zu erhöhen (je mehr Zusatzinformationen oder Wiederholungen vorhanden sind, desto wahrscheinlicher ist es, daß die Daten richtig ankommen).
- bisweilen auch in Chats als Ausdruck für „überflüssige Wiederholung" verwendet.

Referenzhandbuch
→ *Technical Reference Manual*.

Reflexion
Signalüberlappungen, Rücksendung der Signale von der Empfängerseite oder vom Kabelende, vgl. → Echo, → Abschlußwiderstand.

region
im FidoNet die Bezeichnung für die Gesamtheit aller *nodes* eines Landes oder einer geographischen Region.

regional network
auch verkürzt zu *regional*, andere Bezeichnung für ein → MLAN.

regionaler Anbieter
ein → ISP, dessen → Einwahlknoten nicht bundesweit, sondern nur in einer bestimmten Region (Großstadt, Bundesland) zum Ortsgesprächstarif erreichbar sind. Selbstverständlich kann ein solcher Anbieter auch von Teilnehmern außerhalb dieser Region angewählt werden – gegen entsprechend höhere Telefongebühren.

regio.net
regionaler → IAP, Ebersburg/Rhön. http://www.regio.net/

Register
- ein für spezielle Zwecke des Betriebssystems reservierter Speicherbereich (eine Speicherzelle);
- *register*, Registrierung, auch die Bezahlung eines → *shareware*-Programms.

Registered Jack
→ RJ45.

rehi
returned, hi, hallo, bin wieder da.

relationale Datenbank
ein Datenbanksystem, das strukturierte Daten enthält, die untereinander bzw. zueinander in einer festen Beziehung (Relation) stehen und ggf. mit anderen strukturierten Daten verknüpft werden können.

relative Adresse
eine Adresse, die auf eine andere Adresse verweist oder für eine andere Adresse steht und daher erst in die aktuelle tatsächliche Adresse aufgelöst werden muß. Siehe → *logical address*, → relative Adressierung.

relative Adressierung
im Unterschied zur → absoluten Adressierung wird von einer als bekannt vorausgesetzten Position aus adressiert, um

an bestimmte Daten zu gelangen. Im WWW wird beispielsweise in HTML-Dokumenten häufig auf Dateien (etwa Bilder) verzweigt, die sich in einem Unterverzeichnis des aktuellen Verzeichnisses befinden, indem nur Unterverzeichnisname und Dateiname angegeben werden (anstatt eine vollständige Netz-Adresse für den Link anzugeben).

release
Freigabe, Version (eines Programms). Ein *beta-release* ist eine (veröffentlichte) Vor-Version eines Programms, meist für firmenexterne Testanwender, Presse etc.

relevance feedback
eine nach Wichtigkeit bewertete Antwort, Resultat einer Datenbank-Abfrage mit → *relevance ranking*-Funktion.

relevance ranking
wörtl. „Einordnung nach der Wichtigkeit", eine bei verschiedenen Datenbanksystemen oder → Suchdiensten (etwa → WAIS) vorhandene Möglichkeit, die Treffer systematisch nach ihrer (wahrscheinlichen) Bedeutung für den Benutzer einzuordnen. Dabei wird meist ein Punktesystem angewandt, das beispielsweise die Häufigkeit des Vorkommens eines Suchbegriffes in einem bestimmten Dokument, die Indizierung von im Dokument enthaltenen Suchbegriffen in Schlagworthierarchien (Hauptstichwort/Nebenstichworte) oder die Plazierung des Dokuments in einer nach thematischen oder sonstigen Kriterien bestimmten Dokumentenhierarchie berücksichtigt. Hierdurch läßt sich die Anzahl der vermutlich wichtigen Dokumente zwar eingrenzen, durch nicht oder absichtlich falsch indizierte Quellen besteht dennoch ein großes Risiko, bei der Recherche wichtige Quellen zu übersehen oder umgekehrt völlig sinnlose Dokumente aufzuspüren (so gibt es beispielsweise unter Homepage-Konstrukteuren Spezialisten, die irgendwelche Suchbegriffe „einfach so" – und dann auch noch mehrfach – in ihre Pages aufnehmen, um einen häufigen Aufruf der Seite zu erreichen).

remote
entfernt, fern, fremd.

remote access
Fernzugriff auf einen Host bzw. Server (über Datenleitungen, im Unterschied zum Zugang über direkt an den Server angeschlossene Rechner oder Terminals); im Internet häufig über → telnet.

remote access server
→ RAS.

remote communication
Telekommunikation.

remote control
→ RC, Fernsteuerung.

remote diagnosis
Ferndiagnose.

remote echo
siehe → *echo.*

remote file access
→ RFA.

remote host
entfernter Rechner, der fremde Computer, auf den man innerhalb eines Datennetzes bzw. über Telefonleitung zugreift (→ *remote access*). Die Angabe ist immer relativ zu jenem Rechner gedacht, auf dem man sich gerade (virtuell) befindet (dem → *local host*) – man kann also beispielsweise per PC über das Telefonnetz in einen *remote host* einloggen (→ *local node*), von diesem (nunmehr als *local* anzusehenden *host*) aus in einen weiteren *remote host,* und von dort aus den nächsten *remote host* anspringen, usw. (siehe → surfen).

remote imaging protocol
→ RIP.

remote login
- Fernzugriff auf einen fremden Host (etwa über → telnet);

- Anmeldung beim Host beim → *remote access*;
- auch Synonym für *remote access*.

remote maintenance
Fernwartung.

remote procedure call
kurz RPC, wörtl. „Fernaufruf eines Programms", Bezeichnung für jene Umsetzung des → Client/Server-Prinzips in die tägliche Praxis, bei der ein über das Telefonnetz oder über das Internet angeschlossener Teilnehmer ein Programm (ftp, http usw.) auf dem Host startet und die Ergebnisse (Dateien, Dateiverzeichnisse, Suchergebnisse usw.) zugesandt bekommt.

remote station
Außenstelle.

remote terminal connection
Fernanbindung von Terminals, über das Telefonnetz und mittels Modems erfolgender Anschluß von Terminals an einen Host oder ein Netzwerk (etwa bei → telnet).

remote working
Telearbeit.

repeater
→ Signalverstärker.

reply
- antworten, Antwort;
- eine Antwort auf eine E-Mail;
- eine nur dem Verfasser eines Artikels, der innerhalb einer *newsgroup* veröffentlicht wurde, per E-Mail zugesandte Antwort (öffentliche, wiederum als Artikel zugängliche Antworten werden → *followup* genannt);
- Antwortsignal bzw. Bestätigungssignal eines angeschlossenen Gerätes.

Reply To:
Antwort an: (Angabe im *header* einer E-Mail).

request
- Bitte, Anforderung, Anfrage;
- kurz für → *file request*.

Request For Comments
→ RFC.

Reseaux Associes pour la Recherche Européenne
→ RARE.

Reseaux IP Européens
→ RIPE.

Reservierungssystem
- ein geschlossenes (nicht-öffentliches) Netzwerk, das es Reisebüros ermöglicht, über Terminals Abfragen und Buchungen für Flüge, Hotels, Mietwagen usw. durchzuführen (Amadeus, Galileo, Sabre und Worldspan).
- ein von einem Reisebüro oder einem Unternehmen der Reisebranche (Fluglinie, Hotel etc.) angebotenes System für die Buchung von Leistungen dieses Unternehmens, auf das öffentlicher Zugriff via Internet besteht.

reset
Zurücksetzen (in den Anfangszustand); Neustart. Alle im Arbeitsspeicher (RAM) vorhandenen Daten gehen beim Reset verloren.

residual error
→ Restfehler.

resolver
ein → Client bzw. eine Programmroutine auf User-Seite, über die ein → DNS-Server angesprochen wird. Vgl. → *domain name resolution*.

response time
→ Antwortzeit.

restart
erneuter Start.

Restfehler
undetected error oder *residual error*, ein nach der Anwendung aller Fehlerelimi-

nierungsmaßnahmen, die in einem → Protokoll definiert wurden, verbleibender Fehler. Siehe → *drop-in*, → *dropout*.

retrain
- umschulen;
- in der DFÜ Bezeichnung einer Modemfunktion (*retrain procedure*, etwa bei → MNP): bei erheblicher Verschlechterung der Leitungsqualität während einer Übertragung wird die laufende Verbindung nicht abgebrochen, sondern auf niedrigere Datenübertragungsrate übergegangen.

return loss
→ Fehlerdämpfung.

Return-Path:
Antwortpfad (gibt in E-Mails an, wie eine Antwort zurückvermittelt werden kann).

Return-Taste
→ *carriage return*-Taste, auch *Enter*-Taste („Piratentaste"), die Taste, mit der eine Eingabe abgeschlossen wird.

Reverse Address Resolution Protocol
→ RARP.

RFA
- *remote file access*, Datenfernzugriff, Zugriff auf Daten über eine Telekommunikationsverbindung.
- *Request for Assistance*, (mit der) Bitte um Unterstützung.

RFC
- *Request For Comments*, wörtl. „Bitte um Stellungnahme", eine seit 1969 gesammelte Reihe von Dokumenten des → IAB, in denen die Normen des → TCP/IP bzw. des Internet dokumentiert sind bzw. allgemeine Angaben zum Internet erfolgen (→ FYI). Die gesamten RFCs sind auf vielen Servern für den schnellen Abruf gespeichert, in Deutschland beispielsweise: ftp://ftp.Germany.EU.net/pub/documents/rfc/
- *request for connection*, Steuerkommando in der DFÜ beim Aufbau einer Verbindung;
- *request for confirmation*, Bitte um Bestätigung.

RFD
Request for Discussion, (mit der) Bitte um Diskussion.

RFI
Request For Information, (mit der) Bitte um Information.

RFNM
ready for next message, Fertig für die nächste Nachricht (das nächste Datenpaket), Zustandsmeldung bei der Paketvermittlung.

RFP
Request for Proposals, (mit der) Bitte um Vorschläge.

RFQ
Request for Quotes, (mit der) Bitte um Zuordnung.

RFU
Reserved for Future Use, für zukünftige Nutzung vorbehalten; d. h. eine bereits implementierte Funktion bzw. ein schon vorhandenes Hardware-Element, etwa eine Steckbuchse, wird momentan noch nicht für spezielle Zwecke genutzt.

RI
Ring Indicator, ankommender Ruf, ein Signal der → seriellen Schnittstelle.

RIB
- *Research Interagency Backbone*, Hochgeschwindigkeits-Backbone in den USA;
- *rib*, Rippe, in Anlehnung an den Begriff → *backbone* Bezeichnung für die Hardware-Anbindung (*router*, Kabel etc.) an ein *backbone*.

Richtfunk
directional radio, Funkübertragung mit einem direkt auf den Empfänger gerichteten Funkstrahl, meist zur Herstellung von kabellosen Telefonverbindungen genutzt.

rifa
retry, ignore, fail, abort, nochmals versuchen, ignorieren, Fehlermeldung absetzen, abbrechen? (Rückfrage des Betriebssystems beim Auftreten von Fehlern).

right adjusted
→ rechtsbündig.

Ring
Aufbauprinzip eines preiswerten und einfachen → LANs *(→ Token Ring):* alle Teilnehmer werden zu einem Ring verbunden, und die Datenpakete werden nur in einer Richtung durch diesen Ring geleitet. Der Ausfall einer Station (oder einer Kabelverbindung) legt das gesamte LAN lahm.

ringing tone
→ Freizeichen.

Ringleitungsverteiler
→ MAU.

RIP
- *Raster Image Processor,* Rasterbild-Prozessor, Gerät oder Hardware-Baustein zur Belichtung von Rasterbildern oder Filmen;
- *Remote Imaging Protocol,* Grafikformat bzw. Script-Sprache zum Aufbau von Grafiken;
- *rest in peace* bzw. *requiescat in pacem* (lat.), Ruhe in Frieden; bisweilen auch übertragen: „User pennt!" oder „Ruhe, schlaf weiter!";
- *Routing Information Protocol,* Internet-Protokoll (definiet in RFC 1388), das den Informationsaustausch zwischen → *routern* anhand eines Distanzvektors (einer Kennzahl für die Entfernung) festlegt.

RIPE
(frz.) *Reseaux IP Européenne*
- Vereinigung der europäischen TCP/IP-Netz-Betreiber; http://www.ripe.net
- das von → EUnet betreute europaweite TCP/IP-Netz (Internet).

RJ45
Registered Jack 45, standardisierter Kabelstecker für das Telephon-Netz in den USA, auch als Western-Stecker bekannt. Wird auch für kleinere → Ethernet- oder → Token-Ring-LANs mit → UTP-Verkabelung (Telefonkabel) verwendet.

rl
real life, das richtige Leben.

rlogin
→ *remote login.*

RMF
Read Me First, Lies-mich-zuerst, anderer Name für eine → *readme*-Datei.

RO
Länderkennung für *Romania.*

roaming
das „Wandern" eines Mobiltelefons (von einer → Funkzelle zur nächsten). Die Übergabe eines laufenden Gesprächs an die nächste Basisstation (→ *handover*) geht beim *roaming* zwar meist ohne erkennbare Störung vonstatten, bei einer Datenübertragung sollte *roaming* jedoch vermieden werden.

rob
→ *robot.*

robot
Roboter, Roboter-Software
- allgemein ein Programm, das eine Tätigkeit verrichtet, die sonst von Usern (echten, lebendigen Menschen) ausgeführt wird bzw. ausgeführt werden müßte;
- ein Programm, das in WWW-Hypertextdokumenten automatisch nach Informationen (→ URLs, Stichworten) sucht und die dabei erstellte Liste für weitere Benutzung zur Verfügung stellt (vgl. auch → *spider*);
- ein Programm, das im → IRC automatisch Funktionen ausführt, die sonst von Usern durchgeführt werden würden (etwa: einen Kanal offenhalten).

Robotics
→ US Robotics.

rof,l
rolling on floor, laughing, wälze mich vor Lachen auf dem Boden, auch als → rotfl verbreitet.

roka/TopNet
überregionaler → IAP, Krefeld. http://www.roka.net/

roll call
Namensaufruf.

ROM
Read Only Memory, Nur-Lesen-Speicher, ein Speicherchip, der dauerhaft unveränderliche Daten speichert (BIOS, Setup etc.).

root
- unter UNIX der dem → Sysop vorbehaltene Systemzugang bzw. Bezeichnung für die Superuser-Prioritäten;
- das einem User beim → *login* zugewiesene Ausgangsverzeichnis;
- das oberste Verzeichnis *(root directory)* auf einem Speichermedium.

rose
- Rose;
- das Zeichen @ (→ *commercial at*).

ROT13
einfaches Codierverfahren, bei dem jeder Buchstabe durch den 13. Nachfolger im Alphabet ersetzt wird (kreisförmig, nach z kommt wieder a). Wird meist für Dhngfp oder aus Whk beim Chatten oder in news verwendet. Das Rotations-Codierverfahren taucht auch in der Literatur auf – HAL (der böse intelligente Bordcomputer) ist ein nach ROT-1 codierter Firmenname.

round-trip time
→ RTT.

route
der Weg eines Datenpakets vom Sender zum Empfänger; ein überhaupt möglicher Weg oder der Leitweg, also der Pfad, über den das Paket tatsächlich geleitet wird.

router
ein Knotenrechner zwischen Datennetzen, der das → *routing* bewerkstelligt.

routing
Leitweglenkung, die Bestimmung des Weges der Datenübertragung und die Durchführung der Übertragung zum nächsten Knoten. Beim → *passive routing* wird das Datenpaket über einen vom Sender vorgeschriebenen Weg geleitet, beim → *active routing* wird der weitere Weg anhand verschiedener Kriterien (minimale Netzbelastung, minimale Kosten, Sicherheit, Schnelligkeit etc.) und mit Hilfe spezieller Routing-Einrichtungen (etwa → *routing tables*) ausgewählt.

routing information protocol
→ RIP.

Routing Information Protocol
→ RIP.

routing table
eine Liste bzw. eine Datenbank mit Angaben, die für das Routing erforderlich sind (etwa Adressen, Kabel-Verbindungen usw.), vgl. → *map.*

rparen
right parenthesis, das Zeichen), rechtes Klammerzeichen; Klammer zu.

RPC
→ *remote procedure call.*

RS-232
Norm der → EIA für die → serielle Schnittstelle.

RS-232C
Norm der → EIA für die Parallel-Schnittstelle (das C steht für → Centronics).

RSA
nach den Erfindern (Ron Rivest, Adi Shamir und Leonard Adleman) benanntes Verschlüsselungsverfahren, 1977 vorgestellt.

rtfaq
read the FAQ, lies (gefälligst) die → FAQ.

rtfm
read that fine manual, oder auch *read the fucking manual,* lies gefälligst das Handbuch! (unwirsche Antwort auf Anfängerfragen, die sich eigentlich auch durch das Handbuch bzw. durch Lesen der → FAQ klären lassen würden).

rtm
read the manual, lies das Handbuch; steht im Handbuch.

RTS
Request to Send, Aufforderung zum Senden, Steuersignal der → seriellen Schnittstelle. Mit RTS und → CTS wird der Datenfluß zwischen einem Modem und der seriellen Schnittstelle hardwareseitig gesteuert: das Modem fordert mit CTS die serielle Schnittstelle zum Senden auf (CTS OFF stoppt die Übertragung), RTS fordert das Modem zum Senden auf (RTS OFF stoppt die Übertragung vom Modem zur Schnittstelle). Vgl. → Datenflußkontrolle.

RTS/CTS
Request to Send/Clear to Send, Kürzel für → *hardware-handshake*.

RTT
round-trip time, Verzögerungszeit, die Dauer für den Hin- und Rückweg bzw. Rundweg eines Datenpaketes in einem Netzwerk.

RU
Länderkennung für *Russian Federation.*

Rückruf
Automatischer Rückruf wird bisweilen zur Erhöhung der Sicherheit beim Telefonzugang zum Rechner (selten wg. Kostenabrechnung) eingesetzt: nach dem *login* wird die Verbindung zum Teilnehmer unterbrochen und vom *host* aus wieder aufgebaut, wobei ausschließlich eine dem *host* vorliegende Telefonnummer verwendet wird.

Rufannahme
→ *call accepted.*

Rufnummernübermittlung
Funktion bei ISDN: die Telefonnummer eines Anrufers wird mitgeteilt, der Angerufene kann sie auf dem Display seines Telefons ablesen, bevor er das Gespräch annimmt (oder auch nicht).

rules
Gesetze; Kommandos; Regeln (häufig im Sinne von → *netiquette*).

runtime
→ Laufzeit eines Programms.

ruthere?
are You there?, bist Du da?

RW
Länderkennung für *Rwanda.*

RxD
Receive Data, → RD.

S_0-Anschluß
→ ISDN-Basisanschluß.

S_0-Schnittstelle
die Schnittstelle (Steckdose) zum Anschluß von → ISDN-Endgeräten an den → *Network Terminator* (NT).

S_2M-Anschluß
→ ISDN-Primärmultiplexanschluß.

SA
Länderkennung für *Saudi Arabia.*

SAA
Systems Application Architecture, IBM-eigene Standards für → Software-Schnittstellen.

Sabre
→ Reservierungssystem.

Sammeldienst
andere Bezeichnung für → Metasucher.

Sammelrufnummer
Zusammenfassung mehrerer Anschlüsse, die alle unter einer Rufnummer erreichbar sind.

sample
auch *sampling,* Muster, Probe bzw. Probe-Entnahme; in der EDV Bezeichnung für → A/D-Umwandlung (meist speziell das Digitalisieren von Audio-Daten (etwa zu → *WAV-files*).

sandman
- Sandmännchen;
- einer, der Chips (aus Silizium) entwirft, herstellt oder verkauft.

SaN
→ Schulen ans Netz.

Santa
Santa Claus, der Weihnachtsmann, gerne als → Pseudoname oder → *nickname* (dann wohl mit „Nikolaus-Name" zu übersetzen) verwendet. Häufig auch durch verschiedene → *smileys* repräsentiert, etwa *-<:-{{{ oder *<|:-)

SATAN
Security Administrator Tool for Analyzing Networks, ein Programm, das Netzwerke automatisch auf Sicherheitslücken überprüft (kann zu Diagnose-Zwecken, aber auch zum unerlaubten Hacken eingesetzt werden).

saugen
→ *download.*

save
retten; speichern.

Savy Search
→ Suchdienst (→ Metasucher, der anhand vorgegebener Kategorien die passenden Suchdienste auswählt). http://www.cs.ccolostate.edu/~dreiling\smart form.html

Sb
Länderkennung für *Solomon Islands.*

SC
Länderkennung für *Seychelles.*

Scall
→ Funkrufdienst der DeTeMobil, über den max. 15 Ziffern an einen → Pager übertragen werden können.

Scanner
früher auch Farbauszugsgerät, ein Gerät zum Abtasten von Bildvorlagen und Umwandeln in digitale Signale bzw. Grafikformate.

Schlüssel
key, eine Geheimnummer oder ein geheimes Wort, das beim Verschlüsseln eingesetzt wird.

Schneckle
schwäbische Bezeichnung für das Zeichen @ (kommärschl ät, gell?).

Schnittstelle
interface oder *port*, ein spezifizierter Übergang zwischen Programmen, Programmen und Geräten, oder Geräten untereinander, welcher dem Austausch von Daten (bzw. → Signalen) dient. Bei Programmen besteht eine solche Schnittstelle (eine sog. Software-Schnittstelle) in der Regel aus speziellen Programmfunktionen zur Datenkonvertierung oder -Formatierung, oder zum Zwischenspeichern von Daten an bestimmten Adressen usw., wodurch es möglich wird, Fremddaten einzulesen oder in programminternen Formaten vorliegende Daten auszugeben (an andere Programme, oder an Geräte). Hardware-Schnittstellen bestehen üblicherweise aus einem Stecker-Steckdosen-System und sog. → Controllern (zur physikalischen Steuerung der Kommunikation).

Schnittstellenbaustein
→ UART.

Schnittstellenkarte
eine → Steckkarte, auf der → Schnittstellen zum Anschluß externer Geräte (→ serielle Schnittstelle, → parallele Schnittstelle, Maus-Port etc.) untergebracht sind.

Schnittstellentester
ein Gerät zur Überprüfung einer Hardware-Schnittstelle, wegen der üblicherweise vorhandenen Leuchtdioden auch *christmas tree* genannt.

schnurloses Telefon
ein über Funk an einer Basisstation betriebenes Telefon, wobei diese Basisstation fest mit dem Analog- bzw. ISDN-Telefonnetz verbundenen ist; ein innerhalb eines → Mobilfunknetzes betriebenes (und natürlich ebenfalls schnurloses) Telefon wird → Mobiltelefon oder → Handy genannt. Die Reichweite eines schnurlosen Telefons liegt meist bei max. 300 m (außer Haus, in Gebäuden entsprechend weniger, meist unter 50 m). Meist können mehrere Telefone an einer Basisstation betrieben werden, zudem lassen sich die Telefone jeweils an mehreren Basisstationen anmelden, so daß mittels verschiedener im Gebäude (oder über mehrere Gebäude hinweg) verteilter Basisstationen ein kleines Inhouse-Mobilfunknetz aufgebaut werden kann.

Schrittgeschwindigkeit
→ *line speed*.

Schulen ans Netz
kurz SaN, eine April 1996 vom → BMBF und der → Deutschen Telekom gegründete Initiative zur Anbindung von Schulen an das Internet. Eine Vielzahl von Sponsoren (Hard- und Software-Hersteller, Online-Dienste, Fachzeitschriften usw.) unterstützt das Programm, durch das zunächst bis zu 10.000 deutsche Schulen (von ca. 43.000) kostenlos mit Hard- und Software-Ausstattungen, Fortbildungsmaßnahmen und Anschlüssen ans Internet bzw. Zugängen zu Online-Diensten ausgerüstet werden sollen. http://www.san-ev.de

Schwarzes Brett
deutsche Bezeichnung für → *newsgroup*, vereinzelt auch für → *newssystem* bzw. → *bulletin board system*.

sci
die → *news hierarchy* für Wissenschaften im → UseNet (alle Disziplinen, außer den unter → soc geführten).

SCInet
Sensitive Compartment Information Network, Subnetz des → DDN, wird militärisch genutzt.

scratch
- kratzen, zerkratzen; radieren;
- unwiederbringliches Datenlöschen (ggf. durch Zerkratzen der Oberfläche eines Datenträgers).

screen
Bildschirm.

screen buffer
Bildschirmspeicher, Bildwiederholspeicher.

screen capture
→ *screen shot.*

screen dot
Rasterpunkt auf dem Bildschirm.

screen dump
auch → *hardcopy,* Ausgabe des Bildschirminhalts auf den Drucker oder in eine Datei.

screen element
Bildschirmdarstellungselement (Buttons, Textfelder etc.)

screen layout
Einteilung bzw. Aufteilung des Bildschirms.

screen mode
Bildschirmmodus, Darstellungsmodus (Grafikauflösung oder Textbildschirm).

screen rolling
→ *scrolling.*

screen shot
auch *screen capture,* Abspeichern bzw. Zwischenspeichern des Bildschirminhalts.

script
eine Befehlsaufzeichnung bzw. eine Datei (→ *script-file*), die dazu dient, ein Programm zur automatischen Ausführung bestimmter Funktionen zu veranlassen.

script-file
Script-Datei, eine Datei, die → Makros oder Befehle in einer → Script-Sprache enthält und zur automatischen Abarbeitung dieser Kommandos benützt wird. Auf PCs sind beispielsweise *batch-files* (Dateien mit der Endung .BAT) oder .INI-Dateien (unter → Windows) *script-files.*

Script-Sprache
bisweilen auch → Makro-Sprache genannt, eine formalisierte Sprache (in der Art einer Programmiersprache), die dazu dient, Programme zur automatischen Ausführung von programmintern vorhandenen Funktionen zu veranlassen. Im Unterschied zu einer → Interpreter-Sprache werden die Kommandos einer Script-Sprache in die eigentlichen Nutzdaten (Texte, Tabellen etc.) eingefügt und bestehen aus für diesen Zweck „reservierten" Wörtern, vielfach sind sie auch entsprechend als Scriptbefehle markiert (vgl. → *tag*).
Im PC-Bereich dürfte die Batch-File-„Sprache" die bekannteste Script-Sprache sein; sie wird vom MS-DOS-→ Kommandointerpreter verstanden und dient dazu, die Befehlsausführung auf Betriebssystem-Ebene zu automatisieren. Im Office-Software-Bereich (Textverarbeitung, Tabellenkalkulation etc.) vollzog sich eine allmähliche Entwicklung vom bloßen Aufzeichnen von Tastatureingaben mittels → Makros hin zum „richtigen Programmieren" mittels Makro-Kommandos bzw. Programmeigenen Makro-Befehlen; herausragende Bedeutung haben Script-Sprachen jedoch inzwischen bei Daten-Präsentations-Programmen erlangt, insbesondere in Verbindung mit DFÜ. Der Einsatz von standardisierten Script-Sprachen wie → HTML oder dem damit zu verbindenden → Java-Script, die durch in die Daten eingestreute Befehle → Browser dazu veranlassen, Daten erst „vor Ort" zu formatieren oder sonstige Aktionen auszuführen, hat das → WWW zu einem der gefragtesten Internet-Dienste werden lassen. Auf Server-Seite kommen ebenfalls zunehmend Script-Sprachen (vor allem → PERL) zum Einsatz, die hauptsächlich zur Programmierung von → CGIs oder für Textbearbeitungsaufgaben eingesetzt werden.

SCRN
screen, Bildschirm.

scrolling
screen rolling, Bildschirmrollen, Verschiebung des Bildschirminhalts (bei Textdarstellung) um eine Zeile nach oben oder unten.

SCSI
Small Computer System Interface, vom → ANSI festgelegte Norm-Schnittstelle bzw. → Erweiterungsbus zum Anschluß von bis zu 8 Geräten. Die einzelnen Geräte erhalten eine feste Gerätenummer (0-7) und werden der CPU indirekt, als → *logical devices*, zur Verfügung gestellt, was die Verwaltung der über SCSI angeschlossenen Peripherie wesentlich vereinfacht.

SCSI-Treiber
→ Treiberprogramme nach dem → ASPI-Standard, die den Betrieb eines Gerätes am SCSI-Controller ermöglichen.

SD
Länderkennung für *Sudan*.

SDD
Software Description Database, eine über → ARCHIE zugängliche Datenbank, die über Verzeichnisse und Dateien Aufschluß gibt.

SDDE
Spyglass Dynamic Data Exchange, von → CompuServe eingesetztes → Protokoll für den Datenaustausch zwischen Anwendungsprogrammen.

SDH
Synchronous Digital Hierarchy, → CCITT-Standard für Hochgeschwindigkeitsübertragung (155 MBit/s bis 2,5 GBit/s) über Glasfaserkabel, verfügt über integriertes Netzwerkmanagmentsystem (→ TMN).

SDLC
Synchronous Data Link Control, IBM-Datenübertragungs-Protokoll im Rahmen von → SNA.

SE
Länderkennung für *Sweden*.

search.com
→ Suchdienst; ein → Metasucher, bei dem sich persönliche Themen bzw. Vorlieben angeben lassen, zu denen dann bei einem erneuten Start Angaben erfolgen. http://www.search.com

search engine
→ Suchmaschine, → Suchdienst.

sec
- Sekunde;
- beim Chatten übertragen für: einen Moment, bitte.

second level cache
auch *2nd level cache* oder *L2-cache* geschrieben, wörtl. Pufferspeicher der zweiten Ebene, die heutige Bezeichnung für den ursprünglich einfach nur "Cache" genannten, außerhalb des Prozessors vorhandenen und daher hochrüstbaren → Zwischenspeicher-Baustein bei PCs. Er sitzt auf dem *motherboard* und hält (mit Hilfe eines eigenen Controllers) Daten aus dem Arbeitsspeicher (RAM) vor, auf die der Prozessor sehr schnell zugreifen kann – er dient somit der Erhöhung der Gesamtgeschwindigkeit des Systems. Da neuere PC-CPUs (ab Intels 80486 und Clones) auch intern über einen *cache* (→ *first level cache*) verfügen, wird der auf dem *motherboard* befindliche *cache* inzwischen als „externer Cache" oder eben als *second level cache* bezeichnet.

security feature
Sicherheitsausstattung (-einrichtung, -vorrichtung, -funktion).

Segment
bei LANs ein einzelner Bus bzw. Kabelstrang, der mehrere Stationen verbindet.

Seicom Computer GmbH
regionaler → IAP, Pfullingen. http://www.seicom.net/

Seite
→ Btx-Leitseite, → *homepage*, → *page*, → Web-Seite.

Seitenbeschreibungssprache
→ *page description language*.

Sekundärverkabelung
in einem größeren LAN die auf der → Primärverkabelung aufsetzenden Kabel bzw. der Bus zur Anbindung der einzelnen Teilnehmer (ggf. erfolgt diese Anbindung noch über eine → Tertiärverkabelung).

semi
- halb-;
- Semikolon.

Sendeaufruf
→ *polling*.

Sendebereitschaft
clear to send, → CTS.

separator
Trennzeichen.

SEPP
Secure Electronic Payments Protocol, → Sicherheitsstandard für den Zahlungsverkehr im Internet, entwickelt von Mastercard und → Netscape.

Sequenced Packet Exchange
→ SPX.

sequentieller Zugriff
→ Zugriff auf Daten oder Speicherbereiche in Aufeinanderfolge, im Unterschied zum gezielten → Direktzugriff auf spezielle Daten oder Bereiche.

Serial Line Internet Protocol
→ SLIP.

serial port
→ serielle Schnittstelle.

serial transmission
→ serielle Datenübertragung.

serielle Datenübertragung
Bit-für-Bit-Übertragung von Daten über einen einzelnen Kanal bzw. eine einzelne Leitung.

serielle Schnittstelle
Schnittstelle für die → serielle Datenübertragung, nach dem hierfür gebräuchlichen Standard auch häufig → RS-232-Schnittstelle genannt. PCs sind serienmäßig meist mit mindestens zwei solcher → COM-Ports ausgerüstet, um Modems, aber auch Maus, Drucker oder beliebige sonstige Geräte anzuschließen.

Server
allgemeine (auch eingedeutschte) Bezeichnung für ein Programm oder einen Rechner, das bzw. der andere Programme (→ Clients) „bedient", ihnen also spezielle Leistungen zur Verfügung stellt; ein Server kann u. U. seinerseits als Client fungieren. Ein Server kann sowohl für einzelne Leistungen als auch für mehrere Dienste (Datenbankanwendungen, E-Mail, FTP, HTTP usw.) zuständig sein. Ein → *dedicated server* wird ausschließlich für Server-Aufgaben eingesetzt (in kleineren Netzen ist dieser Rechner auch meist der einzige Server), die Server-Leistungen können jedoch auch netzweit (beliebig) verteilt werden. Ein → virtueller Server ist kein eigenständiger Rechner, sondern ein Serverprogramm auf einem Rechner, der auch andere Server betreibt (siehe → *multihoming*).

Server Renting
Anmietung eines Server-Computers bei einem → Provider, Alternative zu einem → virtuellen Server.

Service Indicator
kurz SI, → Dienstekennung.

Servicekennung
→ Dienstekennung.

service provider
wörtl. „Dienste-Anbieter", kurz für *Internet service provider* (ISP), → *provider*.

session
Sitzung, eine bestehende Kommunikationsverbindung.

session layer
Sitzungsschicht bzw. Kommunikationsschicht, die fünfte Ebene im → *OSI Reference Model*.

SET
Secure Electronic Transaction, → Sicherheitsstandard für den Zahlungsverkehr im Internet, entwickelt von Visa und Mastercard.

Setup
Einrichtung, Grundeinstellungen
- Speicherbereich oder Datei mit Parameter-Daten, die grundlegende Informationen über das Computersystem oder ein Programm (Hardware-Ausstattung, Belegung von Schnittstellen, Starteinstellungen usw.) beinhalten;
- ein Programm oder eine Funktion innerhalb eines Anwendungsprogramms zur Festlegung oder Änderung von Grundeinstellungen;
- ein Programm, das ein anderes Programm auf einem Rechner installiert bzw. für die Einrichtung dieses Programms auf dem Rechner (oder die Anpassung der Rechnerkonfigurationen an das Programm) benutzt wird.

seven layers cake
Schichttorte, 7-schichtig (salopp für das → *OSI Reference Model*).

SevenNet
deutschspachiges → Mailboxnetz.

sex
software exchange, Programmtausch.

SFLA
Stupid Four Letter Acronym, dämliches 4-Buchstaben-Akronym.

SFT
In → Netware integriertes Sicherheits-Protokoll, das Datenspiegelung bzw. Zwillings-Server-Betrieb ermöglicht.

SFTP
Simple File Transfer Protocol, ein vereinfachtes Internet-→ FTP, definiert in RFC 913.

SFV
Standardfestverbindung, eine Standleitung.

sfx
self-extracting file, eine sich selbst entpackende Datei, also etwa ein → Zip-File, das mit entsprechenden Routinen versehen wurde, um sich selbst wieder zu dekomprimieren.

sg
→ *small grin*.

SG
Länderkennung für *Singapore*.

SGML
Standardized Generalized Markup Language, ISO-Standard (ISO 8.879) für die Beschreibung bzw. Codierung der (logischen) Struktur von Dokumenten. Die jeweiligen Strukturelemente (Überschriften, Absätze, Gliederungselemente etc.) eines Dokumentes werden in einer SGML-konformen → Beschreibungssprache entsprechend markiert, so daß eine beliebige spätere Auswertung, etwa eine entsprechende Formatierung bzw. Darstellung der Dokumente, erfolgen kann. Auf SGML basiert u. a. → HTML.

SH
Länderkennung für *St. Helena*.

shareware
frei kopierbare bzw. wie → *freeware* vertriebene Software, die für eine gewisse Zeit frei benutzt und ausprobiert werden darf, anschließend jedoch bezahlt werden muß. Um der Zahlungsaufforderung Nachdruck zu verleihen, sind solche frei erhältlichen Programme bisweilen mit entsprechenden Hinweisen versehen oder im Leistungsumfang eingeschränkt und werden bei Zahlung durch eine → Vollversion ersetzt.

shell
(wörtl. Schale)
- der → Kommandointerpreter eines Betriebssystems. Der Ausdruck stammt von der *command shell* (csh) von UNIX-

Systemen, wobei eine solche „Schale" das eigentliche Betriebssystem (den sog. → *kernel*) sowohl einkapselt als auch zugänglich macht (im Sinne eines *User-Interface*). Bei PCs spricht man meist nur von → DOS (Eingabe auf DOS-Ebene) oder speziell vom Kommandointerpreter bzw. dem command.com-Programm.

- auch allgemein verwendet für Programme, die andere Programme oder Hardware-Funktionen zugänglich machen (und zugleich schützen, etwa vor Fehlbedienung).

shell account
Zugang zu einem Host bzw. Zugriffsberechtigung mit speziellen Privilegien: man darf direkt (also auf Betriebssystemebene) auf den Host zugreifen.

shielded cable
abgeschirmtes Kabel, etwa Koaxialkabel oder → STP.

shielded twisted pair
→ STP.

shift key
Umschalttaste (für die Großschreibung).

shitogram
eine E-Mail mit unangenehmem Inhalt.

short circuit
Kurzschluß.

shorthand
Kurzschrift, Steno.

S-HTTP
Secure Hyptertext Transfer Protocol, eine (noch) nicht allgemein verwendete → HTTP-Variante mit eingebauter Verschlüsselungstechnologie, die u. a. den sicheren Zahlungsverkehr (via Kreditkarten) im WWW ermöglichen soll.

shut up!
Halt die Schnauze!

SI
- Länderkennung für *Slovenia;*
- *Service Indicator*, → Dienstekennung.

Sicherheitsstandards
um den elektronischen Zahlungsverkehr bzw. *electronic banking* so sicher wie möglich zu machen, werden neben den klassischen Verschlüsselungstechniken verschiedene weitere Techniken verwendet. Beim → *homebanking* (via T-Online) wird die Kombination aus → PIN und → TAN als gegen Abhören immunes, wenngleich umständliches Verfahren angewandt, bei der Bezahlung mit Kreditkarten (bzw. Kreditkarten-Nummern) im Internet wird häufig das → SET-Verfahren eingesetzt (→ SEPP und → STT konnten sich nicht durchsetzen). Weitere Entwicklungen (*electronic money*) sollen zukünftig vor allem das (gegen Mißbrauch abgesicherte) Bezahlen via Internet vereinfachen.

Sicherungsschicht
data link layer, die zweite Schicht des → *OSI Reference Model*.

sics
sitting in a chair, snickering, sitze kichernd da.

SIG
- *Special Interest Group*, eine „Spezielle-Interessen-Gruppe", häufig auch → *conference* genannt, Bezeichnung für einen abgegrenzten Bereich innerhalb einer *mailbox*, der nicht-öffentlich und nur für bestimmte User reserviert ist;
- kurz für → *signature*.

sign
Vorzeichen (+ bzw. -).

Signal
die Darstellung eines → Zeichens (einer codierten Information) mit Hilfe einer physikalischen Größe (elektrische Spannung oder Frequenz, Licht, usw.), welche nach bestimmten Regeln und in bestimmter Hinsicht manipuliert wird (gezielte Veränderung der Stärke, des Verlaufs, usw.).

Signalkanal
auch Zeichengabekanal, der → D-Kanal (bei ISDN).

Signalverstärker
repeater, ein Gerät, das Signale aufnimmt, ggf. regeneriert und verstärkt und anschließend weiterleitet; wird zur Überbrückung größerer Entfernungen bzw. zur Verbindung von Kabeln innerhalb größerer Netze eingesetzt.

signature
(digitale) Unterschrift;
- die durch einen speziellen Codieralgorithmus erzeugte Bytefolge, die einen Text eindeutig markiert (→ *message digest*);
- einige Textzeilen am Ende einer E-Mail oder eines News-Artikels mit persönlichen Angaben zum Absender, etwa Name, postalische Adresse, Anmerkungen zu Beruf und Hobbies usw. (bisweilen auch *sig-block* genannt). Mehr als drei Zeilen für diese *signature* sind meist unerwünscht, in einigen Netzen sind *signatures* ganz verpönt.

silicon
Silizium (Grundstoff für Mikrochips).

SIM-Karte
Signal Interface Module,-Karte, die zum Betrieb von Mobiltelefonen benötigte Steckkarte, auf der u. a. Benutzerdaten gespeichert sind.

Simple File Transfer Protocol
→ SFTP.

Simple Mail Transfer Protocol
→ SMTP.

Simple Network Management Protocol
→ SNMP.

Simplex
Kommunikation zwischen zwei Teilnehmern, die nur in eine Richtung erfolgen kann, im Unterschied zum → Duplex-Betrieb.

Simulation
- Nachahmung realer oder auch fiktiver Abläufe mittels Computern zu Spiel- oder Ausbildungszwecken (etwa Flugsimulator);
- Nachbildung von Vorgängen mittels Computern, mit fließendem Übergang von modellhafter Nachahmung (etwa Ablaufsimulation in der Maschinensteuerung) zur realen Ausführung bzw. zum Ersatz eines Menschen oder eines Gerätes durch den Computer bzw. ein Programm (vgl. → *robot*).
- Modellierung und Darstellung von Abläufen mittels Computern, oft zu Prognosezwecken (etwa Klima-Simulation);
- Schwindelei, vgl. → *spoofing*;
- Vortäuschung, etwa des Vorhandenseins bestimmter Computerkomponenten, vgl. → Emulation.

simultan
gleichzeitig; in der EDV wird bei gleichzeitigen Prozessen meist von → parallel (oder doch bloß → quasi-parallel) gesprochen.

SINIX
(Siemens-Unix) ein Unix-Derrivat der Firma Siemens bzw. → SNI (Siemens Nixdorf Informationssysteme).

SIO
Serial Input/Output, Serielle Ein-/Ausgabe, die Hardware-Einrichtungen für die serielle Kommunikation (die → serielle Schnittstelle).

SIP
Simple Internet Protocol, Arbeitsname für einige Vorschläge zur Weiterentwicklung des Internet-Protokolls → IPv4, u. a. in RFC 1550 oder RFC 1710 zu finden.

SIPP
Simple Internet Protocol Plus, wie → SIP.

siso
shit in, shit out, ähnlich → gigo.

sitd
still in the dark, immer noch im Dunkeln, immer noch kein Durchblick.

site
wörtl. Standort, übertragen ungefähr: eine Daten-Verwaltungs-Örtlichkeit,
- ursprünglich synonym zu *newsserver* nur Bezeichnung für einen Rechner (oder das Server-Programm) eines Newssystems oder einer *mailbox,*
- inzwischen auch als Bezeichnung für ein FTP-Archiv oder einen WWW- bzw. HTTP-Server (oder die dort vorhandenen *Web-Pages,* die *Web-Sites*) eingeführt.

site admin
im FidoNet der Verwalter *(→ admin)* einer *→ site,* der für die *site* zuständige *→ postmaster.*

site name
anderer Ausdruck für → *host name* oder für die → IP-Adresse einer → *site.*

SJ
Länderkennung für *Svalbard and Jan Mayen Islands.*

SK
Länderkennung für *Slovak Republic.*

skalierbares Netz
ein Netzwerk, das die → Datenübertragungsrate intern automatisch an die jeweiligen Anforderungen anpassen kann (siehe → ATM).

Skript
→ Script.

Skriptsprache
→ Script-Sprache.

SL
- *section leader,* Abteilungsleiter;
- Länderkennung für *Sierra Leone;*
- *so long,* bis dann, bis bald;
- *storage location,* Speicherelement.

slash
das Zeichen /.

SLIP
Serial Line Internet Protocol, Internet-Protokoll für die Übertragung von Daten über serielle Verbindungen (Telefonleitung, RS-232-Kabel), teilweise noch eingesetzter Vorläufer des → PPP.

slip of the pen
Schreibfehler (ein Ausrutscher des Kugelschreibers).

SLIP/PPP
Bezeichnung für den seriellen Zugang zum Internet (meist per Telefonleitung), in Zusammenfassung der beiden hierfür verwendbaren Protokolle → SLIP und → PPP.

slot
- Steckfassung (wie etwa die auf dem → Erweiterungsbus-System befindlichen Fassungen), die dem Einstecken von → Steckkarten dient;
- Einschub bzw. Einsteckfach (für Laufwerke).

SM
Länderkennung für *San Marino.*

sMail
snail mail, Schneckenpost, Scherzbezeichnung für herkömmliche Briefpost.

small grin
kurz sg, kleines Lächeln, Grinsen.

small hours
die Morgenstunden.

Smartmodem
das Modem der Fa. Hayes, das als erstes mit → AT-Kommandos gesteuert wurde.

SMDS
Switched Multi-Megabit Data Service, von der Firma Bellcore entwickeltes Hochleistungs-→ Paketvermittlungsnetz, ermöglicht Datenübertragungsraten bis zu 45 MBit/s, in erster Linie für → LAN bzw. → MAN gedacht. In Deutschland wird anstelle von SMDS das → Datex-M-Verfahren angeboten.

SMG
Special Mobile Group, die → ETSI-Unterabteilung, die für die Entwicklung von Mobiltelefon-Standards zuständig ist.

SMI
Structure of Management Information, in RFC 1155 festgelegter Standard zur Beschreibung der Netzelemente bzw. Objekte in der → MIB, die durch das → SNMP überwacht und gesteuert werden können.

smiley
auch *happy face*, ein lachendes Gesicht, in der Form eines von der Seite zu betrachtenden → *emoticons*. Außer dem Ur-Smiley :-) gibt es unzählige weitere *smileys*, etwa:

%-(verwirrt
%-<I> Lachkrampf
(:I Eierkopf, Glatzkopf
+-:-) Papst
<+:-)= Nikolaus
-) sehe nichts
:'-(weine
:'-) weine vor Freude
:* Küsse
:-< traurig; ärgerlich
:-@ lache mich kaputt
:-[schmollend
:-] grinsend
:-| Hallo/Tschüß
:-} Schmunzel
:-S Unsinn
[:] Roboter
8:] Gorilla
C=:-) Chef

SMS
Short Message Service, Kurznachrichten-Dienst für Mobiltelefone. Kurze Texte können übertragen und auf dem Display des Handys angezeigt werden.

SMTP
Simple Mail Transfer Protocol. Das Standard-Protokoll für E-Mails im Internet (beschrieben in RFC 821), das die Weiterleitung der Mails zwischen den einzelnen Mailservern (bzw. MTAs) regelt. Die über einen *Mail User Agent* (kurz → MUA) eingespeisten Mails werden von *Message Transfer Agents* (kurz → MTA) so lange weitergegeben, bis sie schließlich beim Empfänger-MUA anlangen. Innerhalb von Internet-Subnetzen erfolgt die Übermittlung in der Regel sehr rasch, da der Transport jedoch generell nach dem → *Store-and-Forward*-Prinzip erfolgt, kann die Übermittlung unter ungünstigen Umständen vor allem zwischen Subnetzen auch etliche Zeit (mehrere Stunden) in Anspruch nehmen. Unter SMTP können nur 7-Bit-ASCII-Daten (Textdaten) in E-Mails verwendet werden, erst durch Verwendung des Ergänzungsprotokolls → MIME ist auch das direkte Übertragen von Binärdaten möglich, ohne daß diese speziell umcodiert werden müßten (vgl. → uucoding).

SN
Länderkennung für *Senegal.*

SNA
Systems Network Architecture, Netzwerkstruktur-Modell (ähnlich dem → *OSI-Reference-Model*) bzw. proprietäres Netzwerksystem von IBM, 1974 für → Mainframe-Computing entwickelt.

SNADS
Systems Network Architecture Distribution Services, E-Mail-Dienst unter → SNA (ermöglichte den Versand von E-Mails ohne Beteiligung des Mainframe).

snafu
situation normal, all fouled up, Situation normal, wieder mal alles versaut.

snail
das Zeichen @ (→ *commercial at*).

snail mail
→ sMail.

SNAP
Standard Network Access Protocol, Bezeichnung für → X.25.

SNI
Siemens Nixdorf Informationssysteme, deutsches Computer-Unternehmen (ein Tochterunternehmen der Siemens AG). http://www.sni.de

Sniffer
„Schnüffler“, ein Programm, das den → *traffic* im Internet strukturell oder inhaltlich analysiert bzw. nach speziellen Schlüsselbegriffen abhört.

SNMP
Simple Network Management Protocol, Internet- (und Intranet-) Standard-Protokoll (definiert in RFC 1157) für das Netzwerk-Management bzw. den Betrieb von TCP/IP-Elementen (Knoten oder beliebigen Peripherie-Geräten). Unter SNMP sind die einzelnen Netzelemente in einer zentralen *Management Information Base* (→ MIB) definiert, die Einträge in diese Datenbank erfolgen nach dem → SMI-Standard (*Structure of Management Information*). Eine Überwachungsstation kann anhand dieser Daten über → *agents* auf die Netzelemente zugreifen. Diese SNMP-Agents, die sich ggf. auf den einzelnen Elementen befinden, können Status- bzw. Steuervariablen der Netzelemente abfragen oder ändern. Das gesamte Netz-Management erfolgt ausschließlich über ein solches indirektes Ermitteln bzw. Setzen von Variablen. SNMP setzt auf → UDP auf; zur Definition von Netzelementen nach SMI wird die → ASN.1-Syntax (bzw. ein Subset von ASN.1) verwendet.

Snoopie
→ Suchdienst. http://www.snoopie.com

SNR
signal-to-noise ratio, Signal-Rausch-Verhältnis, gibt das Verhältnis zwischen nutzbaren Signalen und Störungen an.

SO
Länderkennung für *Somalia*.

soc
social, Soziales, *newsgroup*-Titel für gesellschaftliche bzw. gesellschaftswissenschaftliche Foren.

social engineering
- Sozialarbeit;
- in Hackerkreisen Begriff für die Erforschung des sozialen Umfeldes eines Users (um auf eine Idee zu kommen, welches Paßwort er wohl benützen könnte).

socket
wörtl. Buchse, Steckbuchse; ursprünglich Bezeichnung für eine beliebige virtuelle Schnittstelle zur Kommunikation zwischen Prozessen (unter → BSD-Unix), heute spezielle Bezeichnung für eine Software-Schnittstelle für die SLIP/PPP- bzw. TCP/IP-Kommunikation (auf Windows-PCs: → WINSOCK.DLL). Da auf einem Rechner mehrere *sockets* zur gleichen Zeit laufen (bzw. laufen können), muß die Adressierung eines speziellen Kommunikationsprozesses (oder Dienstes) auf einem Rechner immer über die → *socket address* erfolgen.

socket address
die vollständige Adresse einer → *socket*, die aus der → IP-Adresse und einer → Port-Nummer besteht. Für Standard-Dienste im Internet (→ FTP, → HTTP usw.) sind bestimmte Port-Nummern reserviert (siehe → *transport layer demultiplexing value*).

soft error
ein „weicher“ Fehler, tritt nur manchmal auf und läßt sich nicht reproduzieren; meist auf Benutzer-Schludrigkeit, schlechte Leitungsqualität oder Netzspannungsschwankungen zurückzuführen.

softcopy
in Anlehnung an → *hardcopy* Bezeichnung für eine Kopie auf ein Speichermedium.

software
→ Programm, Programmausstattung.

software-decay
Programm-Zerfall (ähnlich → *bit decay*).

Software Description Database
→ SDD.

software-handshake
→ *handshake*.

software-interrupt
durch Programme ausgelöster → *interrupt*.

Softwaremanagement
→ Systemverwaltung.

Software-Schnittstelle
→ Schnittstelle, → Treiber.

SOH
Start of Header, Beginn des → *headers*.

SOM
Start of Message, Beginn der Nachricht.

Sommerzeit
spaßhaft für die Zeit, die im Netz der Telekom bzw. in T-Online verbracht wird (gebührenpflichtig, nach Ron Sommer). Vgl. T-Time.

sos
- *same old stuff*, immer der gleiche alte Quatsch;
- *swim or sink*, schwimm oder geh unter.

Soundchip
ein auf dem → *motherboard* integrierter Microchip, der die Funktionalität einer → Soundkarte bietet.

Soundkarte
eine → Steckkarte, über die Audiodaten ein- und ausgegeben werden können.

source
- Quelle, Ursprung;
- Datenquelle (Sender).

source code
Quellcode (oder auch Primärcode), Programmcode in der ursprünglichen, vom Programmierer eingegebenen Form (vor der Übersetzung in den binären → *object-code*); → *high level language*.

Sozialarbeit
→ *social engeneering*.

sp
space character, das Leerzeichen (ASCII 32).

space
- Raum; Leerstelle;
- kurz für *space character* Leerzeichen (ASCII 32);
- kurz für *space bar* oder *space key*, die Leerzeichentaste;
- der Weltraum.

space bar
Leerzeichentaste.

space character
das Leerzeichen (ASCII 32).

spaced characters
kurz *spaced*, S p e r r s c h r i f t.

space key
die Leerzeichentaste.

SpaceNet GmbH
überregionaler → IAP, München. http://www.space.net/

space suppression
Leerzeichenunterdrückung (u. a. für die → Datenkompression).

spaghetti code
abschätzig für ein völlig chaotisch geschriebenes Programm, früher manchmal als Synonym für Programme in BASIC verwendet (da die Listings solcher Programme meist unübersichtlich waren).

spam
Versand einer langatmigen, langweiligen oder nicht zum Thema passenden Nachricht (im schlimmsten Fall: Werbung) an viele → *newsgroups*. Ist ganz besonders unerwünscht.

special character
Sonderzeichen.

Special Interest Group
→ SIG.

speicherresidentes Programm
→ TSR.

spell-checker
ein Rechtschreib-Überprüf-Programm.

spelling
Buchstabierung; Rechtschreibung.

SPF
Shortest Path First, siehe → OSPF.

spider
andere Bezeichnung für → robot.

Spiegel-Server
→ *mirror site*.

spikes
Spannungsspitzen, kurzfristige Spannungserhöhungen in einem Stromkreis; vgl. → *surge*.

split screen
ein geteilter bzw. in einzelne Fenster aufgeteilter Bildschirm.

spoiler
eine Reihe von Leerzeilen in einer E-Mail oder einem Artikel, die dazu dient, nachfolgenden Text vor sofortigem Lesen zu verbergen.

spoofing
verkohlen, anschwindeln, etwas vortäuschen. Im Internet gibt es viele Varianten des *spoofing*, u. a.:

- *address spoofing*, bei dem ein falscher Absender vorgetäuscht wird (die E-Mail-Adresse ist gefälscht),
- *line spoofing*, bei dem den beteiligten Rechnern vorgegaukelt wird, es existiere eine Verbindung zwischen ihnen (obwohl die Leitung vorübergehend abgeschaltet oder für andere Zwecke benutzt wird),
- → *protocol spoofing* bei dem einem Programm durch das Modem vorgetäuscht wird, mit einem bestimmten Übertragungsprotokoll zu arbeiten (obwohl das Modem mit einem ganz anderen Protokoll mit seinem Gegenüber kommuniziert),
- → *URL spoofing* das Abfangen von HTTP-Anfragen und die Beantwortung (Dateiübertragung) durch einen Rechner, der nicht mit dem Original-Host der angegebenen Adresse identisch ist (etwa ein → Proxy).

SPOOL
Simultaneous Peripheral Operations Online, → Spooler.

Spooler
ein im Hintergrund (als → *daemon*) wirkendes Programm zum Zwischenspeichern und Weiterleiten von Daten (vgl. → *Store-and-Forward*). Die Daten, die aus beliebigen Anwendungen stammen, werden meist in einer temporären Spool-Datei (auf der Festplatte) zwischengespeichert und dann zum gewünschten Ausgabegerät (Drucker, Modem, Bandlaufwerk etc.) gesendet. Häufig verfügen Spooler über spezielle Funktionen (meist eine sogenannte „Warteschlangenverwaltung"), mit denen beispielsweise der Output angehalten, erneut gestartet oder auf ein anderes Ausgabegerät umgeleitet werden kann oder die Reihenfolge der Jobs zu ändern ist.

Spooling
Zwischenspeichern und Weiterleiten von Daten durch einen → Spooler.

Sprungmarke
im Code eines Computerprogramms die Stelle, auf die durch einen Sprungbefehl verzweigt wird; auf Anwenderebene auch → Lesezeichen zum direkten Zugang zu einer Eintragung; in → Hypertextdokumenten eine markierte Stelle *(→ hotspot)*, die angeklickt werden kann und den Browser veranlaßt, das entsprechende Dokument zu laden *(→ link)* bzw. im aktuellen Dokument auf die entsprechende Stelle zu verzweigen.

SPX
Sequenced Packet Exchange, → Netware-Protokoll, zuständig für die Rekonstruktion der Daten aus den → IPX-Datenpaketen.

SQL
Structured Query Language, von der Firma IBM entwickelte Datenbank-Abfragesprache; Standard für Datenbank-Abfragen (in Netzwerken bzw. auf → Client-Server-Systemen).

squeezing
- Quetschen, → Datenkompression;
- bisweilen eingeschränkt nur für ein bestimmtes Verfahren der Datenkompression (→ Huffmann-Codierung) verwendet, bei dem die Zeichen nach der Häufigkeit ihres Vorkommens in einer Datei sortiert und entsprechend codiert werden.

SR
Länderkennung für *Suriname*.

SSDA
Synchronous Serial Data Adapter, eine andere Bezeichnung für die → serielle Schnittstelle.

SSL
Secure Socket Layer, von → Netscape entwickelter Datenverschlüsselungsstandard für die Kommunikation zwischen → Netscape Navigator und einem HTTP-Server, wird inzwischen auch von einigen anderen → WWW-Browsern unterstützt. Die Kopplung von HTTP und SSL wird auch als HTTPS bezeichnet.

ST
Länderkennung für *Sao Tome and Principe*.

stack
Stapel; Stapelspeicher, reservierter Speicherbereich, in dem Daten in der Reihenfolge ihres Eintreffens kurzzeitig zwischengespeichert werden.

stand alone solution
Einzelplatz-Rechner (ohne Netzanbindung), Insel-Lösung.

Standardized Generalized Markup Language
→ SGML.

Standards
→ ANSI, → ASCII, → ASPI, → AT-Kommandos, → CCITT, → DIN, → Internet-Protokoll, → IEEE, → ISO, → MNP, → *OSI Reference Model*, → ETS, → RFC, → SAA, → STD.

Standleitung
Datenstandleitung, auch als → DIVA, Festverbindung, FVV, Mietleitung, *dedicated line, leased line, non-switched line, private line* bezeichnet; eine für längere Zeit geschaltete (geöffnete) Verbindung im Telefonnetz, häufig auch durch spezielle Kabel, Richtfunkstrecken oder Satellitenkanäle realisiert und mit größerer Bandbreite versehen als sonst im Telefonnetz üblich. Die Datenübertragung kann bei Standleitungen meist mit höherer Geschwindigkeit als bei „normalen" Telefonverbindungen stattfinden.

Stapelspeicher
→ *stack*.

Stapelübertragung
kontinuierliches Übertragen von Daten (etwa via FTP).

Stapelverarbeitung
→ *batch processing*.

Startbit
bei der → asynchronen Datenübertragung zur Synchronisation verwendetes Bit, das den Beginn eines Zeichens (mit 0) anzeigt, das Ende wird durch das Stopbit (mit 1) markiert.

Startseite
→ *homepage*.

Start/Stop-Verfahren
→ *handshake*.

Station
ein Element (Rechner, Knoten, Unit) eines Netzwerks.

STD
Standard; Bezeichnung für die → RFCs, in denen Internet-„Standards" dokumen-

tiert werden (STD 1: → *Internet Official Protocol Standards*, STD 2: → *assigned numbers*, usw.). Standards haben im Internet den Status freiwilliger Vereinbarungen (zwischen Host- bzw. Netz-Betreibern), sie werden über die → NICs veröffentlicht und zur allgemeinen Benutzung empfohlen, jedoch nicht von irgendeiner Behörde verordnet.

steam powered
dampfbetrieben, übertragen: veraltete Technik.

Steckbrücke
miniaturisierter Stecker, → Jumper.

Steckkarte
board, eine Platine bzw. Leiterkarte, die per Steckverbindung (etwa auf dem → Erweiterungsbus, vgl. → *slot*) mit dem → *motherboard* verbunden wird.

Steckplatz
→ *slot*.

Stern
Aufbauprinzip eines → LANs: alle Teilnehmer werden über eine eigene Leitung an eine zentrale Station *(→ hub)* angeschlossen. Der Ausfall einer Station (oder einer Verbindung) hat keine Auswirkung auf die anderen Teilnehmer, beim Ausfall des *hubs* ist das Netz jedoch völlig lahmgelegt (im → Ring kann u. U. überbrückt werden).

Steuerblock
ein Datenblock, der ausschließlich Steuerdaten enthält.

Steuerbus
jener Teil eines → Bus-Systems, der zur Übertragung von Steuerungsinformationen dient.

Steuercode-Zeichen
→ Steuerzeichen.

Steuersignal
das der Steuerung der Datenübertragung dienende Signal.

Steuerzeichen
Steuercode-Zeichen, ein Zeichen, das zur Steuerung eines Prozesses verwendet wird.

stfm
see the f... manual, schau gefälligst ins verdammte Handbuch (gebräuchlicher ist → rtfm).

STM
Synchronous Transfer Mode, → synchrone Datenübertragung.

stop
anhalten, Stop.

Stopbit
bei der → asynchronen Übertragung verwendetes Bit, das (mit 1) das Ende eines Zeichens markiert (der Beginn wird mit dem → Startbit angezeigt).

stop instruction
Stop-Befehl, Ende-Befehl.

stoppage
Stillstand des Systems, Absturz.

STOR
→ *storage*.

storage
Speicher; Speicherung.

Store-and-Forward
Zwischenspeichern und Weiterleiten,

- ein Arbeitsprinzip bei der Datenausgabe (siehe → *Spooling*);
- ein Funktionsprinzip der Nachrichtenübermittlung in Netzwerken: die Daten werden → verbindungslos im Netz vermittelt, wobei eintreffende Daten an einer Zwischenstation erst einmal zwischengespeichert und nur dann weitergeleitet werden, wenn dazu eine passende Möglichkeit besteht. Die Wartezeiten bis zur Weiterleitung können unter Umständen recht lange sein, bei mangelnder Kapazität des Speichersystems (oder durch Totalausfall des Speichers) können die Daten auch ganz verloren gehen. Im In-

ternet werden nach diesem Prinzip u. a. E-Mails übermittelt, vgl. → SMTP.

STP
Shielded Twisted Pair, abgeschirmtes, verdrilltes Doppeladerkabel, mit einem Schirm um jedes Aderpaar und einer zusätzlichen Gesamt-Abschirmung; vgl. auch → UTP.

Strg
kurz für „Steuerung", Beschriftung der Steuerzeichentaste auf QWERTZ-Tastaturen, sonst meist Ctrl (→ Control-Taste).

strictly speaking
strenggenommen, genau besehen.

string
eine Zeichenkette.

Structure of Management Information
→ SMI.

Structured Query Language
→ SQL.

Strudel
das Zeichen @ (→ *commercial at*).

STT
Secure Transaction Technology, ein → Sicherheitsstandard für den Zahlungsverkehr im Internet, entwickelt von → Microsoft und Visa.

stub network
wörtl. Stichleitungs-Netzwerk, ein Netzwerk, das Datenverkehr nur intern weiterleitet, nicht jedoch den → *traffic* aus fremden Netze durch das eigene Netz schleust; meist Synonym für → LAN. Ein Netzwerk, das fremde Datenpakete weiterbefördert, wird → *backbone* oder → *transit network* genannt.

SU
Länderkennung für *USSR* (die ehemalige Sowjetunion).

subdirectory
Unterverzeichnis.

subdomain
Unter-Domain (einer → *domain*).

subject
Thema; in E-Mails: Betreff.

subnet
Subnetz, ein unabhängig von einem übergeordneten Netz betriebenes Netz, das durch eine eigene → *subnet address* identifiziert wird und dieselbe Netzadresse wie das übergeordnete Netz hat. Ein Netz kann aus mehreren *subnets* bestehen, ein *internet* besteht aus mehreren gleichrangigen Netzen (mit jeweils eigener Netz-Adresse).

subnet address
der Bereich einer IP-Adresse (→ IP address), der das *subnet* bezeichnet. Siehe → *address mask*.

subnet mask
andere Bezeichnung für die → *address mask*.

subnet number
synonym zu → *subnet address*, vgl. → *address mask*.

Subnetz
→ *subnet*.

sub-netz e. V.
als privater Verein organisierter → IAP, Karlsruhe. http://www.sub.net/

subscribe
- abonnieren; teilnehmen;
- in einer an den → *mailserver* gerichteten E-Mail das Kommando für das Abonnieren einer → *mailing list*: SUBSCRIBE listentitel UserName *(vgl. unsubscribe)*.

subscriber line
Telefonleitung, Amtsleitung.

subset
eine Teilmenge, Untermenge.

Suchdienst
ein Dienstprogramm, das gesuchte Informationen bzw. deren Lokalisation in

Internet-Files oder Archiven ausfindig macht. Neben → archie und → prospero (vorwiegend für → FTP-Files) und → veronica (für → gopher-Informationen) gibt es heute vor allem im WWW eine Vielzahl von sogenannten *search-engines*, die von (teils eigens hierfür gegründeten) Firmen zur Verfügung gestellt werden und daher häufig kommerziellen Charakter haben (sie werden u. a. über Werbung finanziert). Suchdienste durchsuchen und indizieren die frei zugänglichen *Informationen (anonymous FTP-Files*, WWW-Seiten usw.) vorwiegend automatisch (mit sogenannten → *robot-* oder → *spider*-Programmen), daneben können eigene Homepages oder sonstige Dateien auch bei den Suchdiensten speziell registriert werden. Die Dienste erstellen aus solchen Robot-Suchergebnissen bzw. Registrierungen umfangreiche Index-Listen, mit deren Hilfe sich Such-Anfragen schnell beantworten lassen; über → Metasucher lassen sich gleich mehrere Suchdienste abfragen. Nachfolgend eine Auswahl:

Aladin — http://www.aladin.de
All4One — http://www.all4one.com
All-in-One — http://www.albany.net/allinone
Alta Vista — http://www.alta-vista.com
Deja News — http://www.dejanews.com/forms/dnquery.html
Deutscher Branchenindex — http://www.flix.de
Deutscher Crawler — http://www.crawler.de
Deutsches Branchenbuch — http://www.branchenbuch.de
Deutsches Internet Verzeichnis/ Web Deutschland — http://www.web.de
Dino — http://www.dino-online.de
Einet Galaxy — http://www.einet.net/www/www.html
Eule — http://www.eule.com
Excite — http://www.excite.com
Flipper — http://flp.cs.tu-berlin.de/flipper
Flix — http://www.flix.de
Focus Netguide — http://netguide.de
Global Net Navigator (GNN) — http://www.gnn.com
Home Pages Broker — http://www.town.hall.org/brokers/www-home-pages/query.html
Hotbot — http://www.hotbot.com
IAF Internet Address Finder — http://www.iaf.net/
Infoseek — http://ultra.infoseek.com
Inktomi — http://www.inktomi.com
ISOSYS — http://www.isosys.de
Kolibri — http://www.kolibri.de
LEO — http://www.leo.org
Lycos — http://www.lycos.de
Magellan — http://www.mckinley.com
Metacrawler — http://www.metacrawler.com
Metasearch — http://metasearch.com
Netguide (Focus) — http://netguide.de
Nexor — http://pubweb.nexor.co.uk/public/welcome.html
Open Text — http://index.opentext.net

Savy Search — http://www.cs.ccolostate.edu/~dreiling\smartform.html
search.com — http://www.search.com
Snoopie — http://www.snoopie.com
Ultraseek — http://www.ultraseek.com/
Web Deutschland / Deutsches Internet Verzeichnis — http://www.web.de
WebCrawler — http://www.webcrawler.com
WWWWorm — http://www.cs.colorado.edu/home/mcbryan/WWWW.html
Yahoo — http://www.yahoo.de

Suchmaschine
das Programm oder der Rechner, durch den ein → Suchdienst realisiert wird; auch Synonym für Suchdienst.

suffix
die Dateiendekennung, → *extension*.

SUN
amerikanischer Computerhersteller (u. a. Unix-Workstations), der auch → Java entwickelte. http://www.sun.de

SUNET
Swedish University Network.

Superset AT-Modem Command-Set
ein erweiterter → AT-Kommando-Satz, der nicht von allen Modems unterstützt wird.

superuser
User mit allen Zugriffsrechten, → *sysop*.

Surfen
- im Internet von Rechner zu Rechner schweifen;
- im WWW per → *hyperlink* von einem Rechner zum anderen bzw. von einer Webseite zur anderen wandern (→ *websurfing*).

surge
Überspannung, Stromstoß, im Unterschied zu → *spikes* länger anhaltend.

S/UTP
Screened Unshielded Twisted Pair, ein → UTP-Kabel mit einer Gesamtabschirmung.

SV
Länderkennung für *El Salvador*.

swambo oder **swmbo**
she who (always) must be obeyed, diejenige, der (immer) gehorcht werden muß (häufig die Mutter oder Lebensabschnittspartnerin) – in Formulierungen verwendet wie etwa: *caut! mswambo *ts dragon* Vorsicht, meine Mom fängt gerade an, hier im Hintergrund herumzuwerkeln! Die männliche Variante ist der → hwambo.

swap
austauschen, auswechseln.

swapfile
→ Auslagerungsdatei.

SWFD
Selbstwählferndienst.

switch
- Schalter;
- bei der → Paketvermittlung oder unter → ATM ein Vermittlungsrechner.

switched access
geschalteter Zugang, eine nur bei Bedarf hergestellte Verbindung.

switched connection
Wählverbindung (im Telefonnetz).

switched line
Wählleitung (im Unterschied zur Standleitung).

Switched Multimegabit Data Service
→ SMDS.

Switched Network
→ Vermittlungsnetz; auch ein Netz, das mit → *switching* betrieben wird.

switching
- schalten, umschalten;
- eine Verbindung herstellen (etwa eine Telefonverbindung);
- Datenpakete vermitteln;
- bei → ATM: die Datenübertragungsrate durch Zuweisung einer anderen nutzbaren Bandbreite an den aktuellen Bedarf anpassen.

swmbo
→ swambo.

SWOL Südwest-Online
regionaler → IAP, Oberndorf. http://www.swol.de/

SY
Länderkennung für *Syria*.

symmetrische Leitung
→ *balanced line*.

sync
synchronous, → synchron.

SYNC
→ synchron.

synchron
auch isochron, Bezeichnung für Vorgänge, die in einseitiger oder gegenseitiger zeitlicher Abhängigkeit stattfinden (in fester Reihenfolge nacheinander oder auch gleichzeitig) oder in einem vorgegebenen Taktzyklus ablaufen. (Gegenteil: → asynchron).

synchrone Übertragung
eine Datenübertragung, bei der Sender und Empfänger im gleichen Takt arbeiten bzw. bei der außer den Nutzdaten auch noch ein Taktsignal übermittelt wird. Im Unterschied zur → asynchronen Verbindung können die Daten anhand des Taktes direkt erkannt werden, auf Start- und Stopbits (und deren Auswertung) kann daher verzichtet werden.

synchronous
→ synchron.

Synchronous Digital Hierarchy
→ SDH.

SYS
System.

sysadmin
Systemverwalter, → *admin*.

SYSOP
- → *System Operator*;
- beim Chatten: Aufforderung an den Sysop, sich in einen Chat einzuschalten.

sysprog
system programmer, Systemprogrammierer.

Systematics
überregionaler → IAP, Hamburg. E-Mail: systematics@magicvillage.de

Systemboard
→ *motherboard*.

Systemmanagement
→ Systemverwaltung.

Systemoperator
kurz *sysop*, die- oder derjenige, welche/r den Betrieb einer *mailbox* oder eines Internet-Servers steuert und überwacht, oft in Personalunion mit dem → Systemverwalter.

Systemplatine
→ *motherboard*.

Systemprogramm
Teil eines Betriebssystems oder ein → Dienstprogramm, das auf → Betriebssystem-Ebene läuft bzw. das originäre Betriebssystem ergänzt.

Systems Application Architecture
→ SAA.

Systems Network Architecture
→ SNA.

Systems Network Architecture Distribution Services
→ SNADS.

Systemverwalter
→ *admin*, die Person, der die → Systemverwaltung obliegt.

Systemverwaltung
alle organisatorischen und operativen Leistungen, die mit dem Betrieb eines Netzwerkes verbunden sind. Dazu zählen u. a. alle Tätigkeiten, die mit dem Auf- und Ausbau eines Netzwerks, mit der Steuerung und Überwachung des laufenden Betriebs eines Netzwerks (Netzwerkmanagement), mit der Lizenzierung, Installation und Betreuung von Netzwerk-Software (Softwaremanagement), mit der Datensicherung, der Zuweisung und Verwaltung von User-Rechten, der Realisierung und Überwachung der Einhaltung von Datenschutzbestimmungen und der Abrechnung von Netzwerkleistungen verbunden sind.

SZ
Länderkennung für *Swaziland*.

T1
Transmission Link 1, DÜ-Standard der Firma Bell Systems, maximal 24 Kanäle und 1.5 MBit/s auf Standleitungen.

T2
Transmission Link 2, DÜ-Standard der Firma Bell Systems, maximal 96 Kanäle und 6.3 MBit/s auf Standleitungen.

T3
Transmission Link 3, DÜ-Standard der Firma Bell Systems, maximal 672 Kanäle und 44.7 MBit/s auf Standleitungen.

T.30
ITU-Protokoll für Verbindungsaufbau, Durchführung der Übertragung und Abmeldung bei Fax.

T4
Transmission Link 4, DÜ-Standard der Firma Bell Systems, maximal 4032 Kanäle und 274.1 MBit/s auf Standleitungen.

T.4
ITU-Standard für Datenübertragungen per Fax.

TA A/B
→ ISDN-Terminaladapter zum Anschluß analoger Endgeräte (Telefon, Telefax) an ISDN.

table of contents
Inhaltsverzeichnis.

TAD
Telephone Answering Device, Anrufbeantworter.

TAE
- Telefon-Anschluß-Einheit (Telefonsteckdose) der Telekom (6-polig, für ISDN 8-polig);
- *telephone answering equipment,* Anrufbeantworter.

TAE-6-Stecker
Telefonstecker, → TAE.

TAE-8-Stecker
Telefonstecker (für ISDN), → TAE.

tag
- Markierung, als Verb (auch eingedeutscht zu „taggen") markieren;
- Bezeichnung für die HTML-Befehle in HTML-Dokumenten, → *HTML-tag.*

Takt
Zeiteinheit bzw. von einem Taktgeber erzeugter Frequenzimpuls, der zur Synchronisierung von Abläufen dient.

Taktfrequenz
in MHz gemessener Arbeits-→ Takt, mit dem eine Anlage (etwa ein Computer) betrieben wird.

talk
- Chat mit nur zwei Teilnehmern, Unterhaltung zwischen zwei Usern (bzw. Name des entsprechenden Protokolls);
- → *news hierarchy* im → UseNet, unter der die Diskussion allgemeiner Themen bzw. simples Plaudern zu finden ist.

TAN
Transaktionsnummer, die beim *electronic banking* (via T-Online bzw. Btx) benötigte zweite Geheimnummer (vgl. → PIN), die nur ein einziges Mal benützt werden kann. Die Kreditinstitute übersenden ihren Kunden TAN-Listen mit 50 oder 100 Nummern, die nur für das jeweilige Konto gelten. Da für jede Buchung eine neue TAN erforderlich ist und nur die in der aktuellen Liste angegebenen TANs verwendet werden dürfen, ist sichergestellt, daß die Online-Transaktionen nur von Befugten ausgeführt werden (sofern die TAN-Liste nicht Unbefugten zugänglich gemacht wird).

tanstaafl
there ain't no such things as a free lunch, es geht halt wirklich nichts über ein kostenloses Essen.

TAPI
Telephony Applications Programming Interface, Software-Schnittstellenstandard der Firma Microsoft, für die Programmierung von Telefon-Anwendungen.

TA V.24
→ ISDN-Terminaladapter, Modemanschluß.

TA X.21
→ ISDN-Terminaladapter, für den Anschluß von Datenendeinrichtungen mit X.21-Schnittstelle.

tba
to be announced, angekündigt.

Tbx
→ Telebox.

tbyb
try before You buy, vor dem Kauf zu prüfen.

TC
- Länderkennung für *Turks and Caicos Islands;*
- *Telecommunications,* Telekommunikation;
- *Transfer Cost,* Übermittlungskosten, die Kosten der (Telefon-) Verbindung;
- *Transmission Control,* Übermittlungskontrolle, Übertragungssteuerung.

T-carrier
Sammelbegriff für die Bell-Standards → T1 bis T4.

tcb
trouble comes back, der Ärger geht wieder los.

TCP
Transmission Control Protocol, Übermittlungs-Kontroll-Protokoll, das erstmals 1974 vorgestellte, in RFC 761 als DoD-Standard definierte und 1982 allgemein eingeführte Protokoll für die Übertragungssteuerung im Internet. TCP setzt auf dem *Internet Protocol* (→ IP) auf und steuert die Verbindung zwischen zwei Hosts, packt und entpackt die Datagramme und fordert ggf. eine erneute Zusendung an.

TCP/IP
Transmission Control Protocol over Internet Protocol, zusammenfassende Bezeichnung der beiden Basis-Protokolle im Internet, auf die andere Protokolle bzw. Dienste wie FTP, SMTP usw. aufsetzen. Als Internet, Internet-Subnet oder intranet gelten nur Netzwerke, die TCP/IP verwenden.

TCP/IP GmbH – Contrib.Net
überregionaler → IAP, Berlin. http://www.contrib.com/

TCP/IP Protocol Suite
zusammenfassende Bezeichnung für alle gängigen Internet-Protokolle (die auf TCP/IP basieren, einschließlich TCP und IP selbst), also u. a. → IP, → ICMP, → TCP, → UDP, → FTP, → Telnet, → HTTP, → NNTP, → SMTP und → SNMP.

TD
- Länderkennung für *Chad;*
- *Transmit Data,* Sende Daten, Steuersignal der → seriellen Schnittstelle.

TDSV
Telekom-Datenschutzverordnung, regelt die Datenschutzmaßnahmen bei der Deutschen Telekom.

TE
Terminal Equipment, → Endgerät.

tech
Technik, Technologie.

Technical Reference Manual
kurz techref oder TRM, Referenzhandbuch (führt beispielsweise die Befehle einer Programmiersprache in alphabetischer oder thematischer Ordnung auf). Vgl. → user manual.

techref
→ *Technical Reference Manual.*

techspeak
Fachsprache, Fachausdruck.

Teilstreckennetz
ein Netzwerk, das bei der Datenübertragung immer in mehrere Teilstrecken gegliedert ist (wie etwa das Telefonnetz: die Teilnehmer sind nicht durch eine einzige direkte Leitung untereinander verbunden).

TelAPI
Telnet Application Programming Interface, die Programmierschnittstelle für → Telnet.

Telebanking
→ *electronic banking,* meist → *homebanking.*

Telebox
kurz Tbx, → Mailbox bei → T-Online.

telecopy
Telefax, → FAX.

telecopy equipment
Telefaxgerät, → FAX-Gerät.

teledildonics
aus *telecommunication, dildo* und *electronics* gebildeter Bombasto-Begriff für zukünftigen Cyber-Sex (mit entsprechender Hardware).

Tele-Einkauf
→ Btx-Ausdruck für → *electronic shopping.*

Telefax
→ FAX.

Telefondienst
→ Fernsprechdienst.

Telefonie
der Telefondienst, die Telefon-Technologie.

Telekom
→ Deutsche Telekom AG.

Telekommunikation
Kommunikation über größere Entfernungen mit technischen Hilfsmitteln wie Telefon, Mobilfunk oder Computern, die über Netzwerke untereinander Verbindung aufnehmen können.

Telekommunikations-Anschlußeinheit
die Steckdose für das Telefon, → TAE.

Telematik
Verbindung der Telekommunikation mit der Informatik.

telephone answering equipment
kurz TAE, Anrufbeantworter.

telephone call
Telefonanruf.

telephone charges
Fernsprechgebühren.

telephone directory
Telefonbuch.

telephonee
der Angerufene.

telephone exchange
Fernsprechvermittlungsstelle.

telephone network
Fernsprechnetz, Telefonnetz.

telephoner
der Anrufer.

telephone switching
Fernsprechvermittlung.

teleprinter
Fernschreiber.

teleprocessing
kurz TP, → Datenfernverarbeitung.

Telesoftware
in Btx angebotene Programme (→ *freeware,* → *shareware*).

Teletex
ein erweitertes → telex, mit 2400 Bit/s betrieben.

teletype
Fernschreiben.

Teletypewriter
→ TTY.

telex
Teletypewriter Exchange, kurz Tx, Fernschreiber-Dienst, international verbreiteter Dienst für die Textkommunikation (420 Zeichen/Minute bei direkter Kommunikationsverbindung). Telex ist weltweit verfügbar; Fernschreiben werden international als juristisch verbindliche Dokumente anerkannt.

Telly D1
das Tochterunternehmen der → Deutschen Telekom AG, das den Betrieb des D1-Netzes durchführt.

telnet
Internet-Protokoll bzw. → Dienst für → *remote access* bzw. → *remote terminal connection,* definiert in RFC 854. Unter einem Telnet-Client wird der PC als → VT100-Text-Terminal betrieben, man kann zeichenorientiert auf dem → *remote host* arbeiten und auf alle zeichenorientierten Internet-Anwendungen (etwa → ARCHIE) zugreifen.

ten-digit keyboard
Zehnertastatur (beim Taschenrechner, oder das Zahlenfeld auf der Computertastatur).

TERENA
Trans-European Research and Education Networking Association, Ende 1994 aus → RARE und → EARN gebildetes Netz, das für akademische Zwecke, Forschung und Erziehung dient.

Terminal
ein an einen Großrechner angeschlossenes Datenendgerät, das nur aus Tastatur und Bildschirm (oder noch archaischer: aus einem Fernschreiber-ähnlichen Printer mit Tastatur) besteht und über keinerlei eigene Rechenleistung, Speicher, Laufwerke usw. verfügt (bisweilen können jedoch Maus, Lesestift (Barcode-Leser) oder Etikettendrucker angeschlossen werden). Sog. „unintelligente" Terminals können nur die vom Rechner (bzw. den dort laufenden Programmen) gelieferten Daten anzeigen und Tastatureingaben an den Rechner weiterleiten, „intelligente" Terminals können auch (intern) Tastaturbelegungen speichern oder den Terminalmodus wechseln. Für PCs sind → Terminalprogramme und → Terminalemulationen erhältlich, mit denen sich der PC wie ein Terminal verhält und an einen Host angebunden werden kann (etwa für die Nutzung von → Telnet, oder für den einfachen Zugang zu einem → BBS).

Terminaladapter
kurz TA, → ISDN-Terminaladapter.

Terminalemulation
ein Programm (→ Terminalprogramm) bzw. ein Standard zur → Emulation eines Terminals auf einer Workstation oder einem PC (u. a. → ANSI, → TTY, → VT52, → VT100, → VT102).

terminal equipment
→ Endgerät, Datenendgerät.

Terminalprogramm
ein Programm, mit dem die Terminalverbindung zu einem Host (→ rlogin) durchgeführt werden kann, und das zu diesem Zweck verschiedene → Terminalemulationen zur Verfügung stellt.

Terminator
Schlußzeichen, das am Ende eines → Btx-Befehls stehende Steuerzeichen (#); das Gegenteil ist der → Initiator.

Tertiärverkabelung
die in LANs an der → Sekundärverkabelung angeschlossenen Kabel (die Kabel, die vom Teilnehmer-PC an einen Etagen-Bus bzw. eine Anschlußdose reichen).

Textausrichtung
Textzeilen können → zentriert, → linksbündig oder → rechtsbündig, untereinander stehen oder als → Blocksatz angeordnet sein. Die freie Anordnung (jede Zeile wird anders angeordnet) kommt selten vor.

Texterfassungsprogramm
auch Editor, ein Programm (oder Programmteil) zur Eingabe von Text. Im Unterschied zum → Textverarbeitungsprogramm verfügt ein reines Erfassungsprogramm meist nur über eingeschränkte Möglichkeiten zur Gestaltung von Texten. Mit Editor bezeichnet man außer eigenständigen Anwendungsprogrammen zur Texterfassung auch einen Programmteil innerhalb eines größeren Programmes (Textverarbeitungsprogramm, Tabellenkalkulation, Compiler, Datenbank, usw.), der die Eingabe von Text ermöglicht.

textorientiert
synonym zu → „zeichenorientiert“, Bezeichnung für einen Darstellungs- oder Übertragungsmodus, bei dem ausschließlich Texte auf dem Bildschirm angezeigt bzw. übertragen werden (etwa: verschiedene Internet-Dienste wie Gopher oder FTP, aber auch Btx). Werden auch Grafiken verarbeitet, spricht man von → grafikorientiert.

Textverarbeitungsprogramm
ein Programm, das alle mit der Verarbeitung von Texten zusammenhängenden Arbeitsschritte wie die Erfassung (oder auch Konvertierung), die inhaltliche und gestalterische Bearbeitung (Formatierung) sowie die Ausgabe von Texten ermöglicht.

TF
Länderkennung für *French Southern Territories.*

tfti
thanks for the idea, danke für die Idee.

tftt
thanks for the thought, danke für den Gedanken.

TG
Länderkennung für *Togo.*

TH
Länderkennung für *Thailand.*

thanx
thanks, danke.

The Net
das Netz (der Netze), Bezeichnung für das Internet.

the Pope
der → Papst, wird gerne als Pseudo-Username *(→ nickname)* verwendet.

Thesaurus
ein Synonym-Wörterbuch.

Thick-Ethernet
auch 10Base5, Verkabelung bei Ethernet-LANs, maximal 500 m lang.

Thin-Ethernet
auch 10Base2, Verkabelung bei Ethernet-LANs, maximal 150 m.

thnx
thanks, danke.

thread
- allgemein Faden, Draht; Gewinde; einfädeln, aufreihen;
- ein eigener, in sich abgeschlossener Prozess, der innerhalb eines Programms oder in einer → *multiprocessing*-Umgebung abläuft;
- der „rote Faden“ innerhalb einer Reihe von Nachrichten oder → *news articles.*

Three Letter Acronym
→ TLA.

throughput
der effektive Datendurchsatz, → *data rate.*

THX
thanks, danke.

tia
thanks in advance, Dank im Voraus.

Tilde
das Zeichen ~
- im Spanischen und Portugiesischen verwendetes Aussprachezeichen;
- bisweilen als Ersatz für „etwa, ungefähr“ eingesetzt;
- häufiger auch als Wiederholungszeichen (in Druckwerken, Lexika etc.) zu finden;
- in → URLs als Joker-Zeichen für das → *home directory* verwendet.

timeout
Steuerzeichen bzw. Signal für die Überschreitung eines vorgegebenen Zeitrahmens, wird als Rückmeldung bei der Kommunikation zwischen Rechnern oder Rechnern und Peripheriegeräten verwendet, um ein „Aufhängen" des Systems zu vermeiden.

time sink
Zeitloch, Zeitsenke, zeitraubendes Ereignis (auch Prozesse oder Personen, die als zeitraubend gelten).

Time to Live
→ TTL.

TISN
Tokyo International Science Network.

TJ
Länderkennung für *Tajikistan.*

TK
- Telekommunikation;
- Länderkennung für *Tokelau.*

TKV
Telekommunikationsverordnung.

TLA
Three Letter Acronym, Drei-Buchstaben-Akronym.

Tln
Teilnehmer.

TM
- Länderkennung für *Turkmenistan;*
- *trademark* Handelsmarke.

TMN
Telecommunications Management Network, in → SDH integriertes Netzwerkmanagement-System.

TN
Länderkennung für *Tunisia.*

tnii!
this news is important!, Wichtige Nachricht!

TNI-TeleNova Internet Services
regionaler → IAP, Sindelfingen. http://www.tni-telenova.de/

T-Normen
siehe → CCITT-Normen.

tnx
thanks, Danke (deutsch: → dnk).

TNX1.0E6 oder TNX1M
thanks a million, millionenfachen Dank.

TO
Länderkennung für *Tonga.*

T-Offline
Spottname für → T-Online.

token
Zeichen, Berechtigungszeichen.

token passing
wörtl. „Vorbeilaufen des Berechtigungszeichens", Verfahren der → paketvermittelten Datenübertragung in → LANs, bei dem zur Regelung des Datenverkehrs regelmäßig spezielle Steuerzeichen *(token)* in die Verbindungsleitung eingespeist werden. Jede Station lauscht mit und sendet die *tokens* (und Datenpakete) weiter. Bei Bedarf werden freie *tokens* als „besetzt" markiert und die Datenpakete angehängt. Siehe → Arcnet, → *Token Ring.*

Token Ring
- von IBM entwickelte LAN-Technologie mit → *token passing*-Verfahren, wobei die Teilnehmer in einem geschlossenen Ring angeordnet sind.
- allgemeine Bezeichnung für LANs, die nach dem in → IEEE 802.5 definierten *token ring*-Standard arbeiten.

T-Online
Datennetz bzw. Online-Dienst der Deutschen Telekom, umfaßt die früher getrennten Btx- und Datex-Dienste, Btx-Plus sowie Internet-Zugang. Der Zugang zu T-Online ist bundesweit zum Ortstarif

über das Telefonnetz (max. 28.000 bps) bzw. über ISDN (mit 64.000 bit/s) möglich. T-Online bietet Internet-Zugang (einschließlich der Möglichkeit, eine eigene *Homepage* anzulegen) und E-Mail, unter Btx lassen sich textorientiert u. a. *homebanking* (nahezu alle deutschen Banken und Sparkassen) und *homeshopping* durchführen und verschiedene auf Deutschland spezialisierte Dienste wie Bahnauskunft, Flugauskunft oder Telefonauskunft und deutschsprachige Foren erreichen; Btx-Plus bietet einen Premiumservice, u. a. (teils mit WWW-Technologie grafisch aufbereitete) redaktionell bearbeitete Foren. T-Online arbeitet u. a. auch mit → MSN zusammen.

Tonwahlverfahren
→ MFV.

tool
- Werkzeug;
- Dienst bzw. Dienstprogramm.

top level domain
ein Hauptbereich im Internet. Der Hauptbereichsname wird in der → DNS-Adresse entweder durch die → Länderkennung oder (vorwiegend in den USA) durch folgende Kürzel gebildet: .COM *(commercial)*, .EDU *(educational)*, *.NET (network operations)*, .GOV *(US government)*, *.MIL (US military)* und .ORG (sonstige Organisationen). Diese Hauptdomains sollen zukünftig um weitere Domains ergänzt werden, da vor allem die .COM-Domain sehr stark nachgefragt wird – vorgeschlagen sind u. a. die Domains .arts, .info, .firm, .store, und .web.

topic group
→ *newsgroup*.

Topologie
Aufbau bzw. Verkabelung eines Netzwerks (→ Ring, → Stern, etc.).

total loss
völliger Verlust; etwas, das total in die Hose gegangen ist.

tourist
ein User, der sich „nur mal umschaut" (in einer *newsgroup*, bei einem Chat usw.).

tourist-group
ein Chat bzw. eine *newsgroup* mit Teilnehmern, die vorwiegend als Internet-Neulinge anzusehen sind (und entsprechend Neugier an den Tag legen).

TP
- Länderkennung für *East Timor;*
- → *teleprocessing*;
- *Transport Protocol*, (→ TPDU);
- → *twisted pair*.

TPDU
Transport Protocol Data Unit, ein Datenpaket nach ISO-Spezifikation (vergleichbar einem TCP/IP-Datagram bzw. → PDU).

TR
Länderkennung für *Turkey*.

tr@nsnet Internet Services
regionaler → IAP, Leipzig. http://www .transnet.de/

traceroute
Internet-Dienstprogramm, das den tatsächlichen Weg bzw. die Verbindungsqualität einer Nachricht im Internet verfolgt. Auf das Kommando: traceroute Rechnername hin sendet das Programm Test-Datenpakete an den gewünschten Rechner und listet anschließend auf, über welche *router* und *gateways* die Pakete gelaufen sind bzw. wo Störungen aufgetreten sind.

tracing
eine Spur verfolgen;
- in der DFÜ meist Bezeichnung für die Verfolgung des Wegs eines Datenpakets (etwa mit → TRACEROUTE);
- im grafischen Bereich Bezeichnung für das → Vektorisieren einer Grafik oder den Aufbau eines Bildes mittels Strahlenweg-Rückverfolgung (→ *raytracing*).

trade price
Händlerpreis, Einkaufspreis des Handels.

Trägerfrequenz
data carrier, auch Trägerton, Trägerwelle oder Mittenfrequenz, eine bestimmte Frequenz, die als Grundlage für die bei der Datenübertragung verwendeten Modulationsverfahren (siehe→ Modulation) benutzt wird.

Trägerton
→ Trägerfrequenz.

Trägerwelle
- die physikalische Beschaffenheit des Übertragungsmediums (oder der Trägerfrequenz) bei einer Datenübertragung;
- Synonym für → Trägerfrequenz.

traffic
- Verkehr, Datenverkehr;
- meist im Sinne von Datenverkehrs-Aufkommen (Volumen der Datentransfers) verwendet.

Trailblazer-Modems
high-speed-Modems der Firma Telebit, die bei einer Kommunikation untereinander ein eigenes Verfahren (→ PEP bzw. TurboPEP) benutzen.

trailer
das Gegenstück zum → *header:* ein an das Ende eines Datenpakets angehängter Bereich mit Informationen, die der Adressierung, Steuerung und Kontrolle des Datenpakets bzw. seiner Weiterleitung dienen.

Transaktionsnummer
→ TAN.

transceiver
transmitter-receiver, ein Gerät, das sowohl senden als auch empfangen kann (etwa ein Modem oder eine Ethernet-Karte).

Trans-European Research and Education Networking Association
→ TERENA.

transfer
→ Datenübertragung.

Transienten
andere Bezeichnung für → *spikes*.

transit network
ein Netzwerk, das nicht nur Daten der eigenen Teilnehmer transportiert, sondern auch Daten aus fremden Netzen weiterleitet. Ein Netzwerk, das nur intern Daten weiterleitet, wird → *stub network* genannt.

Transmission Control Protocol
TCP.

transmission error
→ Übertragungsfehler.

transmission path
→ Leitweg.

transmission rate
Datenübertragungsrate.

transmitter
Sender.

transnet
→ tr@nsnet Internet Services.

transparent
ein Protokoll bzw. Übertragungsverfahren gilt als transparent, wenn alle Daten-Arten (Text, Ton, Bild, Video) übertragen werden können.

transport layer
Transportschicht, die 4. Ebene im → *OSI Reference Model*.

transport layer demultiplexing value
wörtl. Transport-Schicht-Entschachtelungs-Wert, meist nur kurz → *port* genannt: die 16-Bit-Adresse, die den Datentransport zwischen gleichrangigen Schichten (vgl. → *OSI Reference Model*) sicherstellt. Jedem Internet-Dienst ist ein solcher *port* zugewiesen, u. a.: → finger 79, → ftp 21, → http 80, → smtp 25, → telnet 23.

trap door
auch → *back door*, ein Hintertürchen.

trash
Abfall; Mülleimer.

trashing
Überlastung eines Systems.

Treiber
driver, Gerätetreiber
- Treibereinheit, ein in einem Peripheriegerät vorhandener Signalerzeuger;
- Treiberprogramm, eine standardisierte Software-Schnittstelle, meist mit speziellen Konfigurationsanweisungen in das Be-triebssystem integriert. Über solche Treiber bzw. → Schnittstellen wird beispielsweise die Tastenbelegung, die Einstellung des Monitors, die Verwaltung des Erweiterungsspeichers, das Ansprechen von Laufwerken oder der Betrieb eines Modems ermöglicht.

Treibereinheit
→ Treiber.

Treiberprogramm
→ Treiber.

Trellis-Modulation
von Modems bei hohen Datenübertragungsraten (etwa V.32) verwendetes Modulationsverfahren, bei dem jeweils 4 Datenbits mit einem Prüfbit versehen werden.

TRM
→ *Technical Reference Manual*.

Trockensurfen
→ Web-Surfing ohne aktuelle Internet-Anbindung, also auf einem lokalen Datenträger (meist CD). Vor allem PC-Fachzeitschriften bieten ihren Lesern vielfach diese kostenlose Möglichkeit des Surfens: auf eine der Zeitschrift beigelegte CD mit Web-Inhalten (interessanten Web-Seiten) oder mit als Web-Seiten angelegten redaktionellen Infos usw. kann mit einem → HTML-fähigen → Browser zugegriffen werden.

trouble shooting
rasche Fehlersuche und -beseitigung.

true color
Grafik-Darstellungsformat „Echtfarb-Darstellung", verwendet 24 Bit (je Pixel) zur Codierung der Farbe.

TrueType-Fonts
in der Größe skalierbare und im Bild veränderbare Schriften, die auf dem Bildschirm der späteren Druckausgabe sehr ähneln (oder mit ihr identisch sind).

Trumpet Winsock
eine von der australischen Firma Truncet entwickelte → *socket*, die sehr verbreitet ist und als → *shareware* vertrieben wird.

truncation
- Programmabbruch;
- Abschneiden (von Nachkomma-Stellen).

truncation error
Rundungsfehler.

TS
Top Secret, Streng Geheim.

TSAP
Transport Service Access Point, im ISO-Netzwerk-Standard der Übergangspunkt auf die Transportschicht.

TSL
Texas State Library.

TSR
terminate, stay resident, Hintergrundprogramm, ein speicherresidentes Programm, das einmal gestartet wird und dann bis zum Abschalten des Systems im Hintergrund arbeitet (u. a. → *dragons* oder → *daemons*, → *Spooler*, → Treiberprogramme usw.).

TST
- Test;
- Test-Datei.

TT
Länderkennung für *Trinidad and Tobago*.

ttbomk
to the best of my knowledge, nach meinem besten Wissen.

ttfn
Ta-Ta for now, Tschüß, ich schalte jetzt ab (Ta-Ta ist lautmalerisch für den Windows-Abschalt-Sound).

T-Time
(gesprochen wie *tea-time*) die Zeit, die im Netz von T-Online verbracht wird, vgl. auch → Sommerzeit.

TTL
Time to Live, beim *Internet Protocol* (→ IP) eine Zahl (max. 255) im → *header* der Datenpakete, welche die „Überlebenszeit" eines Datenpakets bestimmt. Sie wird bei jedem → *hop* reduziert, bei Null erfolgt die Löschung des Datenpakets. Dies verhindert, daß Datenpakete endlos durch das Internet irren, gleichzeitig kann diese Zahl zur Bestimmung der Anzahl der *hops* genutzt werden, die ein Paket absolvierte.

TT/MM/JJ
Tag, Monat, Jahr; vgl. → YY/MM/DD.

ttul
talk to You later, wir unterhalten uns nachher.

TTY
- *teletype*, Fernschreiben, Fernschreiber;
- *Teletypewriter*, Fernschreiber, ein (heute relativ selten benutzter) zeichenorientierter Terminalemulations-Standard, der nur Textmodus und Zeilen-Scrolling (keinen Bildschirmaufbau, keine Farbe etc.) bietet.

ttyl
talk to You later, wir unterhalten uns später.

ttys
talk to You soon, wir unterhalten uns gleich.

TU
tape unit, Bandlaufwerk.

TUI
Text-based User Interface, Text-orientierte → Benutzerschnittstelle, sysnonym zu → CUI.

tunneling
Wenn → Datenpakete zwischen zwei mit demselben Protokoll betriebenen Netzen ausgetauscht werden und dabei ein fremdes Netz durchlaufen, welches mit einem anderen Protokoll betrieben wird, müssen die Datenpakete umformatiert oder in Datenpakete dieses sog. Gastgeberprotokolls gepackt und anschließend wieder hergestellt werden, sie „durchtunneln" das fremde Netz. Der gesamte Ablauf dieses *tunneling* besteht aus der Kapselung (→ *encapsulation*) von Datenpaketen des eigenen Protokolls in den → *control frame* des fremden Protokolls, der Durchschleusung durch das fremde Netz und der anschließenden Wiederherstellung der Originalpakete.
Der Vorgang kann beschleunigt und vereinfacht werden, indem man sich den üblichen Schicht-Aufbau von Datennetzen (vgl. → *OSI Reference Model*) und die damit zusamenhängende *frame*-Struktur der Datenpakete zunutze macht: anstelle die Datenpakete erst in das eigene Transportschicht-Protokoll (und danach in das des anderen Netzes) einzubetten, läßt sich auch sofort der Transportschicht-*frame* des Durchgangs-Netzes benützen. So wird beispielsweise bei der X.400-E-Mail zwischen zwei mit → ISO-TS betriebenen Netzen via Internet nicht erst ein komplettes ISO-Datenpaket (ein sogenanntes → TPDU) hergestellt, an einem Übergang ins Internet in TCP/IP-*frames* verpackt und dann weitertransportiert, sondern es wird nach der in RFC 983 (bzw. RFC 1006) beschriebenen Methode verfahren: das Datenpaket erhält (gleich am → TSAP) anstelle des ISO-*frames* den TCP/IP-*frame*, wird sofort ins Internet eingespeist und nach dem Durchtunneln des Internets wieder (via TSAP-*gateway*) nach ISO rekonstruiert.

TurboPEP
siehe → PEP.

TV
Länderkennung für *Tuvalu.*

TVSt
Teilnehmervermittlungsstelle, die Vermittlungsstelle zwischen dem einzelnen Teilnehmer und der Ortsvermittlungsstelle (normalerweise ein mausgrauer Schaltkasten an einer Straßenecke).

TW
Länderkennung für *Taiwan.*

TWAIN
Standard-Schnittstelle für den Betrieb von Scannern.

TWAS
Third World Academy of Sciences.

twisted pair
Kabel mit paarweise verdrillten Leitungen.

two adapter
Doppelstecker.

two-spot
das Zeichen :, der Doppelpunkt.

Tx
Teletypewriter Exchange, → telex.

TxD
Transmit Data, Sendeleitung der → seriellen Schnittstelle.

txt
kurz für *text,* Text, Textdatei.

TYCLO
Turn Your CAPS LOCK Off! schalt Großschreibung aus! (d. h.: schrei nicht!)

tyvm
thank You very much, vielen Dank.

TZ
Länderkennung für *Tanzania.*

U2
You too, Du auch.

UA
- Länderkennung für *Ukraine;*
- *User Agent*, → MUA.

UAA
Universally Administered Address, die eindeutige Adresse einer Netzwerkkarte (→ Ethernet-Adresse), die vom → IEEE vergeben wird.

UAE
- United Arab Emirates (Vereinigte Arabische Emirate), Länderkennung AE;
- *unrecoverable application error*, nicht zu behebender Anwendungsprogramm-Fehler (eine Fehlermeldung des Betriebssystems).

UART
Universal Asynchronous Receiver/Transmitter, ein Hardware-Baustein der → seriellen Schnittstelle bei PCs. Für schnelle Übertragungen (bis 115 KBaud) ist der UART 16550-Schnittstellenbaustein (mit 16-Bit-Bus und Datenpuffer) erforderlich, bei älteren PCs mit dem UART 8250 kann die volle Geschwindigkeit moderner Modems nicht ausgenutzt werden (es empfiehlt sich daher der Ersatz des UART oder gleich der Einbau eines → internen Modems). Über das Programm MSD.EXE läßt sich der jeweilige UART-Typ ermitteln. Neuerdings kommt auch der → USART-Chip *(Universal Synchronous/Asynchronous Receiver/Transmitter)* zum Einsatz, der auch → synchrone Datenübertragung ermöglicht.

UC
- *You see*, Du siehst;
- *upper case*, Großbuchstabe.

UDP
User Datagram Protocol, in RFC 768 (STD 6) beschriebenes Transport-Protokoll, das direkt auf dem → IP aufsetzt und für einige Zwecke anstelle von → TCP verwendet werden kann (es wird beispielsweise als Basis-Protokoll für → SNMP eingesetzt). UDP erzeugt wesentlich weniger → *overhead* als → TCP, ist jedoch nicht geeignet für Anwendungen, die einen kontinuierlichen Datenstrom benötigen.

Überspannung
→ *spikes*, → *surges*, → Transienten.

Übersprechen
Synonym für → Nebensprechen.

Übertragungsfehler
ein im Lauf der Übertragung verfälschtes Signal bzw. Zeichen.

Übertragungsgeschwindigkeit
→ *data transmission rate*.

Übertragungsprotokoll
ein Protokoll, das die Kommunikation bzw. Datenübertragung zwischen zwei Stationen beschreibt, siehe → *protocol*.

Übertragungsrate
→ *data transmission rate*.

Übertragungsweg
→ Leitweg.

ufn
until further notice, bis auf weiteres.

UG
- Länderkennung für *Uganda;*
- *user group*, Benutzergruppe.

UI
User Interface, → Benutzerschnittstelle.

UK
Länderkennung für *United Kingdom*.

Ultraseek
→ Suchdienst. http://www.ultraseek.com

UM
Länderkennung für *US Minor Outlying Islands.*

Umbrella-Anbieter
im Btx-Dienst Bezeichnung für einen Anbieter, der als Dienstleistung anderen Anbietern Seiten (und deren Pflege) zur Verfügung stellt.

UMTS
Universal Mobile Telecommunication System, Weiterentwicklung der → GSM-Normen und -Technologien, noch im Planungs- bzw. Entwicklungstadium.

UNC
Universal Naming Convention, wörtl. universelle Benennungs-Vereinbarung, Sammelbegriff für alle Adressierungs-Standards. Die im Internet vereinbarten Adressierungsschemata (vgl. → Internet-Adressen) sind Thema vieler RFCs.

undated
undatiert, ohne Datum.

undecipherable
nicht zu entziffern.

under age
minderjährig.

underbar
das Zeichen _, das Unterstreichungszeichen.

underline
- unterstreichen;
- das Zeichen _, das Unterstreichungszeichen.

Undernet
populäres → IRC-Netz. Deutscher Server: paderborn.de.eu.undernet.org

undetected error
→ Restfehler.

undocumented feature
- eine vom Hersteller nicht bekanntgegebene Eigenschaft bzw. Funktion eines Programms oder eines Gerätes;
- ironisch auch für → *bugs.*

UNI
User Network Interface, unter → ATM Bezeichnung für die Standards zur Anbindung von Teilnehmern an ATM-Netze bzw. für die Ankopplung von Netzen an ATM-Netze.

Unicode
ein Zeichencode, der auf zwei Bytes je Zeichen basiert (u. a. unter Windows NT verwendet).

UniDo
Universität Dortmund (DNet-Backbone).

Uniform Resource Locator
→ URL.

Universal Time Coordinate
→ UTC.

UNIX
von Bell Laboratories/AT&T entwickeltes Multiuser-Betriebssystem, das vor allem im Großrechnerbereich bzw. auf Workstations eingesetzt wird. Es gibt verschiedene Unix-Derrivate, die auch auf PCs eingesetzt werden können (BSD-Unix, Linux, Sinix, Xenix usw.), die Unix-Verbreitung bei PCs ist allerdings nach wie vor gering. Im Internet werden sehr viele Hosts unter einer der UNIX-Varianten betrieben, da TCP/IP-Funktionen bereits im Betriebssystem implementiert sind (siehe → UUCP).

UNIX-to-UNIX Copy
→ UUCP.

unparen
→ *unparenthesis.*

unparenthesis
das Zeichen), Klammer zu.

Unshielded Twisted Pair
→ UTP.

unsubscribe
in einer an den → *mailserver* gerichteten E-Mail Kommando für das Stornieren der weiteren Teilnahme an einer → *mai-*

ling list: UNSUBSCRIBE listentitel UserName

Unterbrechungsanforderung
→ IRQ.

Unterschrift
→ *signature*.

until further notice
→ ufn.

Update
die aktuelle Version eines Programms, häufig zugleich → *Upgrade*.

Upgrade
- eine höhere, im Funktions- oder Leistungsumfang erweiterte Version eines Programms;
- die Vollversion eines *shareware*- oder *Light*-Programms.

UPI
United Press International.

Uploading
→ *Loading*, das Gegenteil von → *Downloading*.

upper case
kurz UC, Großbuchstabe, Versalie. Die Verwendung von Versalien beim Chatten wird häufig als lautes Sprechen bzw. „Schreien" eingesetzt bzw. interpretiert.

UPS
Uninterrupted Power Supply, → USV.

upthread
oberhalb, weiter vorn.

Urheberrecht
copyright, in Deutschland durch das Urheberrechtsgesetz (UrhG) festgelegter Schutz geistiger Schöpfungen (Kunstwerke, Musik und Literatur, seit 1985 auch Software). Schutzwürdige geistige Erzeugnisse stammen von einer natürlichen Person (also nicht etwa von Maschinen oder von juristischen Personen – etwa Vereinen, oder Firmen), sie stellen eine geistige Leistung dar oder haben einen geistigen Gehalt (sind Resultate des Denkens, der schöpferischen Absicht oder eines Plans), und sie weisen eine eigene Form bzw. eine schöpferische Eigentümlichkeit auf. Ähnlich dem Patentrecht richtet sich das Urheberschutz-Recht gegen unberechtigte Verwendung und unberechtigte gewerblichen Nutzung und erlischt nach einer festen Frist, im Unterschied zum Patent muß das Urheberrecht jedoch nicht bei einer dafür zuständigen Behörde gegen Gebühr registriert werden und gilt (theoretisch) weltweit. Um die Urheberrechte in der Literatur und Musik bei Verwertung auf öffentlichen Veranstaltungen, bei Radio- und Fernsehsendungen oder bei privatem Kopieren (auf Cassetten, oder per Fotokopie) zu sichern, sind in Deutschland Verwertungsgesellschaften (GEMA, VG Wort) entstanden, die von Veranstaltern, Sendeanstalten, Herstellern von Kopiergeräten und Cassetten usw. Verwertungsgebühren erheben und an die Urheberrechtsinhaber (nach einem Pauschalsystem) weiterleiten. Für eine ähnliche Verwertung der Urheberrechte in weltweiten Datennetzen sind noch keine international rechtskräftigen Regelungen definiert.

URI
Uniform Resource Identifier, eine Variante der → URL-Adressierung für das WWW, wird nicht eingesetzt.

URL
Uniform Resource Locator, in RFC 1738 festgelegter Standard für die genaue Bezeichnung (Adressierung) eines Objektes (Datei, Programm) im Internet bzw. im W3-Space. Die im → WWW bzw. unter → http benutzte Adressierung erfolgt nach dem Muster Dienst://DNS-Host-Adresse/Directory/Datei.extension (also etwa: http://www.oldenbourg.de/musterverzeichnis/musterdatei.html), wobei als Dienste alle üblichen Internetdienste (→ FTP, → HTTP, → ARCHIE usw.) zur Verfügung stehen. URLs können beim Verbindungsaufbau direkt aufgerufen werden oder aber in Web-Pages als → *hyperlinks* eingebunden sein.

URL spoofing
Vortäuschung einer falschen URL, Umlenkung von Benutzeranfragen auf einen

anderen Rechner als den in der URL adressierten *host*. Diese Technik wird vorwiegend beim Betrieb von → Proxy-Servern verwendet (die angefragten Daten werden nicht vom Original-Host angefordert, sondern gleich vom Proxy zur Verfügung gestellt, der dabei die Rolle des Original-Hosts übernimmt), sie kann allerdings auch dazu benutzt werden, ahnungslosen Teilnehmern die direkte Kommunikation mit einem anderen Teilnehmer vorzugaukeln, während tatsächlich die gesamte Kommunikation über eine Zwischenstation läuft (die mitlauscht).

uryy4me
You are too wise for me, Du bist zu schlau für mich.

US
Länderkennung für *United States*.

USACNII
U.S. Advisory Council on the National Information Infrastructure.

USAID
U.S. Agency for International Development.

USART
Universal Synchronous/Asynchronous Receiver Transmitter, siehe → UART.

USC
University of Southern California; das Information Science Institute (ISI) der USC fungiert als → IANA.

US Departement of Defense
→ DoD.

UseNet
Users Network,

- seit 1979 im Internet etabliertes System von thematisch hierarchisch organisierten → *newsgroups*, die auf diversen → *newsservern* für jeden Netzteilnehmer zugänglich gehalten werden. Ähnlich wie das → WWW, ist das UseNet ein Konzept der Organisation von Informationen, oder eine Philosophie, wie wer mit wem in welchem Umfang Informationen austauschen kann. Vgl. → *news hierarchy*, → *news article*, → *newsreader*;
- Obwohl das UseNet kein Netzwerk aus Leitungen, Rechnern und Protokollen darstellt (also weder mit dem Internet noch mit irgendeinem LAN bzw. Subnetz identisch ist), wird bisweilen auch die technische Betrachtungsweise angewandt und die Struktur der → *newsserver* und/oder das Gesamt der zum Betrieb verwendeten Protokolle (→ NNTP, → UUCP) und Programme (→ *newsreader*, → UUENCODE, → E-Mail) als „das UseNet“ bezeichnet.

User
Anwender, Endanwender, Benutzer.

User Datagram Protocol
→ UDP.

user group
Benutzergruppe.

User-ID
Benutzerkennung, die persönliche Identifikation, die ein Benutzer beim → *login* gebraucht. Sie ist nicht mit seiner Internet-Adresse und nicht unbedingt mit seinem Namen identisch, sondern frei gewählt bzw. mit dem Sysop vereinbart. Üblicherweise wird nur ein Wort (alphanumerisch, ohne Leerstellen oder Sonderzeichen) verwendet.

user manual
Handbuch, Benutzerhandbuch, im Unterschied zum → *technical reference manual* meist eine Einführung und Anleitung zur Bedienung eines Programms oder Computers oder zum Erlernen einer Programmiersprache.

user name
anderer Ausdruck für → User-ID.

Usernet
andere Schreibweise für das → UseNet.

USPS
United States Postal Service.

USR
→ US Robotics.

US Robotics
amerikanische Firma, bekannter Modem-Hersteller. http://www.usr.com

USV
Unterbrechungsfreie Stromversorgung, *Uninterrupted Power Supply* (UPS); ein Gerät zur vorübergehenden Stromversorgung bei Stromausfall, das zwischen das Stromnetz und das zu versorgende Gerät geschaltet wird. Ein USV-Gerät bietet (meist) ausreichende Kapazität für das Überbrücken kurzer Ausfallzeiten oder für das Herunterfahren des Computers, zudem ist es in der Lage, Spannungsspitzen oder Unterspannung auszugleichen.

USWB
United States Weather Bureau.

UTC
Universal Time Coordinate, vereinzelt auch noch *Greenwich Main Time* (GMT) genannt, die Standard- bzw. Weltzeit nach Greenwich, wird auch im Internet zur Synchronisation verwendet.

utility
ein kleines Hilfs- oder Dienstprogramm, eine nützliche kleine Programmroutine.

UTP
Unshielded Twisted-Pair, nicht abgeschirmtes verdrilltes Kabel, vieradrig (acht Leitungen); wird als Standard-Telefonkabel in den USA verwendet und eignet sich auch zum Aufbau einfacher LANs.

uu
→ uuencoding/→ uudecoding.

uucoding
Anwendung von → uuencode und → uudecode zum Ver- und Entschlüsseln von Binärdateien bei → E-Mails.

uucp
UNIX to UNIX Copy Program, das Programm, das die Dateien für den UUCP-Transfer bereitstellt. Die eigentliche Übertragung erfolgt mit einem Programm namens uucico, die Ausführung von Befehlen per uuxqt.

UUCP
- *UNIX to UNIX Copy Protocol,* ein in → UNIX integriertes Protokoll (in verschiedenen Versionen, benannt UUCP-e, -f, -g und -z) zur Datenübertragung über serielle Verbindungen, das ursprünglich nur Unix-Rechner (über Standleitung oder Wählverbindung) miteinander verband, heute jedoch für praktisch alle Betriebssysteme erhältlich ist. UUCP-Kommunikation erfolgt → leitungsvermittelt nach dem → *Store-and-Forward*-Prinzip und wird u. a. für die Übertragung von Dateien, News und E-Mails eingesetzt.
- Bezeichnung für das Netz aus den via UUCP untereinander verbundenen Rechnern.

UUD
→ uudecode; auch als Dateiendekennung für → *uuencoded files* in Verwendung.

uudecode
Programm zum Entschlüsseln von Dateien, die mit → uuencode umgewandelt wurden.

UUE
→ uuencode.

uuencode
Programm, das Binärdateien mit einer einfachen Methode in Texte umwandelt: jeweils 6 8-Bit-Zeichen werden in 8 6-Bit-Zeichen umgesetzt, die dann als Text (mit 7-Bit-ASCII) via E-Mail versendet werden können. Die Rückwandlung auf der Empfängerseite erfolgt mit → uudecode. Für binäre E-Mail-Anhänge, die nach dem → MIME-Standard versendet werden, ist die Anwendung von uuencode nicht erforderlich.

UY
Länderkennung für *Uruguay.*

UZ
Länderkennung für *Uzbekistan.*

V
Video; Virtuell; *Voice* (Sprache); Volt.

VA
Länderkennung für *Vatican.*

Value Added Tax
→ VAT.

vanilla
normal, üblich, standardmäßig; ohne Individualität, langweilig.

VANS
Value-Added Network Service, → Mehrwertdienst.

vaporware
(*vapor,* Dampf) ein längst angekündigtes, aber nicht fertiges bzw. auf dem Markt erhältliches Programm oder Gerät; Angeberei, dummes Geschwätz, Heißluft.

var
Variable.

VAS
Value-Added Service, → Mehrwertdienst.

VAT
Value Added Tax, Mehrwertsteuer.

VAX
Virtual Address Extension Typen-Name eines Minicomputers der Firma DEC.

VB
→ Visual Basic, eine Programmiersprache der Firma Microsoft.

VBA
Visual Basic for Applications, eine aus → Visual Basic abgeleitete Makro-Sprache für Windows-Anwendungen, entwickelt von Microsoft.

VBN
Vermitteltes Breitbandnetz, Telekom-Alternative zu B-ISDN, Datenübertragungsraten von bis zu 140 MBit/s, meist für Videokonferenzen eingesetzt.

VBR
Variable Bit Rate, Kurzbegriff für Datenübertragungsverfahren, bei denen die Datenübertragungsrate variabel an die von den Kommunikations-Anwendungen geforderten Verhältnisse angepaßt wird. (Die automatische Anpassung der Datenübertragungsrate an die Leitungsqualität wird mit → *fallback* bezeichnet).

VB Script
Visual Basic Script, die als → Scriptsprache in → HTML-Dokumenten verwendbare → *Visual Basic*-Variante. VB Script wird von Microsofts → Internet Explorer direkt unterstützt, bei → Netscape Navigator sind entsprechende → Plug-Ins einzusetzen.

VC
- Länderkennung für *Saint Vincent and the Grenadines;*
- *virtual channel,* → virtueller Kanal;
- *virtual circuit,* → virtuelle Verbindung.

V/D
Voice/Data, Sprache und Daten (die beispielsweise gleichzeitig übertragen werden können).

VDD
→ *Virtual Device Driver.*

vdisk
virtual disc, → virtuelles Laufwerk.

VE
Länderkennung für *Venezuela.*

Vebacom
Tochtergesellschaft des deutschen Veba-Konzerns, Mitbetreiber des → E Plus-Netzes.

Vektorgrafik
eine Darstellung, die im Unterschied zu einer → Bitmap-Grafik nicht durch einzelne Bildpunkten definiert wird und

damit quasi fertig vorliegt, sondern aus Angaben zu geometrischen Grundformen jeweils aktuell aufgebaut wird. Da vektorisierte Grafiken nahezu beliebig in der Größe veränderlich (skalierbar) sind, kommen sie vor allem bei Schriftfonts sowie bei CAD-Anwendungen zum Einsatz.

vektorisieren
tracing, Umsetzen von → Bitmap-Grafiken in Vektor-Grafiken.

vektororientiert
ein CAD- oder Zeichenprogramm, das mit → Vektorgrafiken arbeitet (Gegensatz: → pixelorientiert).

vendor-independent mail
→ VIM.

Verbindungsart
man unterscheidet die feste Verbindung (Standleitung) von der bei Bedarf aufgebauten Verbindung. Vgl. auch → Vermittlungsart.

Verbindungsaufbau
Sammelbegriff für alle Abläufe, die vor der eigentlichen Fernkommunikation bzw. Datenübertragung stattfinden. Dazu gehören Abläufe innerhalb der zur Übertragung benutzten Netze (etwa die Herstellung einer Schaltung bzw. Leitungsverbindung oder die Bereitstellung eines Übertragungskanals) sowie die Abläufe, die auf Sender- und Empfängerseite für die Herstellung einer Verbindung ggf. erforderlich sind (u. a. Initialisierung des Modems, Festlegung des Übertragungsprotokolls, der Übertragungsgeschwindigkeit usw.).

verbindungslos
connectionless. Ein Übertragungsverfahren (bzw. → Protokoll), das nicht auf dem Vorhandensein einer ständig geschalteten Direkt-Verbindung beruht, wird verbindungslos genannt. Es setzt u. a. voraus, daß übermittelte Daten nach bestimmten Standards formatiert und adressiert werden (siehe → Datenpaket, → Paketvermittlung) und daß sie auf dem Weg vom Sender zum Empfänger zwischengespeichert bzw. nach Bedarf abgerufen und weitergeleitet werden können (vgl. → *routing,* → *Store-and-Forward*).

verbindungs-orientiert
connection-oriented, Protokoll bzw. eine Datenübertragungsart, bei der während der Übertragung eine feste Verbindung zwischen Sender und Empfänger aufgebaut sein muß.

Verbraucher-Standard
→ Quasi-Standard.

Verbundnetz
interlocked network, ein aus mehreren eigenständigen und mit eigenen Protokollen betriebenen Netzen bestehender Netzverbund, der über → *gateways* zwischen den Netzen realisiert ist. Miteinander unter einheitlichem Protokoll verbundene Netze sind → *internets* (bisweilen nennt man auch Verbundnetze *internets*).

Verein für die Förderung des Deutschen Forschungsnetzes
→ DFN.

verification
Verifizierung bzw. Verifikation, die Bestätigung der Richtigkeit eines Sachverhaltes durch verschiedene Verfahren; beispielsweise die Überprüfung der Unversehrtheit eines Programm-Codes (etwa durch Prüfsummenverfahren) oder die Authentifizierung *(→ authentication)* von Programmen durch Dritte.

Verkabelung
→ Kabeltypen, → Verkabelungsbereiche.

Verkabelungsbereiche
→ Primarverkabelung,
→ Sekundärverkabelung,
→ Tertiärverkabelung.

Verkehrsmanagement
Sammelbegriff für die netzinternen Abläufe beim Aufbau einer Datenübertragungsverbindung, das → *routing* sowie

die Überwachung und Beendigung der Datenübertragung.

Verknüpfung
die Verbindung von Anwendungen oder Daten untereinander. In Bezug auf Hypermedia-Anwendungen (vgl. → HTML, → WWW) spricht man nicht von Verknüpfung (deutsch), sondern generell englisch von → *links* oder → *hyperlinks*.

Vermittlung
- Aufbau einer Verbindung zwischen Sender und Empfänger, ggf. auch Auswahl des → Leitwegs (→ *routing*) und Weiterleitung von Datenpaketen;
- kurz für → Vermittlungsart.

Vermittlungsart
meist kurz Vermittlung, Bezeichnung für die bei der Weiterleitung von Daten in einem Netz generell verwendete Methodik. Man unterscheidet → Leitungsvermittlung und → Paketvermittlung, auch Kombinationen sind möglich (→ ATM).

Vermittlungsnetz
anderer Ausdruck bzw. andere Sichtweise (Blick auf die → Vermittlung von Daten) für Datenübertragungsnetzwerk. Man unterscheidet Netze anhand verschiedener → Vermittlungsarten.

Vermittlungsrechner
→ PSN.

Vermittlungsschicht
network layer, die dritte Ebene des → *OSI Reference Model*.

Vermittlungsstelle
kurz VSt, eine dem Aufbau und der Aufrechterhaltung einer Fernsprechverbindung dienende Einrichtung, vgl. → ZVSt, → HVst, → KVSt, → OVSt und → TVSt.

veronica
Very Easy Rodent-Oriented Network Index to Computer Archives, oder *Very Easy Rodent-Oriented Net-wide Index to Computerized Archives*, Suchdienst unter → gopher, der gopher-Dateien anhand einer Reihe von Schlüsselbegriffen auffindet. Der Zugriff auf die gefundenen Dateien muß dann per gopher oder mit einem → WWW-Browser erfolgen. Veronica wird manchmal als „Freundin von → Archie" bezeichnet.

Versalien
upper case, Großbuchstaben.

verteilt
Bezeichnung für einen auf mehrere Rechner oder zumindest Laufwerke aufgeteilten Datenbestand (der mittels eines zentralen oder ebenfalls verteilten Dienstes erschlossen werden kann) oder ein auf mehrere Rechner oder Einzelprogramme aufgeteilter Dienst bzw. Ablauf.

Verweisdaten
auch Indexdaten, alle Daten, die auf andere Daten verweisen (beispielsweise in Datenbanksystemen jene Daten, die als Zeiger auf Datensätze dienen bzw. Datensätze adressieren).

Verzeichnis
→ *directory*.

Verzeichnisdienst
→ *directory service*.

Verzeichnisserver
ein Server, der einen Verzeichnisdienst (→ *directory service*) anbietet.

Verzögerung
→ Laufzeit.

VESA
Video Electronics Standard Association, eine von Grafikkarten-Herstellern initiierte Standardisierungs-Institution.

VESA-local-bus
ein → Erweiterungsbus-System, das von der → VESA als Quasi-Standard entwickelt wurde, heute durch den → PCI-Bus ersetzt.

VFsDx
Verordnung für den Fernschreib- und Datexdienst.

VG
Länderkennung für *Virgin Islands* (unter brit. Verwaltung).

VGA
Video Graphics Adapter, Standard für PC-Grafikkarten (640 x 480 Bildpunkte).

VI
- Länderkennung für *Virgin Islands* (unter U.S.-Verwaltung);
- im Zahlungsverkehr: Visacard-Kreditkarte.

Videokarte
eine → Steckkarte zur Darstellung und Bearbeitung von Videoaufnahmen.

Videokonferenz
beidseitige Übertragung von Sprache und Videobildern, erfordert Hochgeschwindigkeitsverbindungen bzw. Breitbandnetze.

Video-on-Demand
kurz VOD, auch *Pay-on-Demand-TV*, im Planungsstadium befindliche Möglichkeiten zum Abrufen von auf einem Server vorgehaltenen Videos per DFÜ (über ein Fernseh-Kabelnetz, untersucht werden auch Möglichkeiten des Internet bzw. ISDN), wobei nur für die tatsächlich in Anspruch genommene Leistung bezahlt werden soll (im Unterschied zum herkömmlichen → *Pay-TV*).

Videotext
ein System zur Übermittlung von Textseiten über das Fernsehsignal und zur Auswahl und Darstellung solcher Seiten auf dem Fernsehgerät (mittels eines speziellen → *decoders*). Die Informationen werden in der sog. Austastlücke (zwischen den Bildpunkt-Zeilen) des Fernsehbilds übertragen.

viewer
ein Programm zur Darstellung von Daten (die in speziellen Dateiformaten vorliegen).

VIM
Vendor-Independent Messaging, gemeinsam von IBM, Lotus, Novell und anderen Firmen entwickelte Programmschnittstelle für E-Mails; Alternative zu → MAPI.

Viren
→ Virusprogramm.

virtual
→ virtuell.

virtual address
eine → logische Adresse, die zur Adressierung eines virtuellen Speichers (→ *virtual memory*) benutzt wird.

virtual business park
virtueller Business-Park, andere Bezeichnung für das → *virtual mall*-Konzept.

virtual channel
→ virtueller Kanal.

virtual circuit
→ virtuelle Verbindung.

virtual community
virtuelle Gemeinschaft, irgendeine über das Internet gebildete Gemeinschaft (eine Chat-Gruppe, oder alle Internet-Teilnehmer).

virtual device
ein virtuelles Gerät, eine nicht tatsächlich vorhandene, sondern durch Programme emulierte Einrichtung (virtuelles Laufwerk, virtueller Arbeitsspeicher usw.).

virtual device driver
kurz VDD oder VxD, ein → Treiberprogramm für ein (bestimmtes) virtuelles Gerät (Arbeitsspeicher, Laufwerk usw.).

virtual mall
auch virtueller Business-Park, eine virtuelle Einkaufs- oder Geschäftsstraße. Der Begriff bezeichnet das Konzept, im WWW eine Reihe von Geschäften oder Büros unter einer einheitlichen Umgebung zusammenzufassen und für elek-

tronischen Einkauf, Firmenpräsentation usw. anzubieten. In Deutschland sind u. a. Entropolis (http://www.entropolis .de) oder Markt24 (http://www .telemedia.de/praxis/markt24.html) als *virtual malls* begehbar.

Virtual Machine

- ein Betriebssystem für IBM-Mainframes, → VM;
- ein Interpreter-Programm, das → Bytecode in → Maschinencode übersetzt (etwa die → Java VirtualMachine).

virtual memory

Virtueller Arbeitsspeicher, ein auf zusätzlichen RAM-Modulen, einer Festplatte oder sonstigen Massenspeichern vorhandener Speicherbereich, der beim → *paging* zur Erweiterung des Arbeitsspeichers dient. Vgl. → Auslagerungsdatei.

Virtual Memory System

→ VMS.

virtual reality

- virtuelle Wirklichkeit, die Simulation eines Geschehens oder eines Existierens;
- Begriff für Programme und spezielle Ausstattungen (3-D-Helme, Datenhandschuhe usw.), mit denen eine dreidimensionale Simulation erzeugt werden kann. *Virtual Reality* wird außer für Spiele auch zur Steuerung bzw. Fernsteuerung von Maschinen, im Design- bzw. Architekturbereich und für *electronic shopping*-Zwecke (etwa → *virtual malls*) eingesetzt.

Virtual Reality Markup Language

→ VRML.

Virtual Reality Modelling Language

→ VRML.

virtuell

virtual, nur scheinbar (oder der Möglichkeit nach) vorhanden, nicht in Wirklichkeit (oder gerade aktuell) existierend. In der EDV meist Bezeichnung für irgendetwas, das durch Hard- oder Software emuliert oder simuliert wird (vgl. → Emulation, → Simulation).

virtuelle Verbindung

virtual circuit (VC) oder *virtual route* (VR), eine nur potentiell bzw. nur logisch (vgl. → *logical*) vorhandene direkte Verbindung zwischen Sender und Empfänger. Die Verbindung wird erst durch Aktivierung einer Schaltung bzw. durch entsprechende Verfahren der → Paketvermittlung hergestellt.

virtueller Business-Park

→ *virtual mall*.

virtueller Kanal

virtual channel (VC), ein Übertragungskanal, der durch ein → Protokoll zur Verfügung gestellt wird, im Unterschied zu einem „wirklichen" Kanal, der beispielsweise als eine Leitung existiert.

virtueller Server

ein nicht als eigenständiger Internet-Rechner existierender Server, sondern eine Kombination aus einem Server-Programm und einer → DNS-Subdomain-Adresse (plus Speicherkapazitäten, E-Mail-Service, Formular- und CGI-Unterstützung usw.), die auf einem Internet-Host zur Verfügung gestellt werden. Üblicherweise werden mehrere virtuelle Server zugleich auf diesem Host betrieben (vgl. auch → IP-Aliasing), meist im Rahmen spezieller Service-Leistungen für Geschäftskunden, die von *Internet Service Providern* (→ ISP) angeboten werden. Viele kleinere Unternehmen oder auch öffentliche Institutionen (u. a. Schulen oder Fremdenverkehrsämter) nützen diese einfachste und preisgünstigste Möglichkeit, mit einem „eigenen Server" bzw. unter ihrem eigenen Domain-Namen (etwa: www.Firma XY.de oder provider.StadtSoUndSo.de) im W3-Space vertreten zu sein.

virtuelles Laufwerk

auch RAM-Disk, ein nicht tatsächlich als Hardware vorhandenes Laufwerk, das mittels entsprechender → Treiber im Arbeitsspeicher angelegt wird.

Virtuelles privates Netz
→ VPN.

virtuelles Terminal
→ VT.

Virusprogramm
ein Programm, das sich (ähnlich einem biologischen Virus) in ein Wirts-Programm einnistet, dort bei jedem Lauf dieses Programms irgendwelche Aktionen durchführt (Daten verändert oder löscht, das System zum Absturz bringt usw.) und meist weitere Programme infiziert. Außer in ausführbaren Programmen (.EXE- oder .COM-Files) finden sich Viren inzwischen auch in Dateien von Textverarbeitungs-, Tabellenkalkulations- oder Präsentationsprogrammen als sogenannte Makroviren. Dies sind in einer Makrosprache vorliegende Viren, die ihr Wirken unter Ausnutzung des Makrointerpreters des jeweiligen Programms entfalten.

Visual Basic
kurz VB, eine für → Windows entwickelte BASIC-Variante von Microsoft, objektorientiert und ereignisgesteuert. Aus Visual Basic wurden → VBA und VB Script abgeleitet.

VLB
→ VESA-local-bus.

VL-Bus
→ VESA-local-bus.

VM
Virtual Machine, Betriebssystem für IBM-Großrechner.

VMS
Virtual Memory System, Betriebssystem für → VAX.

VN
Länderkennung für *Vietnam.*

Vnet
voice-net, Telefonnetz (Slang).

V-Normen
die → CCITT-Normen für Modemverbindungen; sie legen Modemkommandos, Schnittstelleneigenschaften (→ serielle Schnittstelle) und → Protokolle fest.

V.nn
Spezifizierung der → V-Normen (V.17, V.24 usw.).

VOD
→ *Video On Demand.*

voice
Sprache; sprechen, telefonieren.

voice communication
Sprechverbindung, Telefonie; mit entsprechender Ausrüstung auch per Internet möglich.

voice mail
- an eine E-Mail angehängte Datei mit Sprachaufzeichnungen;
- im Mobilfunk eine Meldung, die von einem vom Netzbetreiber bereitgestellten Anrufbeantworter (Mailbox) aufgezeichnet wurde und vom Mobiltelefon aus abgerufen werden kann.

voice net
Telefonnetz (Slang).

Voice Type
ein Spracherkennungssystem der Firma IBM, das in → OS/2 Warp 4 integriert ist; es ist für Windows 95 ebenfalls erhältlich. Mit Voice Type lassen sich Betriebssystemfunktionen und Anwendungsprogramme steuern und Texte diktieren.

vollduplex
siehe → duplex.

Vollversion
die im Leistungs- und Funktionsumfang vollständige Version eines → *Shareware*-Programms bzw. einer *Light*-Version.

VPN
Virtual Private Network, Virtuelles Privates Netz, eine von Betreibern öffentli-

cher Telefonnetze angebotener Service, verschiedene Anschlüsse über das öffentliche Telefonnetz komfortabel miteinander zu verbinden und so ein geschlossenes Netzwerk für Telefongespräche oder zur Datenübertragung zu schaffen. Die Verbindungen sind dabei nicht dauerhaft als Standleitungen zwischen den einzelnen Anschlüssen geschaltet, sondern werden nur bei Bedarf von den beteiligten Ortsvermittlungsstellen aktuell hergestellt. Über spezielle Maßnahmen (etwa Telefonnummernlisten, vgl. → PNP) wird dafür gesorgt, daß nur zwischen den beteiligten Anschlüssen verbunden wird, so daß ein zwar virtuelles, jedoch in sich geschlossenes Netz (als Subnetz im Telefonnetz) entsteht. Die Telekom bietet solche Dienstleistungen im ISDN u. a. unter der Bezeichnung „Geschlossene Benutzergruppe" (→ GBG) an.

VRML
ursprünglich in Anlehnung an → HTML *Virtual Reality Markup Language*, inzwischen in *Virtual Reality Modelling Language* umbenannt, ein Sprachstandard für die Beschreibung dreidimensionaler Welten bzw. Objekte (und deren Manipulation). VRML wurde erst 1994 entwickelt und stellt (mit Übergängen zu → HTML) einen speziell für Netzwerkanwendungen geeigneten Programmier-Standard dar. VRML-Kommandos sind in eigenen ASCII-Dateien (Dateiendekennung .WRL oder .VRML) abgelegt, die VRML-Programme müssen vom → Web-Browser (oder entsprechenden VRML-Programmen bzw. → Plug-Ins) interpretiert werden. http://www.sdsc .edu/vrml

VSt
→ Vermittlungsstelle.

VT
Virtual Terminal, virtuelles Terminal
- ein Protokoll zur Terminal-Anbindung an Hosts (etwa → Kermit, XModem, → Z-Modem);
- ein → Terminalprogramm oder eine → Terminalemulation.

VT100
der im Internet am häufigsten verwendete Terminalemulations-Standard, unterstützt nur einfachen Textmodus (keine Farbe, kein Blinken usw.). VT100 wurde von DEC für die VAX entwickelt.

VT102
eine neuere Version von VT102 mit Farbunterstützung, blinkender Darstellung etc., ähnlich → ANSI.

VT52
einfacher Terminalemulations-Standard.

VTP
Virtual Terminal Protocol, → VT.

VU
Länderkennung für *Vanuatu.*

vuBehiAFBInv DBP
völlig unverständliches Behörden-internes Amts-Fach-Begriffs-Inventar Deutsche Bundespost, der Wortschatz der Behördensprache der Deutschen Bundespost (DBP, heute Telekom); definiert als Subset des ABC/dV (Allgemeines Beamten-Chinesisch / deutsche Version).

vv
vice versa (lat.) umgekehrt.

VxD
→ *Virtual Device Driver*.

VzFdpbD
Verein zur Förderung der privat betriebenen Datenkommunikation e.V., Betreiber des → SubNet.

W3
Word Wide Web, → WWW.

W3C
→ *World Wide Web Consortium.*

W3Space
das Universum aller Daten, Dienste, Rechner und Teilnehmer im → WWW.

W4
what works with what, was funktioniert womit?

W5
what works why with what, was funktioniert warum womit?

w8
weight, Gewicht; *wait* warte.

waef
when all else fails, wenn sonst nichts hilft.

Wahlsperre
in Deutschland für → Modems vorgeschriebene Pausenfunktion, die eine sofortige Wahlwiederholung nach erfolglosem Wahlversuch unterbindet und dadurch eine andauernde Blockade der Leitung durch Dauerwählen verhindern soll.
Die Funktion ist manchmal durch entsprechende – offiziell undokumentierte – Modemsteuerbefehle auszuschalten bzw. durch Modem-Reset zu umgehen; wird eine Mindestpause von 30 Sekunden zwischen den Wählversuchen eingehalten, tritt die Sperre gar nicht erst in Aktion.

WAIS
Wide Area Information System, wörtl. großflächiges Informationssystem, ein von Thinking Machines, Apple und Dow Jones gemeinsam entwickelter → Suchdienst, der die Volltext-Suche in vielen im Internet verteilten Datenbanken bei (annähernd) natürlichsprachigen Suchanfragen und → *relevance feedback* ermöglicht. WAIS kann über → gopher angesteuert werden.

WAN
Wide Area Network
- ein Netzwerk, das mehrere → LANs bzw. → MLANs zusammenfaßt. Eine solche übergeordnete Hauptverbindung zwischen Netzen wird im Internet auch → *backbone* genannt.
- ein Netz mit weit voneinander entfernten Teilnehmern, im Unterschied zu einem → LAN.

wannabee
Möchtegern.

Warteschlangenverwaltung
in einem → *Spooler* integrierte Programmfunktionen, die das Verwalten der Jobs (Anhalten oder Umlenkung der Ausgabe etc.) ermöglichen.

watchdog
ein „Wachhund-Programm", das irgendwelche Abläufe, Funktionen oder Geräte überwacht. Meist wird der Zeitbedarf einzelner Prozesse kontrolliert, bei Zeitüberschreitung wird eine Warnung an den Benutzer ausgegeben bzw. der Prozeß automatisch abgebrochen.

WAV-file
Waveform Audio File, Sound-Datei unter Windows (→ *extension* .WAV).

Wavetable-Sound
in einer Soundkarte (bzw. einer Erweiterung für Soundkarten) abgespeicherte Instrumentalklänge.

ways and means
Mittel und Wege.

wdymbt
what do You mean by that?, was meinst Du damit?

WE
- *WeekEnd*, Wochenende;
- *Write Enable*, überschreibbar, beschreibbar, kein Schreibschutz aktiviert.

Web
kurz für das → WWW.

Web-Browser
ein WWW-Client-Programm, das Anfragen an WWW-Server durchführt und die nach dem → HTML-Standard formatierten Dokumente des WWW sowie die damit direkt oder per → *hyperlink* verbundenen Multimedia-Dateien in einer grafikorientierten Umgebung darstellt. Die Navigation im Web wird ausschließlich durch den Browser (also den Client) bewerkstelligt: der Zugriff auf HTML-Dokumente erfolgt über direkte Adress-Eingaben bzw. über die → *hyperlinks* auf die nnerhalb des Webs als völlig gleichrangig behandelten *Pages*, wobei sich der Browser die letzten Sprünge merkt und meist auch die zuletzt geladenen *Pages* in einem *Cache* verwahrt, so daß Rück-Sprünge lokal auszuführen sind.
Die meisten Browser können viele verschiedene Medienformate (Bild, Video, Ton) direkt darstellen oder zumindest über → *Plug-Ins* präsentieren, zusätzlich können sie Kommandos von → Script-Sprachen wie → JavaScript oder → ActiveX, die in Web-Dokumenten integriert sind, interpretieren. Browser wie → Netscape Navigator oder → Microsoft Internet Explorer bieten eine universelle Arbeitsumgebung für die Arbeit (und das Vergnügen) im Internet oder in intranets: neben dem Zugriff auf W3-Daten können Internet-Dienste wie FTP, Archie oder Telnet direkt aus dem Browser gestartet werden, E-Mail-Versand, Chat- und Newsgroup-Unterstützung wird ebenfalls angeboten, und durch die Integration von Scriptprogrammteilen oder → Applets bzw. den Aufruf von → CGIs können umfassende Endanwendungen realisiert werden.

WebCall
ein Telefongespräch, das via Internet geführt wird. Vgl. → Internet-Telefon.

WebCam
eine irgendwo auf der Welt ans Internet angeschlossene Videokamera, die aktuelle Videobilder oder (nach kurzer Zeit erneuerte) Standbilder zeigt und über das → WWW erreichbar ist. Man unterscheidet meist → CityCams, → LabCams, → MobileCams, → OfficeCams und → PetCams.

WebCrawler
→ Suchdienst. http://www.webcrawler.com

WebCrawler (Uni Washington)
→ Suchdienst. http://webcrawler.cs.washington.edu/WebCrawler/WebQuery.html

Web Deutschland / Deutsches Internet Verzeichnis
→ Suchdienst. http://www.web.de

web editor
Synonym für → HTML-Editor.

webmaster
Verwalter einer → *WWW-domain*. Vgl. → *admin*, → *postmaster*, → *sysadmin*.

Web Page
auch *WebPage* oder *Web-Page* geschrieben, eine Web-Seite, ein nach dem HTML-Standard angefertigtes Hyptertext-Dokument (→ HTML-Dokument) im WWW, ein Grundelement des Webs. Meist wird der Ausdruck nicht für eine einzelne Datei, sondern für eine ganze Reihe zusammenhängender Dateien benützt, die sich auf demselben Server befinden.

Web-Seite
→ *Web Page*, → *Web Site*.

Web Server
→ *WWW-Server*.

Web Site
auch *WebSite* geschrieben, eine Stelle (*location*) im Web, eine → *WebPage*, vgl. → *site*.

websurfing
auch eingedeutscht zu „Surfen“ bzw. „Websurfen“, zur bloßen Unterhaltung bzw. Freizeitgestaltung im → WWW per → *hyperlink* von einer Webseite zur nächsten wandern (berufsbedingtes gezieltes Aufspüren von Informationen im Netz wird selbstverständlich als → *information retrieval* bezeichnet).

Web-Telefon
Synonym für → Internet-Telefon.

web worm
ein → *worm*, der sich im *W3-Space* tummelt.

Wechselbetrieb
Datenübertragung im → halbduplex-Verfahren.

Wechselfestplatte
Festplatte bzw. festplattenähnlicher Datenträger, der in einen Wechselrahmen montiert oder mit einer festen Hülle (ähnlich der einer Floppy Disk) versehen ist und leicht ausgetauscht werden kann.

Wegewahl
Leitweg-Bestimmung, → *routing*.

WELL
Whole Earth 'Lectronic Link, US-amerikanisches BBS.

welltimed
genau zum richtigen Zeitpunkt.

Western-Stecker
→ RJ45.

wetware
im Unterschied zu Hard- und Software: der Mensch (oder ein sonstiges Lebewesen, vgl. *liveware*).

WF
Länderkennung für *Wallis and Futuna Islands*.

WfW
Windows For Workgroups, Microsoft → Windows für Teamarbeit bzw. die Arbeit in lokalen Netzwerken.

WG
→ *Working Group*.

whab
what a beauty, was für eine Schönheit.

WHCA
White House Communications Agency.

whia?
what's it about? worum geht's?

whitehouse
der Server des Weißen Hauses in Washington, über den die jeweiligen amerikanischen Präsidenten samt ihren Familienangehörigen und Haustieren erreichbar sind. http://www .whitehouse.gov

white pages
das „normale“ Telefonbuch (in Unterscheidung zu den → *yellow pages*); im Internet Bezeichnung für entsprechende Dateien oder Dienste (→ *directory service*), in denen E-Mail-Adressen, Telefonnummern und weitere Angaben zu Internet-Teilnehmern abgelegt sind.

white pages server
→ Verzeichnis-Server.

WHO
World Health Organization, Weltgesundheitsorganisation.

WHOIS
Internet-Dienstprogramm, das Angaben über einen bestimmten Rechner oder User liefert (sofern diese beim jeweiligen WHOIS-Server registriert sind). Auf die Kommandos WHOIS UserName bzw. WHOIS RechnerName hin werden alle zum Stichwort passenden Einträge geliefert.

WHOLIS
World Health Organization Library Information System.

WHOSIS
World Health Organization Statistical Information System.

wibni
wouldn't it be nice, if, wäre es nicht schön, wenn …

Wide Area Information Servers
→ WAIS.

Wide Area Network
→ WAN.

wildcard
- meist Bezeichnung für das Zeichen *;
- bisweilen auch im allgemeinen Sinne für jeden möglichen → Platzhalter angewandt.

WIMP
Windows, Icons, Menus and Pointing Device, Fenster, Icons, Menüs und Maus, Bezeichnung für eine grafikorientierte Oberfläche (→ GUI) mit Fenstertechnik (wie sie etwa bei → Windows vorkommt).

WiN
Wissenschaftsnetz, das Netz des → DFN, das alle Universitäten und Fachhochschulen oder öffentliche Forschungseinrichtungen in Deutschland verbindet, öffentlich zugänglich über → DFN-WiNShuttle.

WiN-B
das seit 1996 betriebene → ATM-Netz (Breitband-Netz) im → WiN.

WinCIM
Windows-Version des *CompuServe Information Managers,* das Standardprogramm für den Zugang zu → CompuServe.

WINCS
ein militärisches Subnetz des → DDN.

Windows
Sammelbegriff für diverse Betriebssysteme der Firma Microsoft mit grafikorientierter Oberfläche und Fenstertechnik:
- *Windows,* auf MS-DOS aufsetzende Betriebssystem-Ergänzung;
- *Windows for Workgroups (WfW) 3.11,* auf MS-DOS aufsetzende Betriebssystem-Ergänzung mit eingebauten Netzwerkfunktionen (→ *Peer-to-Peer*);
- *Windows 95,* 1995 eingeführter 32-Bit-Nachfolger von WfW, von DOS unabhängiges Betriebssystem mit integrierten Netzwerkfunktionen und *Plug and Play*-Technik;
- *Windows NT,* professionelles Netzwerkbetriebssystem (in Server- und Workstation-Ausführung erhältlich).

windows socket
→ WINSOCK.DLL.

Windoze
Spottbezeichnung für das (relativ langsame) → Windows (von *doze,* schlafen, dösen).

Winkelklammern
angle brackets, die Zeichen <>. Diese Zeichen werden u. a. in → HTML-Dokumenten zur Kennzeichnung von HTML-Befehlen (<→ *tags,*>) verwendet, in E-Mails oder beim Chatten dienen sie oft zur Darstellung von Aktionen (etwa: <waiting>) oder werden für die Konstruktion von → Smileys benützt.

WINS
Windows Internet Naming Service, ein → Windows NT-Feature zur Verwaltung von Alias-Namen bzw. IP-Adressen in Netzwerken.

WINSOCK.DLL
ein → Socket-Programm für PCs, die mit einer → Windows-Version (Windows bzw. Windows for Workgroups) betrieben werden. Es sind verschiedene WINSOCKs erhältlich, die bekannteste Shareware-Ausgabe ist die → Trumpet WinSock.

wintrump
die → Trumpet Winsock.

WinZip
die → Windows-Version von → PKZIP.

wired
verdrahtet, verbunden.

wirehead
ein Drahtkopf, also jemand, der sich gut in der DFÜ bzw. bei Netzwerken auskennt.

Wirtsrechner
→ *host.*

without effect
ohne Wirkung.

without fail
unbedingt.

without notice
fristlos.

wizop
wizard sysop, Zauberer-*Sysop,* ein → *Sysop,* der sich wirklich gut auskennt.

wn?
what next?, was nun?

wnl
within normal limits, im grünen Bereich.

WOMBAT
Waste Of Money, Brains, And Time, Geld-, Gehirn- und Zeitverschwendung, Bezeichnung für völlig überflüssige und sinnlose Projekte.

word wrapping
automatischer Textumbruch bzw. Fortsetzung eines Textes in der Folgezeile.

workgroup computing
Teamarbeit, die über → LANs und durch spezielle Software (→ *groupware*) koordiniert wird.

working directory
Arbeitsverzeichnis, das aktuelle Verzeichnis.

Working Group
→ IETF-Bezeichnung für eine Arbeitsgruppe aus (freiwilligen) Mitgliedern.

Workstation
- ein sehr leistungsfähiger Arbeitsplatzrechner bzw. eine Arbeitsstation innerhalb eines Netzwerks, auch für Einzelbetrieb geeignet;
- Originalbezeichnung für UNIX-Micros von DEC (Digital Equipment Corp.) oder Sun Microsystems.

World Wide Web
→ WWW.

world wide web conference
alljährlich stattfindende WWW-Tagung in Genf.

World Wide Web Consortium
kurz W3C, die für die WWW-Standards und deren Weiterentwicklung zuständige Organisation. http://www.w3.org/pub/WWW/Consortium

World Wide Web Worm
→ Suchdienst. http://www.cs.colorado.edu/home/mcbryan/WWWW.html

Worldspan
→ Reservierungssystem.

worm
Wurm, ein Programm, das sich selbst vermehrt (auf andere Rechner überträgt). Im Unterschied zu einem → Virusprogramm ist ein *worm* ein eigenständiges Programm, das sich nicht in andere Programme einnistet, sondern direkt auf Betriebssystemebene abläuft.

WORM
Write Once Read Many, einmal schreiben, unbegrenzt lesen, Prinzip bzw. Kurzbezeichnung für Speichermedien, die nach diesem Prinzip arbeiten (vgl. → ROM, → CD-ROM).

wormhole
Wurmloch, synonym zu → *back door.*

WOSA
Windows Open Services Architecture, proprietärer LAN-Standard von Microsoft (→ Windows NT).

wri
write, schreiben; auch → *extension* für Textdateien, die im WRITE-Format

(Schreibprogramm des Windows/WfW-Betriebssystems) vorliegen.

write lock
Schreibschutz.

WRT
with regards to, mit Grüßen an

WS
Länderkennung für *Samoa.*

wtf
what the fuck.

wth
what the hell, was zur Hölle.

Wurm
→ *worm.*

WWW
World-Wide Web, weltweites Netz, auch W3 oder nur „das Web" genannt, ein am → CERN ab 1989 entwickeltes, weltweit verteiltes → Hypermedia-System im → Internet.
Die Informations-Basis des WWW bilden Millionen von → HTML-Dokumenten (→ *WebPages),* die durch → *hyperlinks* untereinander (und mit beliebigen sonstigen Dateien) verknüpft sind. Mit für alle Plattformen verfügbaren → *Web-Browsern,* die als *Clients* auf Benutzerseite fungieren und über eine grafikorientierte Oberfläche einfachst zu bedienen sind, werden die einheitlich adressierten (vgl. → URL) *Pages* von *WWW-Servern* angefordert. Die gesamte Navigation im Web wird über die *Web-Browser* bewerkstelligt, die *Server* liefern nur die jeweils angeforderten Dateien.
Das der Übertragung zugrundeliegende Protokoll ist das auf TCP/IP aufsetzende *Hypertext Transfer Protocol* (→ HTTP), das binäre Dateiformate überträgt und die Einbindung anderer Internet-Dienste (→ FTP, → gopher, → telnet usw.) regelt.
Das WWW entwickelte sich inzwischen zum dominierenden Dienst im Internet, und viele Anwender kennen das Internet nur noch über das WWW (oder setzen gar WWW und Internet gleich).

WWW-Adresse
→ URL.

WWW-Browser
→ *Web-Browser.*

WWW-Client
ein → *Web-Browser.*

WWW-Server
ein Rechner, der *WebPages* zur Verfügung stellt, bzw. ein Programm für die Beantwortung der Anfragen von *WWW-Clients.* Viele *WWW-Server* sind → virtuelle Server, werden also gemeinsam mit anderen virtuellen Servern auf ein und demselben Rechner betrieben.

WWWW
→ *World Wide Web Worm.*

WYSBYGI
what You see before You get it, was Du siehst, bevor Du es bekommst.

WYSIAWYG
what You see is almost what You get, was Du siehst ist fast das, was Du bekommst.

WYSIAYG
what You see is all You get, was Du siehst ist alles, was Du bekommst.

WYSIMOLWYG
what You see is more or less what You get, was Du siehst ist mehr oder weniger das, was Du bekommst.

WYSIWYG
what You see is what You get, was Du siehst ist das, was Du bekommst. Als WYSIWYG-Darstellung bezeichnet man auch den → Layoutmodus.

X
- Trans-;
- Cross-;
- *Transfer, Transmission, Exchange,* Übertragung, Sendung, Datenaustausch;
- auch kurz für → X-Windows.

X.400
ein vor allem in Europa sowie in weltweiten *Corporate Networks* verwendetes E-Mail-System bzw. der CCITT- und ISO-Standard für *message handling,* → *Message Handling System.*

X.400-Adresse
Adressen nach dem X.400-Standard folgen, ähnlich den → DNS-Adressen, einem hierarchisch gegliederten Schema; die einzelnen Bestandteile werden jedoch mit vorangestellten Kennbuchstaben angegeben:

C *Country,* Land
A *Administration Management Domain,* Verwaltungsbereich
P *Private Management Domain,* Privater Bereich
O *Organisation,* Organisation
OU *Organisation Unit* (evtl. OU1, OU2 etc.), Organisationsuntereinheit(en)
S *Surname,* Nachname
G *Given Name,* Vorname
I *Initials,* Initialien.

Um eine Adresse in X.400-Notation anzugeben, werden die Bestandteile aneinandergereiht, also beispielsweise
C=DE/A=DBP/P=NETZDienst/O=Firma XY/OU=Einkauf/ou1=Ersatzteile=Mueller/G=Arnim/I=AM
Um eine solche Adresse aus dem Internet zu erreichen, muß sie in eine DNS-konforme Adresse umgewandelt werden (geschieht bisweilen automatisch durch das E-Mail-Programm):
G.I1.I2.S@OU1.OU.x400.O.C, also beispielsweise
arnim.a.m.mueller@ersatzteile.einkauf.x400.FirmaXY.de
(wobei zu beachten ist, daß Initialen ggf. in durch Punkt getrennte Einzelbuchstaben aufgeteilt werden müssen.) x400.firmaXY.de stellt hier die Adresse des *Gateways* dar, das die Mailkonversion vornimmt.

X.500
Die CCITT-Norm für verteilte E-Mail-Adreß-Verzeichnisdienste (→ *directory service*). Die nach → X.400-Norm standardisierten Adressen werden lokal (also Netz-intern bzw. Host-spezifisch) verwaltet, anhand der domain-host-user-Struktur der Adresse läßt sich jedoch über entsprechende *directory system agents* (→ DSA) auf Domain- oder Host-Ebene die gewünschte Information rasch erschließen.

X.75
→ CCITT-Norm für den Eurofiletransfer.

XAB
Excessively Annoying Behaviour, außerordentlich störendes Verhalten, beim Chatten Ausschluß-Grund.

xchg
exchange, Austausch.

xcost
transfer cost, Übertragungskosten.

XENIX
UNIX-Variante der Firma Xerox.

Xerox PARC
Xerox Palo Alto Research Center, das Forschungszentrum von Xerox in Palo Alto.

xfer
transfer, Übertragung.

xlat
translate, übersetze.

Xmas tree
→ *Christmas tree.*

XModem
einfachstes, von fast allen Kommunikationsprogrammen unterstütztes Übertragungsprotokoll für → Modem- bzw. → Nullmodem-Übertragungen. Arbeitet mit fester Blockgröße (128 Datenbytes). Erweiterungen sind als → XModem 1K, → YModem und → ZModem bekannt.

XModem 1K
→ XModem-Variante mit Blockgröße 1 KB; vgl. → YModem.

XModem 1K-g
→ XModem 1K-Variante ohne Quittierungssignal.

XModem CRC
→ XModem-Variante mit → CRC (Fehlerüberprüfungsverfahren).

X-Normen
die → CCITT-Normen, die sich auf Datennetze beziehen.

XNS
Xerox Network System, von Xerox entwickeltes Übertragungsprotokoll.

XOFF
exchange off, bzw. *transmission off,* Übertragung aus, Aufhebung der Empfangsbereitschaft, Steuerzeichen beim → *software-handshake* (ASCII 19, Ctrl-S). Das Gegenstück bildet → XON.

XON
exchange on, bzw. *transmission on,* Übertragung ein, Empfangsbereitschaft einschalten, Steuerzeichen beim → *software-handshake* (ASCII 17, Ctrl-Q). Das Gegenstück bildet → XOFF.

XON/XOFF
Kürzel für → *software-handshake,* siehe. → Datenflußkontrolle.

X-ray
Röntgenstrahlen.

xref
crossreference, Querverweis.

X-Windows
kurz X, Standard für grafische Benutzeroberflächen unter UNIX bzw. in → TCP/IP-Netzen. X-Windows-Systeme sind zugleich Server und Clients, bei mehreren mit X ausgestatteten Unix-Computern innerhalb eines LANs ist daher ein einfacher → *remote*-Betrieb mehrerer Rechner von einer einzigen Station aus möglich (nur Eingaben und die Bildschirmausgabe erfolgen dabei auf der steuernden Station, alle sonstigen Operationen werden auf den gesteuerten Rechnern durchgeführt). http://www .x.org

xx
kurz für: weiblichen Geschlechts (nach den XX-Chromosomen bzw. Gonosomen).

xy
kurz für: männlichen Geschlechts.

ya
Yet Another, schon wieder ein …

YAA
Yet Another Acronym, schon wieder ein → Akronym.

yafiygi
You asked for it, You got it, Du hast bekommen, worum Du gebeten hast.

Yahoo!
→ Suchdienst. http://www.yahoo.de oder http://www.yahoo.com

YE
Länderkennung für *Yemen*.

YELL
Aufforderung an den Sysop, sich in einen Chat einzuschalten.

Yellow Pages
- kurz YP, Gelbe Seiten, das Branchenfernsprechverzeichnis (für das gewöhnliche Telefonbuch heißt entsprechend *White Pages*);
- früher auch Name eines UNIX-Dienstprogramms zur Verwaltung von Datenbanksystemen.

YModem
erweitertes → XModem-1K-Protokoll, übermittelt Dateinamen und Dateigröße und kann mehrere Dateien in einem Durchgang übertragen (→ *batch*).

YModem-g
YModem-Variante ohne Quittierungssignal.

YOB
Year of Birth, Geburtsjahr.

You're the doctor
(wörtl.: Du bist der Doktor) es ist Deine Entscheidung, es liegt ganz bei Dir.

yours sincerely
hochachtungsvoll (Abschlußfloskel in Briefen bzw. E-Mails).

YP
→ *Yellow Pages*.

yr
yeah, right, ja, richtig.

YT
Länderkennung für *Mayotte*.

YU
Länderkennung für *Yugoslavia* (das ehemalige Jugoslawien).

YY/MM/DD
Year/Month/Day, Jahr, Monat, Tag, jeweils mit zwei Stellen einzugeben (Eingabeaufforderung, auf Deutsch meist TT/MM/JJ).

ZA
Länderkennung für *South Africa.*

Zeichen

- *sign* oder *token*, ein Symbol, ein zur Darstellung von Informationen bzw. Daten (also spezifizierten Informationen) verwendetes Ereignis oder Objekt, das Element einer bestimmten Menge von Darstellungsereignissen oder -Objekten (Zeichensatz, Zeichenvorrat, Code) ist. Zeichen werden in der EDV in Speichern oder auf Datenträgern durch genau definierte physikalische Zustände repräsentiert und mittels → Signalen übertragen und manipuliert.
- *character*, ein Text-Element bzw. ein Buchstabe, eine Zahl oder ein Symbol aus einem bestimmten Code (ASCII, ANSI etc.), in Unterscheidung zu einer (freien) grafischen Darstellung bzw. zu einem Bild.
- *control character*, Steuerzeichen, ein aus dem Vorrat reservierter Zeichen (meist aus den nicht-alphabetischen Zeichen eines Codes) stammendes Element, das ein zur Steuerung von Prozessen verwendetes Signal repräsentiert (bzw. in ein solches Signal umgesetzt wird).
- *tag*, Markierungszeichen, eine aus einem oder mehreren reservierten Zeichen gebildete Markierung, beispielsweise zur Kennzeichnung von Script-Kommandos (vgl. HTML-*tag*).

Zeichengabekanal
→ D-Kanal.

zeichenorientiert
eine Bildschirmdarstellung bzw. eine „Anwenderschnittstelle" (zum Betriebssystem oder einem Anwendungsprogramm), die ausschließlich auf Zeichen bzw. Tastatureingaben basiert, das Gegenteil heißt → grafikorientiert.

Zeichensatz
ein → Font, eine genau bestimmte Menge von genau bestimmten → Zeichen, die der Darstellung dienen.

Zeitmultiplex
Übertragungsverfahren, bei dem ein Kanal abwechselnd zum Senden und Empfangen genutzt wird, siehe → *baseband.*

Zeitverzögerung
Verzögerung, siehe → Laufzeit.

Zelle
→ *cell*; → Funkzelle.

Zensur
Gesetzlich geregelte Maßnahmen zur Durchsetzung von Verboten der Verteilung, Weiterleitung oder Bereitstellung von inhaltlich definierten (indizierten) Informationen. Zensurvorschriften betreffen in der Regel nicht so sehr die eigentliche Herstellung oder die Hersteller bzw. Autoren indizierter Informationen, sondern richten sich in erster Linie gegen den Vertrieb, also gegen Verleger, Redaktionen, Betreiber von Sendestationen oder Betreiber von Servern bzw. Datennetzen.
Generell und global gültige Zensurvorschriften für das Internet existieren nicht, sofern spezielle Inhalte (Kinderpornos etc.) bekannt werden, sperren Online-Dienste oder sonstige Netz-Betreiber jedoch normalerweise überall auf der Welt sofort den betreffenden Account (meist nach eigenem Gutdünken bzw. gemäß den eigenen Geschäftsbedingungen).
Nationale Zensurvorschriften (vgl. → Multimediagesetz) haben bislang nur sehr eingeschränkten Wert – sowohl die Überwachung der Einhaltung solcher Vorschriften als auch die Durchsetzung von Sanktionen sind kaum umfassend möglich. Im Internet ist es (bislang) praktisch unmöglich, die Bereitstellung oder Verteilung von Informationen sinnvoll staatlich zu überwachen oder gar erfolgreich einzuschränken. Viele politisch in einem Land als unliebsam ange-

sehenen Inhalte werden völlig problemlos weiterverbreitet – wird gegen den Betreiber einer *mailbox* beispielsweise eine national gültige gerichtliche Verfügung (Beschlagnahme der Hardware etc.) erwirkt, sind die unliebsamen Informationen meist schon längst auf anderen Servern (im sicheren Ausland) abzurufen.
Staatliche Zensurmaßnahmen werden vom überwiegenden Teil der Internetgemeinde abgelehnt oder zumindest mit sehr gemischten Gefühlen betrachtet. Das Internet bietet bislang eine durch die Internationalität und die Vielfalt der technischen Möglichkeiten des Internets gewährleistete Meinungsäußerungs- und Informationsfreiheit, wie sie durch kein anderes Medium verwirklicht werden kann. Daß die international stark unterschiedlichen Vorstellungen über Moral, politische Ansichten oder Religion im Netz bisweilen hart aufeinanderprallen, wird meist nicht nur als unangenehmer Nebeneffekt, sondern als Chance für eine zukünftige Verständigung oder zumindest eine wachsende Toleranz angesehen.

Zentrale Zulassungsstelle im Fernmeldewesen
ZZF, Nachfolgebehörde der FTZ, heute → Bundesstelle für Zulassungen Telefon (BZT).

Zentraleinheit
→ CPU.

zentriert
eine Satz- bzw. Textanordnung, bei der die Zeilen „auf Mittelachse", d. h. mit dem selben Abstand zum rechten wie linken Rand des Satzspiegels, gestellt werden.

Zerberusnetz
Mailbox-Netzwerk in Deutschland.

zip
zippen, eine Datei komprimieren (nach dem → Packer → PKZIP). Vgl. → Datenkompression, → *ZIP-file.*

ZIP-code
Zone Improvement Plan Code, Postleitzahl.

ZIP-File
- eine Datei mit der → *extension,* .ZIP, die mit dem → Packer → PKZIP hergestellt wurde und komprimierte Daten enthält;
- bisweilen auch ganz allgemein für Dateien bzw. Archive, die mit Packern komprimiert wurden. (Umfangreiche Dateien oder Dateisammlungen werden für den *Download* häufig als ZIP-Files zur Verfügung gestellt).

ZKN
zur Kenntnisnahme.

ZM
Länderkennung für *Zambia.*

ZModem
ein mit den diversen → XModem-Protokollen vergleichbares Übertragungsprotokoll, das mit flexiblen Datenübertragungsraten arbeitet. ZModem verwendet → CRC-Fehlerüberprüfung, kann unterschiedliche Datenblockgrößen (bis zu 8 KB) handhaben, mehrere Dateien in einem Durchgang übertragen und auf Quittierung verzichten. Als eines der schnellsten und zuverlässigsten Protokolle wird ZModem von den meisten Übertragungsprogrammen unterstützt.

Z-Netz
→ Zerberus-Netz.

Zoll
→ *inch.*

Zone
eine zusammengehörige Gruppe von Netzteilnehmern; im → FidoNet speziell für die *nodes* und Netze eines Kontinents verwendet.

ZR
Länderkennung für *Zaire.*

Zugangsberechtigung
- die Erlaubnis für den Zugang zu Daten oder Diensten, die einem Benutzer erteilt werden kann;
- Synonym für Zugriffsberechtigung.

Zugangskennung
siehe → User-ID.

Zugangskontrolle
Maßnahmen zur Verwaltung und Überwachung des Zugangs zu Rechenanlagen und Daten.

Zugriff
- Lesen oder Schreiben von Daten bzw. Zugriff (eines Programms, einer Hardwarekomponente) auf Speicherbereiche;
- kurz für → Zugriffsart;
- bisweilen auch Synonym für → Zugangsberechtigung.

Zugriffsart
Art des Zugriffs auf Dateien (Lesen, Schreiben) oder auf Daten innerhalb einer Datei (→ serieller Zugriff, → Direktzugriff).

Zugriffsberechtigung
die Erlaubnis, auf bestimmte Daten, Programme oder Rechner zuzugreifen.

Zugriffsbeschränkung
technische Einschränkung des Zugriffs bzw. der Zugriffsart auf Dateien (etwa durch das Setzen entsprechender → Dateiattribute realisiert).

Zugriffsrecht
das Auskunftsrecht Betroffener bezüglich personenbezogener Daten (in Deutschland durch das → Bundesdatenschutzgesetz festgelegt), nicht zu verwechseln mit der → Zugriffsberechtigung.

Zugriffszeit
tatsächlicher oder durchschnittlicher Zeitbedarf für den Zugriff auf Daten, die im Hauptspeicher, auf einem Datenträger (etwa Festplatte) oder innerhalb eines Netzes vorliegen.

ZVSt
Zentralvermittlungsstelle.

ZW
Länderkennung für *Zimbabwe*.

Zweikanalbetrieb
→ Kanalbündelung.

Zwischenspeicher
auch *buffer, cache,* Puffer oder Pufferspeicher genannt, ein Speicherbaustein bzw. Speicherbereich zur vorübergehenden Speicherung von Daten. Zwischenspeicher werden u. a. bei der Abstimmung asynchroner Prozesse (etwa bei der Weiterleitung von Daten an Peripegeräte, → *Spooler*), bei der gleichzeitigen Erledigung verschiedener Aufgaben (etwa beim → Multiuserbetrieb), zur virtuellen Erweiterung des Arbeitsspeichers (→ Auslagerungsdatei) und zur allgemeinen Verbesserung der System-Performance (→ Festplattencache, → *second level cache*) verwendet. In der DFÜ wird Zwischenspeicherung sowohl auf → *proxy-servern* als auch von → *browsern* durchgeführt, um die Netzbelastung bzw. Datentransfers möglichst zu reduzieren und den Zugriff auf Daten zu beschleunigen.

zyklische Blocküberprüfung
→ CRC (*Cyclic Redundancy Check*).

ZZF
→ Zentrale Zulassungsstelle im Fernmeldewesen, heute → Bundesstelle für Zulassungen in der Telekommunikation (BZT).

<ZZZ>
lautes Schnarchen.

www.ingramcontent.com/pod-product-compliance
Lightning Source LLC
LaVergne TN
LVHW010650300926
849161LV00005B/1084
9783486241709